葬式仏教

圭室諦成

大法輪閣刊

はしがき

　庶民が仏教にもとめているものは、①葬祭、②治病、③招福、の三つである。歴史的にみれば、まず治病、つぎに招福、一五世紀ごろから葬祭という順序になる。そして葬祭化してはじめて、仏教は庶民の信仰を独占することに成功している。ところで現在の仏教においては、治病・招福の面が相対的に弱化し、葬祭一本といっても過言ではない。そこで私は、葬祭を中心に、日本仏教史の展開をあとづけてみた。全体を四部にわけた。

　第一、政治と宗教、においては、仏教葬祭が庶民のあいだに進出する以前、庶民の宗教がいかに不幸な状態にあったかを考えてみた。①聡明で狡猾な権力者は、自然信仰の怖畏性を利用して、農民を支配していたこと。②自然神のたたりを制御する使命をもって輸入された仏教も、いつしか庶民を呪縛するものとして、権力者に利用されていたこと。③権力との接触をさけて、庶民のために伝道した教信沙弥と、その伝統をまもる浄土教の人たちによって、正法の灯がともされたことを述べた。

　第二、葬式の展開、においては、浄土教においては極楽往生を中心教説とする、したがって臨終の儀礼としての葬式、それにつづく追善を重視したこと。①そのため日本において、庶民の葬祭にはじめて関心をしめしたのが、浄土教であること。②ただし一二世紀、中国において定型化した禅宗葬法は、儀礼としてのきめがこまかく、宗教心理の機微をとらえていること。③なお仏葬の流行する前提条件としての葬法の民俗、インド・中国における仏葬、顕密《けんみつ》の葬法にふれた。

第三、追善と墓地の発想、においては、仏事について考えてみた。①インドにおいては中陰、中国においてはそれに百カ日・一周忌・三年忌を加えた十仏事、日本においてはさらに七年忌・十三年忌・三十三年忌を加えて十三仏事、ついで十五仏事となったこと。②経典には中陰の典拠しかない。十仏事をとく十王思想は中国製で、十三仏思想は純国産であること。③逆修はインド起源であるが、十仏事・十三仏事の追善仏事と併行して拡充されたこと。④その他、追善・逆修をめぐる、祥月命日《しょうつきめいにち》・月忌《がっき》・施餓鬼《せがき》・盆・彼岸などについても、しらべてみた。

第四、葬式仏教の課題、においては、伝道の諸問題と、葬式・仏事を中核とする寺檀関係の制度化と、そのごの問題点をえぐった。①まず一五世紀中葉から、一七世紀中葉にいたる二〇〇年のあいだに、寺院分布の大筋はきまったこと。②つぎに寺檀関係は、江戸幕府が設定したものであり、それが寺院を堕落させたという俗論が仏教界に支配的である。しかし幕府は、ほとんど完成していた寺檀関係を、たんに制度化したにすぎず、また僧侶が役人気どりでいたところに問題があるのであって、制度そのものに責任を転嫁するのは、かならずしも妥当ではないことを指摘した。③そのごつづいて起きる諸問題を、葬祭を中心に解明してみた。

お断りしておきたいことは、史料はすべて仮名まじり、現代かなづかいに改めた。抵抗なくよみ通していただくためである。なお写真撮影については、それぞれの所蔵者、鎌倉国宝館、明治大学考古学陳列室のお世話になった。附記して謝意を表する。

目次

葬式仏教

第一部　政治と宗教

庶民の立場において、これをみれば、現代の仏教は、もっぱら葬式仏事のためのものである。すこし廻り道になるが、第一部においては、葬式仏教化するまえの仏教の生態を、古代権力の、宗教利用の過程においてとらえてみた。日本人の宗教心理の深層にあるものは、自然崇拝である。時代をさかのぼればさかのぼるほど、教養がひくければひくいほど、その密度は濃くなる。自然神のなかには、太陽・泉などのように、私たち人間に恩恵をあたえるものもあるが、雷・蛇・巨石などのように、たたりという恐怖をあたえるものが多く、それが神格化されていた。

権力者はいつも、聡明であり狡猾《こうかつ》である。庶民のこの自然神にたいする信仰を、支配の要具として利用した。つまり庶民が、その生活を破壊する元兇《げんきょう》と考えていた自然神のたたりを、無力化する呪術をもっていると、信じこませていた。中国から移入された道教系の呪術を独占したのも、かれらである。ついで儒教が紹介されると、庶民のおそれる自然神を、支配者自身の祖神化することによって、庶民のうえに威嚇政治をおこなっている。仏教にしても、庶民のための救いの宗教としては受けいれず、本地《ほんち》垂迹《すいじゃく》説によって加工し、自然崇拝と抱きあわせることによって、それを権力の奉仕者に転落させている。つまり宗教は、いつも権力者の利益のために一方的に利用されていた。若干の例外はあろうが、そのことは古代社会を通じての傾向である。権力の幇間《ほうかん》化することによって仏教は繁栄した。したがって、古京六宗も、平安二宗も、ともに庶民の幸福につながるものとして伸びたのではなかった。しかし一部の良心的伝道者は、政治との呪縛のきずなを断ちきった。その主流は教信沙弥を先頭とする、浄土教に属する人たちであった。乞食坊主視されたそれら一にぎりの人人のなかに、仏陀の真精神は生きていたのである。

一　自然崇拝

たたる自然神

日本人の信仰基盤は自然崇拝であった。それは私たちを取りまく自然のなかで、自分たちに有益なものにたいする依頼、そして危険なものにたいする恐怖、という相対立する二つの感情の、卒直な宗教的表現である。したがって、私たちに光と熱をあたえる太陽、飲料水と灌漑水をめぐむ泉が、神であるとともに、瞬時にして私たちの生命をうばう雷、突如おそいかかって死に至らしめる毒蛇も、また神である。科学の発達の未だしかった古代においては、私たちの利用できる自然、つまり恩恵神はすくなく、私たちに災禍をもたらす自然、つまり怖畏神が多かった。『日本書紀』の天孫降臨《てんそんこうりん》の前段に、なかつ国のことを、「その国には、さわに螢火のかがやく神、また、さばえなすあやしき神あり。また草木ことごとくに、よくものいうことあり」とし、『古事記』には、「この国に、ちはやぶるくにつ神どもの、さわなるとおもほす」としている。八世紀における日本人の宗教心理を、比較的すなおに描いている『古風土記』についてみると、山、野、森、岩、洞窟などの自然が、神として、しかもそのほとんどが、邪神として物語られている。

たとえば山神について、『播磨《はりま》風土記』揖保《いいぼ》郡伊勢野の条に、「この野の人、すめる家ごとにやすらかなることを得ざりき」とあって、それは、この野のちかくの山に住んでいる山神の、しわざであったというのである。ついで、おし川の条に、「出雲《いずも》の御蔭《みかげ》大神、枚方《ひらかた》里の神尾山にまして、つねに行く人をさえて、死生なかばしき」、つまり山麓を通行するものの、半数を殺すというのである。この神尾山の山神は、よほど狂暴であったと見えて、さいの岡の条にも、「この神、出雲の国人のこのところをすぐるもの、十人のうち五人をとどめ、五人のうち三人をとどめき」と記されている。古代の山神は、幸福をあたえる善神ではなく、私どもの生活に脅威をおよぼす邪神であると信じられていた。

森神について、『出雲《いずも》風土記』は、秋鹿《あいか》郡めだけぬ山の条に、「高さ一百八十丈、めぐり六里あり。つちこえて百姓のゆたかなる園あり。樹林なし。ただみねに林あり。これは神社なり」と記している。森神の多かったことは、「かむなび」という特殊のことばができていること、また『万葉集』に、社を「もり」とよませている用語例によっても、想像できる。

野神については、『播磨《はりま》風土記』の神前《かんざき》郡生野《いくの》の条に、「このところ荒ぶる神ましまして、なかば往来の人を殺しき」としている。野神もまた邪神であった。

洞窟神については、『出雲風土記』の島根郡加賀神埼の条に、「窟《いわや》あり、高さ一十丈ばかり、周《まわ》り五百二歩ばかり、東西北は通れり。いまの人この窟のほとりを行くとき、かならず声とどろかして行く。もしひそかに行けば、神あらわれて、はやて起り、行く船は、かならずくつがえるなり」としている。

神となった蛇

蛇神については、『常陸《ひたち》風土記』行方《なめかた》郡の条に、興味ある説話をおさめている。継体天皇の時代に、麻多智《またち》というものが、葦原を開墾して田にした。そのときのこと、「やとの神、相むれひきいて、ことごとくにきたり、かにかくに妨《さまた》げて、田つくることなからしむ」と。蛇が開拓の邪魔をした。その註に、「よに蛇をいいて、やとの神という。そのかたち、蛇の身にして頭に角あり。おおむね難をまぬかれがたく、ときに見る人あれば、家門を滅ぼし、子孫つがず。およそこの郡のそばの郊原《のはら》に、いとさわに住めり」と、農民の蛇にたいする恐怖の感情を伝えている。ところで問題は、当時の権力者がこうした自然の脅威にたいして、いかにして自分を護りながら、開拓を推進したか、ということである。

権力者としては、是が非でもこの荒ぶる神たちを、一定の地域に軟禁したとみせかけて、農民たちを安心して開拓に従事させる必要がある。そうした役割をはたしたところに、神社創建の意義があった。まえの蛇神の条のつづきに、「ここに麻多智、いたく怒情をおこし、甲鎧《かぶとよろい》をきて、みずから打ち物をとりて打ち殺し、おいやりき。すなわち山口にいたり、杭《くい》をたてて、堺の堀をおき、やとの神に告げていいけらく、これより以上《かみ》は、神の地となすことをゆるさん。これより以下《しも》は、人の田となすべし。今よりのち、われは神の祝《はふり》となりて、とこしえに敬い祭らん。願わくは、祟ることなかれ、恨むことなかれ。といいて、社を設けて、はじめて祭れり」と記している。古代において、権力者と農民との知識の隔差は大きい。それだけに、宗教的詐術つまり呪術によって、農民の恐怖心をとりのぞき、その信頼をうることは容易であった。しかし神社の形態が確立するには、儒教文化の媒介が必要である。『風土記』は、一面古代宗教の面影を保存しつつ、しかもときおり作者の儒教的感覚を、そのまま出している。麻多智の合理主義は、多分に儒教的のものである。とすれば、一体古代の権力者は、いかなる呪術によって、荒ぶる神を軟禁したのであろうか。その秘密をとく鍵が「シメナワ」である。

岩戸がくれの神話を想起して欲しい。アメノタジカラオノ神は、少し岩戸をあけて覗《のぞ》いたアマテラスオオミ神の手をとって、天の岩戸から引きだした。そのつづきを『日本書紀』に、「ここに中《なか》臣《とみ》の神、忌部《いむべ》の神、すなわちしりくめ縄をひきわたし、すなわち申して申さく、またな還りいりましそ」と。この条を、飯田武郷の『日本書紀通釈』には、「その還し奉れる新宮に引きまわしたるなり。これはいずれもその内へ、穢《けが》れある人、また禍神《まがつかみ》などの入りきたらんことをふせぎて、その隔てをなす趣においては、異なることなんなかりける」と註釈している。しかし『日本書紀』の本文を子細に検討するとき、その誤謬であることに、誰しも気づくであろう。つまりシメナワは、穢れある人、禍神の入りきたらんを阻止するのではなく、アマテラスオオミ神が、再び天の岩戸に逃げかえるのを、阻止するためのものである。この論理がわかれば、荒ぶる神を統御する方法は容易である。つまり前述の蛇神についていえば、蛇神を山麓まで追いこみ、その界線上にシメナワを張ればいいのである。「社を設けてはじめて祭れり」というのは、奈良時代の文化人の感覚である。古代人は、蛇神を軟禁するために、シメナワを張っただけであろう。たんに蛇神の場合だけではなく、自然神を祀《まつ》った神社の原始型は、シメナワであったと断じても過言ではあるまい。

私どもは、神社といえばすぐに、社殿を思いうかべる。しかし社殿の建築には、儒教文化の媒介を必要とする。しかも年代的にみて、天神系の神社が廟化し、おくれて自然神系の神社の建物が、建立されたと考えることが、妥当であろう。したがって、いま私どもが問題にしている儒教渡来以前の神社には、社殿をもつものはなかったと考えていい。天神系神社のシンボルはヒモロギ、自然神系の神社のそれはシメナワ、であったと考えるべきである。

現在のような神体ができたのは、儒教や仏教が伝来してからのちのことである。自然神、つまりヌシ神系の神社には、現在でも、いわゆる神体をもたず、したがって神殿のない神社が少なくない。たとえば大和の大神《おおみわ》神社、信濃の諏訪神社、武蔵の金鑚《かなさな》神社などがそうである。

大神神社は、三諸《みもろ》山に鎮座し、諸社のうちでもっともその創立が古いとされている。三諸山を神霊鎮座のところとし、古来社殿を設けていない。山麓の西側に神門があり、その前面に拝殿がある。諏訪神社の上社本宮もそうである。守矢山麓の、みずがきでかこまれた、うっ蒼とした霊林の前面に、幣殿、拝殿、片拝などがある。金鑚神社は御室嶽を御霊代《みたましろ》として、中門・透垣《すいがき》・拝殿などが、設けられているだけである。

死後の世界　私たち人間も、死ねば自然神である。そしてこの死霊とよばれる自然神は、怖畏神としての性格がつよかった。したがって、日本人の来世観には救いがない。私たちは死後、ヨミノクニに行くことになっていた。ところでヨミノクニの構想は、貧弱である。まずヨミノクニの風俗習慣については、この世の生活と同じものと考えていたらしく、たとえば『古事記』に、イザナギノ命がイザナミノ命を、ヨミノクニに訪ねたとき「殿のあげ戸より出でむかえます時に」とみえている。ヨミノクニの入口はどこか。ヨモツヒラサカが入口であるという。そこには、ヨミノクニから、この世に逃げ帰ろうとするものを阻止するために、ヨミドニサヤリマス大神という大磐石が、おかれていた。『古事記』に、「いわゆるよもつひら坂は、いま出雲国のいぶや坂となもいう」としている。『出雲風土記』の出雲郡宇賀郷の条に、「北の海の浜に磯あり。磯より西の方に窟戸あり。高さひろさ、おのおの六尺ばかりあり、窟の中に穴あり、人、入ることをえず。深さ浅さを知らず。夢に、この磯の窟のほとりにいたるものは、かならず死ぬ。かれ俗人《くにびと》、古えより今にいたるまで、よみの坂・よみの穴といえり」と記している。

ヨミノクニを古代人は、きたない国とみていた。そのことは、イザナギの命のヨミノクニ訪問の説話に、よく窺《うかが》うことができる。『日本書記』に、「イザナミの尊のいわく、あがなせの尊、何ぞおそくいでましつる。あはすでによもつへぐいせり。しかれども、あれまさに寝やすまむ。請う、なみましそと。イザナギノ尊、ききたまわずして、ひそかにゆつ爪櫛《つまぐし》をとりて、その雄柱をひきかきて、たびとして見たまえば、すなわちうみわき、うじたかりき。ときにイザナギノ尊いたく驚きていわく、あはおもほえず、いなしこめきたなき国にきにけりとのたまいて、すなわち、すみやかににげかえりましぬ」としている。むろん死の直後で、「もがり」の期間ではあった。「もがり」とは、当時墳墓は石で積みあげるので、容易にできあがらぬ。そのため、死骸を仮埋葬するのであるが、木棺に入れたまま、簡単に土をかけておくので、遺骸がくされて、臭気をはなったらしい。

しかしとにかく、ヨミノクニはきたない国であった。そのけがれを払うために、イザナギの尊は、筑紫でみそぎをしている。

ヨミノクニがきたない処であるのは、きたない死者があつまっている世界だからである。また自然神としての死霊は、恐怖をあたえるものとして考えられていた。こう考えてくると、石器時代に、大石を死骸の胸部に抱かせた抱石葬、こぶし大の河原石百三、四〇個を死骸のうえにつんだ積石葬などがおこなわれたことも、ついで墳墓の形式が変化して、石棺・甕《かめ》棺となり、さらにすすんで封土を築くようになっても、外形の進化はとにかく、死霊にたいする恐怖の心理は、一貫していることが納得できる。

塚墓には、奥室と入口があり、その内部や入口は、頑丈な岩磐で障壁ができていること、それをさらに土で封じているのは、ヨミドニサヤリマス大神で、つまり人間生活を脅威する死霊の、交通遮断を意味する一種のタブーである。

また霊魂だけでなく、肉体もともにヨミノクニに行くと考えていたらしい。もし、霊魂だけがヨミノクニに行くのであれば、残った肉体に縛《しば》られて、霊魂が中有《ちゅうう》にさまようのを救うため、火葬にするはずであるが、古代日本においては、火葬という方式をとっていない。

古代人は死者を葬るとき、立派な衣服をきせ、耳飾・腕飾などをつけさせ、刀・剱を帯ばせ、身のまわり品を遺骸のかたわらに置いている。墳墓の内部の装飾も、この世の住宅のそれに近い。また、注目すべきは殉死《じゅんし》で、一室に二人、三人の殉死者があることもあり、陪塚《ばいちょう》の多い古墳の例も少なくない。

このことは、どう説明すべきであろうか。遺族と死者と、二つのがわの感情が、交錯していると すべきではあるまいか。遺族からすれば、自然神としての死霊にたいする恐怖、死者からすれば、死後の世界にたいする不安が、こういう特異な形態をとらせたのであろうと考えられる。

二　国造と宗教

国造の宗教

古代の政治家たちは、農民の統治のために、自然神とくに怖畏神を、最大限に利用することを考えた。そのことについては前述の、「神となった蛇」のところで、すでに気づかれたことと思う。すなわち、突如おそいかかって死にいたらしめる毒蛇、つまりまむしに対する農民たちの恐怖心は、私どもの想像以上につよい。しかも古代において開拓の適地とされた山麓の沼沢地は、まむしの棲息《せいそく》地帯である。したがって開拓の推進者たちは、農民の恐怖をとりのぞくために、蛇を一定地域内に軟禁する呪術として、シメナワを考え、ついで中国の方法を応用して神社をつくり、みずからその司祭者としての地位についている。国造《くにのみやつこ》の宗教ともなれば、さらに手のこんだものとなる。八四七年官社となり、延喜式においては小社に列せられている、熊本県阿蘇郡一宮町所在の国造神社を中心に、阿蘇国造ないし国造家において、自然神を、統治のためにいかに歪曲《わいきょく》利用していたかを調べてみることにする。阿蘇国造とは、いかなる国造か。ここで本筋に入るまえに、まず国造制度を概観しておくことが必要かと思う。

七世紀のはじめごろ、県とともに国（現在の郡くらいの広さ）という行政区画が、天皇の手によって、権力的につくりあげられた。国造は、その行政を担当するもので、土着の豪族がこれに任ぜられたが、まもなく大化改新と、それにつづく律令制的支配機構の成立によって、行政機関としての国造は廃止された。しかし令には、郡の大・少領には、国造を優先的に任用することが規定され、また国造田も支給された。したがって国造の、政治的・経済的地位は、律令制のもとでは、充分に保証されていたわけである。国造には臣《おみ》・君・公・連《むらじ》・直《あたい》などの姓があたえられたが、阿蘇国造は公姓であった。ところで公姓の国造は、比較的独立性がつよく、身分も高かったといわれている。

　阿蘇国造は、肥後国阿蘇郡阿曽《あそ》郷（いまの一の宮町）にいた。阿曽郷の古墳は、手野および西河原附近、つまり黒川の水源地帯に密集している。すなわち、手野には上御倉古墳・下御倉古墳をはじめ、大小一〇余の封土式古墳があり、西河原には勝負塚・上鞍掛塚・下鞍掛塚・長目塚・車塚・入道塚・薬師の藪などと称するこれまた一〇余個の封土式古墳がある。それらは、阿蘇国造家の古墳と考えていい。

　肥後国の式内社は四座であるが、そのうち三座までが阿蘇郡鎮座で、①健磐竜《たけいわたつ》命神社、②阿蘇比咩《ひめ》神社、③国造神社である。このうち①②は阿蘇火口神で、③の国造神社の祭神は、阿蘇国造の祖ハヤミカタマノミコト（速瓶玉命）である。ところでこの神名は、古事記・日本書紀には見えない。平安時代に入ってからの著作と推定される『国造本紀』にはじめて、崇神天皇のときハヤミカタマノミコトを、阿蘇国造としたという記事がみえる。著作年代のはっきりしている文献では、延喜式（九二七年制作）の記載が上限である。

　ハヤミカタマノミコトは、自然神で水神、さらにいえば蛇神であろう。いま国造神社には、ハヤミカタマノミコトのほかに、二の宮として火宮大明神、三宮として高橋大明神、四宮として雨宮大明神がまつられている。二宮および三宮は、ともに小国《おぐに》郷を代表する自然神である。両神社の縁起によれば、両神社の東北に高橋山という岩山があり、その麓を通るとき、馬はかならずつまづき、人はかならずたおれるというので、怖れられていた。これが高橋大明神である。また両神社の南に地獄田（蓆田ともいう）というところがあって、田の中に温泉が湧きでていた。熱湯がわく以上、その下に火が燃えているはず、それが火宮大明神で、ともに典型的な自然神である。この二つが小国郷の代表的な自然神であったので、小国郷の土豪が祀っていたのを、阿蘇氏が国造神社の二宮・三宮として取りいれたのである。四宮は、小国系の二自然神をとりいれるとき、必要に応じて作った神であろう。

なぜ、こうした政治的な宗教工作が必要であったか。私はその理由を、つぎのように考えている。阿蘇氏ははじめ手野を、ついで阿蘇谷の東北部を、そして全阿蘇谷を支配した。この段階までの国造神社の祭神は、ハヤミカタマノミコトだけであった。平氏時代に小国郷を支配するようになると、阿蘇国造は、小国系自然神を包摂することによって、小国郷農民にたいする支配を聖化した。そのため小国系自然神を、国造神社の二宮・三宮として勧請し、ともにハヤミカタマノミコトの子であるとした。ところで父神があれば、母神が必要である。しかし母神とするのに、適当な自然神が見あたらぬ。そこで母神として雨宮大明神が創作されたのであろう。

利権と神話

阿蘇氏が、その繁栄を中世までもちつづけ得たのは、中心祖神をハヤミカタマノミコトから、タケイワタツノミコトに、きりかえたためであるといっても過言ではない。そのことの理解のために、阿蘇氏と阿蘇山とのつながりを究明することにする。

平安時代のはじめ、阿蘇山の中岳の頂上には、タケイワタツノミコトと、アソヒメガミの二神があった。『三代実録』貞観六年（八六四）一二月六日の条によれば、ともに自然神で、タケイワタツノミコトは神霊池、つまり池神であり、アソヒメガミは石神であった。そしてそのころすでに、神霊池の比重が、はるかに重くなっていたことは注意すべきである。しかし、少なくとも奈良時代以前においては、石神が中心であったと思われる。それはタケイワタツノミコトの、イワタツは岩立で、石神を意味するからである。この石神は、アソツヒコ（阿蘇津彦）・アソツヒメ・タケイワタツノミコト・アソヒメガミなどとよばれた。石神の高さは四丈（約一二メートル）ばかり、もと三神であったが、八六四年に二石神は崩れおちて、一石神だけとなった。石神がいつ石神と池神とに分化したか、記録がないので、はっきりした年代はわからないが、大ざっぱにいえば、阿蘇山が噴火活動をふたたび開始してからであろう。

『六国史』についてみると、阿蘇の神霊池が活動をはじめたのは、平安時代になってから、くわしくいえば、七九六年（延暦一五）以後のことである。神霊池はお池ともいい、噴火口のことである。火山が活動を中止すると、火口は埋って、その中には水がたまるが、それは硫黄を多分にふくんでいるので、とても神秘的にみえる。火山活動を再開するまえになると、地熱の上昇によって池の水は、かれはじめる、ついで大爆発という段どりになるのである。儒教思想に呪縛されていた平安時代の支配階級にとって、神霊池が涸渇することは、政治にたいする重大な警告として受けとられた。『筑紫風土記』は、池神化してからの阿蘇山を描いて、「肥後国閼宗《あそ》県、県の坤《ひつじさる》二十余里に一つの禿山あり、閼宗岳という。いただきに霊沼ありて、石壁垣をなす」「居地心にあり、ゆえに中岳という。いわゆる閼宗神宮これなり」としている。霊沼つまり神霊池、すなわち火口が神宮であったのである。神霊池にたいする、京都、したがって、太宰府の関心が集中するとともに、タケイワタツノミコトの神号は、石柱から神霊池にうつった。その場合、竜という字が、観念的媒介をしていることは否定できない。そして、本家の石神にたいしては、アソヒメガミという神号がのこされた。ついで一つ残った石神も、崩潰したのか、あるいは、噴火口が二つになったためか、とにかく、アソヒメガミも神霊池をさすことになった。

神霊池が、京都で問題になったのは、八世紀以後のことで、神霊池の涸渇することが、悪政にたいする天のいましめとして、受けとられたのである。かかるとがめを取りのぞくためには、「徳はかならず妖に勝ち、善はよく悪をのぞく」という儒教の論理から、徳政・修善が必要であった。太宰府から涸渇の報告が届くと、朝廷はさっそく、鰥寡賑給《かんかしんきゅう》・租税減免という政治的施策、また、奉幣・度僧・読経などの宗教的措置を講じた。本尊のタケイワタツノミコトにたいしては、これを慰撫するために、多くの神領が寄進され、かつ叙位叙勲がおこなわれている。九世紀のはじめ八二三年には、封戸二〇〇〇戸が寄進され、九二七年制作された延喜式においては、名神大となっている。こうした繁栄の過程において、神主が登場することとなる。そしてその場合、神主としての条件をそなえているものは、国造家としての阿蘇氏であった。

阿蘇国造が神主として、阿蘇火山神であるタケイワタツノミコト・アソヒメガミに奉仕することになってからも、ただちにこの神を祖神化して、その系譜のなかに織りこむことは、敢えてしなかったようである。そのことは、上に述べた国造神社の神系図によってあきらかである。

神系図の意味

鎌倉幕府の記録である『吾妻鏡』治承五年（一一八一）二月二十九日の条に、南郷大宮司惟安が、菊池隆直・木原盛実らとともに、源頼朝に応じて、平氏にそむいたことを記している。この記述から、阿蘇氏が南郷にうつっていたこと、そして平氏に不満をもっていたことを知ることができる。さらに想像をたくましくするならば、その以前に阿蘇氏は、平氏の圧迫によって小国郷をうしない、南郷においてわずかに余命をつないでいたのではなかろうか、とも考えられる。とにかく源氏の挙兵とともに、いち早くそれに属することによって、南郷谷・南部外輪山地帯はむろんのこと、益城《ましき》・託麻《たくま》方面に鞏固《きょうこ》な地盤を確保するにいたった。そこでこんどは新しく、拠点が南郷であるという新事態に対応する、神系図が必要となった。ところで、それは、つぎのように組み立てることがもっとも好都合であった。

①すでにその手をはなれた小国郷の神を削除すること。

②ハヤミカタマノミコトを中心とする系図の構成は、すでに過去のものである、それは阿蘇氏の活動が、阿蘇谷を中心とした時代のものだからである。そして阿蘇山・南郷方面の利権をえた現在においては、その地位はぐっと引き下げられねばならぬ。

③系図の中心は、すでに日本的に高名になっている阿蘇噴火口、つまり神霊池の諸神におくべきである。そのころの人々の信仰にしたがえば、それは御池とも三池ともいい、三つの部分からなっていた。すなわち中の御池がタケイワタツノミコト（本地十一面観音）、北の御池がヒメ明神（本地弥勒菩薩）法施崎がヒコミコ明神（本地毘沙門天）であった。これらに、阿蘇氏を結びつけることである。

ところで、平安時代すでに、国造神社というかたちで、阿蘇氏の祖神はハヤミカタマノミコトとなっていた。したがって国造神社の神系図に、タケイワタツノミコト・ヒメ明神・ヒコミコ明神・ハヤミカタマノミコトをつなぎ、そしてその直系の子孫が、阿蘇大宮司家であるとすること、さらにそれを、天皇家の系図とむすぶことである。

④阿蘇氏の新所領である南郷谷、および南部外輪山地帯の神に、重要な地位をあたえねばならぬ。

ところで南郷谷を代表するのは、白川ヨシミ神（水神）、南部外輪山地帯を代表するのは、草部ヨシミ神（水神）である。白川ヨシミ神の鎮座する白川は北条執権領で、阿蘇家領ではない。かくて南に偏するが、草部ヨシミ神を、脇役として登場させ、ヒメ明神（北の御池）をその娘とすることによって、脇役とむすびつける。かつ権大宮司を、第二の名門であるこの家系の出とすることが、好都合である。

⑤以上によって、第一義的な神の位置はきまった。しかし、まだ問題は残っている。南郷谷の神と、宮地の神を入れることである。宮地は阿蘇下宮（阿蘇神社）のあるところ、そのニイヒメ神・ワカヒコ明神をとり入れ、ワカヒコ明神を、草部ヨシミ神の弟とすることによって、脇役とむすびつける。さらに神官・北宮祝を、この家系から出たことにすれば、大宮司・権大宮司・神官・北宮祝の封建的階層関係を、神系図に定着させることができる。こうした要求をみたすものとして、①神武天皇・神八井耳命・タケイワタツノミコト・ヒメ明神・ヒコミコ明神・ハヤミカタマノ命・大宮司をむすぶ神系図、②草部ヨシミ神・権大宮司をむすぶ神系図、③ニイヒコ明神・ニイヒメ明神・北宮祝らをむすぶ神系図と、あたらしい事態に即応する三つの神系図をくみあわせて、十二神系図が作りあげられたのである。

なお神宮寺西巌殿寺を中心に、仏教思想をとり入れることによって、農民の宗教的呪縛に成功したことも、銘記すべきである。

支配と侵略　ついで阿蘇氏は、益城郡矢部郷に進出した。『阿蘇文書』正平九年（一三五四）の、肥後矢部郷村注文によって、その村名・年貢ははっきりしているが、計五十四村で、その年貢は七九七貫余。それが、いつから阿蘇社領になったかは詳《つまび》らかでないが、おそらく鎌倉時代からであろう。一四世紀のなかごろ、阿蘇氏はその本拠を矢部郷にうつした。その屋敷は現在の浜町で、浜の御殿・浜の御所などといい、そのご、約三五〇年間、浜町は阿蘇氏の城下町であった。したがって浜町の、中世における政治史、および軍事史上にもつ意味はきわめて大きいが、それにくらべて、宗教史的な役割は、それほど大きくはない。

たとえば、タケイワタツノミコトをめぐる神話も、いくつかここで創作されてはいるが、それは、すでにできあがっていた阿蘇神話への、ささやかな添加にすぎない。たとえば成君村《なるきみ》は、「阿蘇明神巡狩のときは、おもうに山渓森々たる山中なりしに、ようやく一宇の茅檐《ぼうえん》ありて、老翁すめるが見奉りて、君は常人にてましまさず、よく人民を和して、この地に君となりたまえという。そのところを成君村と号す」（『肥後国志』）というのである。ナルキミは、阿蘇文書所収永延元年（九八七）二月十日注申、肥後阿蘇郡四境注文にみゆる、雷柱宮（ナルハシリノミヤ）、すなわち雷神をもじったものであろう。また益城郡甲佐《こうさ》社と、その社領を吸収している。

阿蘇氏がここに進出したのは、すくなくとも一三七年（保延三）以前であることは、『阿蘇文書』大宮司惟宣解によって証明できる。いかにして阿蘇氏がここに進出したかについては、おそらく甲佐社の大宮司職《しき》を、手に入れたのではなかろうか。いま甲佐社は、宮内村上揚にあり、祭神の第一は甲佐明神、第二は阿蘇大明神、第三は郡浦《こおのうら》明神である。三神をまつるので、三宮大明神ともいい、また上宮にたいして下宮ともいう。三宮型は合祀のかたちで、新しい型であり、ここの原型は上宮である。上宮は甲佐嶽にあって、甲佐明神だけをまつっている。

甲佐明神は、もと山神、つまり自然神であったが、甲佐郷の豪族がこれを祖神化するとともに、その神威がしだいに遠くまで及ぶにいたったものである。そうした過程において、阿蘇氏の勢力圏に包摂されたのであろう。かくて阿蘇氏は甲佐神をその神系図に吸収して、タケイワタツノミコトの子ハヤミカタマノミコトの異母弟とした。そして新たに甲佐社を建てて、第一宮甲佐明神・第二宮阿蘇大明神とし、ついで第三宮に郡浦明神を勧請した。ところでこんな場合、阿蘇神社の神系図には、いささかの変改もおよぼさず、ただその神系図の派生にとどめていることも、見のがしてはならぬ。

なお、託麻《たくま》郡健軍《たけみや》社とその社領も包摂したのであるが、健軍社は、火の国造の祖タケオズミ（健緒純）をまつった国造神社である。タケオズミの自然的形態は、水神であろう。火の国造が、益城・八代《やつしろ》方面に進出するとともに、それら地域の代表的自然神をとりいれて、七・八世紀ごろに、神話を形成しつつあったことは、『肥後風土記』の逸文によって想像することができる。ところで健軍社は、すくなくとも一一八〇年までには阿蘇氏の支配に帰しているが、阿蘇氏はさっそくその祭神をすりかえて、健軍十二社大明神とし、阿蘇社の系列化して、国造神社を末社の地位に引きおろした。さらに地区内にある神社の祭神も、しだいに阿蘇神とおきかえている。たとえば、健軍社の庄園に津森庄があったが、そこでは津森社をあらためて総鎮守とし、ほかの十二村、つまり平田、田原、上陣、下陣、小谷、杉堂、河原、戸次、馬場楠、曲手、辛川、井口に、それぞれ分祠を勧請した。

阿蘇氏はさらに、宇土郡郡浦《こうのうら》社と、その社領を併呑した。郡浦社は、『三代実録』元慶二年（八七八）九月七日の条に、「宇土郡正六位上蒲智比《かまちひ》咩《め》神社まえの河水、赤く変じて血のごとく、縁辺の山野、草木凋枯して、さながら厳冬のごとし。神わざわいをなすべし、ゆえに明神怪をしめす」とみえており、その社領が郡浦庄である。河水が赤く変ずるという神異によって、朝廷の畏怖するところとなり、神領が寄進されるとともに、地方的な名社となって、社名も郡浦神社と改称されたもののようである。

郡浦社にかんする現存文書のうち、もっとも古いのは、一一五〇年（久安六）正月二十三日肥後国司庁宣であるが、それに社領の範囲が明記されている。

しかしそのころ郡浦社は、まだ阿蘇社領ではなかった。上の庁宣に、「しかして近隣の土民ら、堺をこえて浦村へ乱入せしめ、神事のさまたげをなすの条」とみえている。こうした不安が、本社を必要とすることになり、平安時代に阿蘇社と本末関係をむすんだのであろう。よりくわしくいえば、まず甲佐社の末社となり、甲佐社が阿蘇社の末社となったとき、郡浦社も阿蘇社の末社になったと考えるべきであろう。阿蘇社の末社になるとともに、祭神も阿蘇化している。すなわち一三六一年（正平一六）甲佐社牒によれば、「尊神は阿蘇の御母、甲佐宮の祖母神」であり、江戸時代には、里俗は阿蘇宮の祖父神といっていた。しかしタケイワタツノミコト・ハヤミカタマノミコト・ヒコミコ明神の三座をまつるとするのが普通で、三宮大明神社といった。明治前期に作成された『宇土郡神社明細帳』には、「蒲池比咩《かまちひめ》神、健磐竜《たけいわたつ》神、速瓶玉《はやみかたま》命、神武天皇」と記されている。政治の推移によって、祭神の変化する好例であろう。

甲佐・健軍・郡浦の三社をあわせることによって、阿蘇氏の地位は牢固たるものとなった。もともとそれらの神社は、自然神をまつったものであり、それが国造神社、ないしは準国造神社化することによって、土地を蓄積していた。そして、それらの利権が、そっくり阿蘇氏の手に帰したのであるが、阿蘇氏はなお、それだけで満足してはいなかった。それらの神社を拠点として、つぎつぎに侵略の魔手をのばしていった。阿蘇大明神の生《き》地《じ》である怖畏性はそのままにして、あたらしく仏教の影響によってえた恩恵性を、たくみに使いわけて、活躍させたので、他にこれに拮抗《きっこう》しうるものはなかった。すぐれた武士たちも、神話にはよわい。ねらわれた一例として、守富《もりどみ》の領主木原実澄の場合をあげてみる。そのいきさつは、つぎの如くであった。

実澄の父顕実は、熱心な阿蘇信者であった。一一七三年（承安三）には、砥用《ともち》山・小北山・佐俣《さまた》中山・久木山などを甲佐社に寄進し、ついで守富庄内の田地若干も神田とした。いわゆる居合田である。一二二一年（承久三）のこと、実澄は甲佐社神官にあてて、一通の始末書をかく破目になった。これよりさき、実澄が甲佐社の神人を殺すという事件があった。理由は、現在しるよしもないが、敬神家の実澄が殺したのであるから、神人がよほど乱暴をはたらいたに違いない。ところで神社側は、好機いたれりとして、下手《げしゅ》人の引き渡しを要求し、財産の没収を主張して、守富庄を甲佐社にわたさねば、神人蜂起すべしとおどした。実澄はむろん、こうした要求をそのまま受けいれはしなかった。しかし結局、幕府の裁定案はのまねばならなかった。それは、「かたがた以って神明崇敬、他にことなるのうえは、自今以後、かの守富庄にいたっては、甲佐大明神御神領たるべきのよし申しさだめ、当庄田地の所当米、毎年半分は永代をかぎり、甲佐宮に寄進し奉るところなり。下地においては、実澄子々孫々にいたるまで、知行相違あるべからざるものなり。はたまた、根本居合田は、もとより地頭のいろいこれなきあいだ、作人以下一円、社家進止の条、子細あるべからざるものなり」（『阿蘇文書』）というのであった。

局地神話

阿蘇神話の研究によって、つぎの諸点があきらかとなった。①神は、すべて特定地域の、特定の自然神に復元することができる。②庶民は、自然神を怖畏していた。③支配者は、自然神を怖畏せず、庶民の自然神にたいする怖畏心を、一方的に悪用し、かつそれを高度に利用するため、守護神化・祖神化した。④神話は、まず土豪によって創作された。国造は固有の神話に、それに自分の征服した土豪の神話をくわえて、国造家の権威をたかめるための、国造神話をつくりあげた。したがって現存する神話のなかには、征服された土豪の神話が、ゆがめられた形態で保存されている。⑤神話は、その制作当時における、現実の社会関係そのままの、天上的反映であって、その間には一分のすきもない。⑥すぐれた神話をもつことによって、国造はその地位を聖化することができ、その繁栄を恒久化することに成功した。

要するに、神話は、支配者によって巧みに仕組まれた現状維持の教説であり、その霊験は絶対的であった。以上、局地神話の研究によってえた結果にもとづいて、日本神話を再吟味すれば一体どうなるか以下そのことを考えてみる。枚数の制限があるので、点描の程度にとどめる。

三　天皇と宗教

日本神話

天皇という語は、推古朝（五九三―六二八）にはじめて使用された。それ以前の天皇は、部族連合の長としてオオキミとよばれていた。七世紀における部族連合の分解は、天皇支配の危機をもたらしたので、その世襲的権威を強化するために、中国から伝来した儒教的原理にもとづく、天皇という語が、使いはじめられたのである。そしてその強化策は、政治的には律令制の確立、神話的には日本神話の創造、宗教的には、仏教を天皇中心に呪術化する工作、となってあらわれている。そこで日本神話の問題につうって、その成立の過程を、『日本書紀』・『続《しょく》日本紀』を中心に追求してみる。

六二〇年、聖徳太子は蘇我馬子と謀《はか》って、天皇記、国記、臣・連・伴造・国造 百八十部あわせて公民等の本紀、を記録した。それを『釈日本紀』は、『先代旧事本紀』に比定しているが、それは当らない。六四五年の蘇我蝦夷《えみし》らの伏誅のとき、天皇記・国記などを焼いたが、臣・連・伴造・国造・百八十部あわせて公民等の本紀の消息はわかっていない。

六八二年には、川島皇子、忍壁《おさかべ》皇子、広瀬王、竹田王、桑田王、三野王、上毛野君三千、忌部《いむべ》連首、阿曇《あずみ》連稲敷、難波《なにわ》連大形、中臣連大嶋、平群《へぐり》臣子首などに詔して、帝記および上古の諸事をしるし定めさせたが、その中心人物は、中臣連大嶋と平群臣子首であった。ついで、六九四年、大三輪、雀部《ささべ》、石上《いそのかみ》、藤原、石川、巨勢《こせ》、膳部《かしわで》、春日、上毛野、大伴、紀伊、平群、羽田、阿倍、佐《さ》伯《えき》、采女《うねめ》、穂積、阿曇の一八氏に命じて、その祖先についての記録を上進させた。七一二年には、太安万侶が『古事記』をたてまつった。また七一三年、諸国に命じて、その土地の沃瘠《よくせき》・山川・原野の名称とその所由、また古老の相伝する旧聞異事などを、史籍にのせて進献させ、七一四年には、紀朝臣清人、三宅臣藤麻呂の両人に命じて『国史』を編纂させた。かくて七二〇年、舎人《とねり》親王は『日本書紀』を完成したのである。

したがって、書紀編纂の史料は、だいたい想像がつく、①六二〇年、『臣・連・伴造・国造・百八十部あわせて公民等の本紀』。②六八一年、『帝紀』および上古の諸事の記録。③六九四年、大三輪氏ら一八氏の『纂記』。④七一二年、『古事記』。⑤七一三年、『風土記』。⑥七一四年、『国史』などである。

このほか、『日本書紀』の本文にあげてある引用書は、『百済記』・『百済新撰』・『百済本紀』『伊吉連博徳書』・『難波吉士男人書』・『道顕日本世紀』などがある。

これらの史料を、天皇家中心に整理し、神代においては国土形成を神話的に強調し、神武天皇以後においては、詔勅という形式で、儒教イデオロギーを織込んでできたのが、つまり『日本書紀』である。国造神話についていえば、臣・連・伴造・国造・百八十部あわせて公民等の『本紀』一八氏の『纂記』『風土記』、などの史料を中心に、あますところなく摂取されていることがわかる。

『日本書紀』編纂当時において、社会を風靡した思潮は、儒教と仏教であった。社会の理想とするところは、君子であり菩薩であった。そして儒仏は、かならずしも、対立するものとして意識されていたわけではなかった。たとえば、七五九年の勅に、官僚の条件を示しているが、それはつまり「父兄誡めずんば、何をもってか子弟をみちびかん。官吏おこなわずんば、何をもってか士民を教えん。もし、仁、義、礼、智、信の善を修習し、貪《とん》、瞋《じん》、癡《ち》、淫、盗の悪を戒慎し、かねて前の二色の書を読むものあらば、あげてこれを察して、品にしたがって昇進せしめよ」(『続日本紀』)というのであった。五常・五戒は、君子・菩薩を理想とする知識人の実践すべき徳目であり、両者のあいだに、矛盾を感じていなかったもののようである。ところで、さらに一歩すすんで儒教・仏教それぞれの役割を規定するときには、「周孔の名教は邦をおこし、俗を化するの規、釈老の格言は福をいたし、わざわいを消すの術」(『経国集』)としている。つまりイデオロギー的にいえば、儒教が格段の差をもって、重視されていたのである。

当時の儒教の経典としては、『周易』・『尚書』・『周礼』・『儀礼《ぎらい》』・『礼記《らいき》』・『毛詩《もうし》』・『春秋左氏伝』・『孝経』・『論語』(『令義解』)などが研究されていた。つまり五経と『孝経』・『論語』である。五経が歓迎されたことは、明経《みょうぎょう》博士・五経博士の存在によっても、うかがうことができる。五経のなかで、とくに重視したのは、『礼記』である。それは「上を安んじ民をおさむるは、礼よりよろしきはなし。風をうつし俗を易うるは、楽よりよきはなし」(『続日本紀』)であるからである。ところで、当時の文化政策は大胆であった。「漢風によって、わが俗にほどこす」(『続日本紀』)を信条とする知識人によって、政治が指導されており、そして『日本書紀』は、こうした知識人の手によって、編纂された。儒教イデオロギーによって貫ぬかれているのも、また当然であろう。このような時代的雰囲気のなかで、古代宗教は、まったく礼記化、つまり祖先崇拝の宗教化されていったのである。

降臨の神話

神話の中核をなすものは、天孫降臨の神話であるが、その前提として、国ゆずりの神話があり、さらにそれの序章として、国うみの神話がつくられたのである。そこでまず、降臨神話の主人公となる天神について、検討してみよう。天神は局地神話においては、天から降りてきた神の意で、天上の神のことではない。これを自然神としてとらえれば、雷神である。『常陸《ひたち》風土記』に、「東の大山をかびれの高峰という。すなわち天神います。名をタチハヤヒオノミコトという。またの名はハヤフワケノミコトなり。もと天より降りて、すなわち松沢の松の樹の四八俣のうえにいましき。神のたたりははなはだおごそかなりき」とあるのがその適例である。現存する天神には、二つの系統があり、その一は雷神系のもの、その二は天満天神系のもの（これも雷神信仰にささえられている）で、そして雷神系のものが圧倒的に多い。

近世初期地誌には、二つを峻別しているが、中期以降には、天神を天満神としているものが、多い。なお南九州においては、天神のことを、天子・天下ともいう。『球麻郡神社記』（一六九九年青井惟董著）に、「天子の神は古来、本説なし。あるいは曰く、風神なりと。あるいは曰く雷神なりと。あるいは曰く田の神なりと。いまだ可否を弁ぜず。ゆえに三説をここに存す。およそ邑中に天子と称する神その数少なからず。みな森樹をまつる。その縁いかんということを知らず。あるいは地の王の木という。けだしそのところ開始の神、また由来久しき地主をいうか」と見えている。天子・天下は、ともに天孫降臨との思想的つながりを思わせる。

子細に吟味すると、天神（つまり雷神）を守護神とする首長が、すくなくなかった。物部氏の祖神ニギハヤヒノミコト、藤原氏が守護神としたタケミカズチノカミ・フツヌシノカミ、そしてアマテラスオオミカミの父とされているイザナギノミコトが、それぞれ天神であることは、すでに先輩の指摘するところ、私はさらにヒコホホデミノミコトも、その原型は天神と考える。そしてそれが自然神であるかぎり、特定の地点に立地する神であるはずである。また天神を、祖神・守護神とする首長は、それぞれ降臨の神話をもっていたはずである。天皇家はむろんのこと、物部氏、隼人《はやと》・出雲国造など、みな然りである。

それらの降臨説話は、日本神話編集のとき、すでに朝廷に報告されていたものと考えられる。日本神話の編集者たちは、それをいかに調整するか、とくに天皇家の降臨神話を、いかに卓絶したものとするかに、苦心したようである。想像をたくましくすれば、天皇家の降臨神話の原型は、おそらくヒコホホデミノミコトが、南大和に降下したという話であったろう。とすれば、物部氏のもつ降臨神話にくらべて貧弱すぎる。そこで、隼人の神話を利用して、加工したと考えるのが妥当ではなかろうか。隼人神話は、霧島神宮（ホノニニギノミコト）、鹿児島神宮（ヒコホホデミノミコト）、鵜戸神宮（ウガヤフキアエズノミコト）を包摂するもので、それらの神々を自然神に復元すれば、火山神・雷神・洞窟神であろう。この神話に、若干手をくわえて、天皇家の神話に織りこんだのである。天孫降臨神話の基本的な意図として、松村武雄氏が指摘されるように、天降り信仰・国ぼめ・日向い儀礼もあろう。しかし霧島山という高峰の火山に、降臨したとする神話は、天皇家の神話としての貫禄十分であり、しかも巡幸説話をおり込むことによって、天皇愛民の事蹟をくわえることができるのである。隼人の祖は、ホデリの命、天皇家の祖はヒコホホデミノミコト、それぞれ海幸彦・山幸彦となって争い、ホデリノミコトは結局、ヒコホホデミノミコトに敵すべからざることを知って降伏し、世々隼人となって臣事したとして、七・八世紀の天皇・隼人関係に辻つまをあわせている。

つぎに天皇家と、古くは対立関係にあり、天皇家が大和南部を地盤としたのにたいして、大和北部を支配したと考えられる物部氏が、祖神とする天神ニギハヤヒノミコトを、どう処理したか。ニギハヤヒノミコトは、アメノイワフネにのり、一〇種の天璽瑞宝をたずさえ、三二人の供奉者をしたがえて、降臨したという。ナガスネヒコと神武天皇の対話に、「われニギハヤヒノミコトをもって、君としてつかえまつる。それ天神の子、あに両種あらんや」、「天神の子もさわにあり。なんじが君とするところ、これ実の天神ならば、必ずしるしのものあらん云々」とあって、結局、天神の子であることを認め、それをアメノオシホミミノミコトの子として、天皇家の系図にかきこみ、ナガスネヒコを殺して帰順したニギハヤヒノミコトを、重用したとして、七・八世紀における、天皇家・物部氏の関係に対応させている。

出雲国造家の守護神であった天神、スサノオノミコトは、アマテラスオオミカミの弟であるが、粗暴であるため、根の堅洲《かたす》国に追放されたとされている。そして藤原氏の守護神であるタケミカズチノカミ・フツヌシノカミは、さすがに国ゆずり神話においても、功臣の地位をあたえられている。要するに、それらの神々のあたえられた地位は、日本神話成立当時、つまり七・八世紀の朝廷における氏族の勢力関係と、照応するものであろう。

熊襲征伐の意味　つぎに、景行天皇の熊襲《くまそ》征伐について考えてみる。神話の編集者たちが、七一二年『古事記』をえらんで痛感したであろうことは、地誌がとぼしく、したがって地方にかんする記述がすくなく、しかもあいまいであることであった。その直後七一三年五月二日、『風土記』の撰進を指令したうらには、こうした事情が伏在していたと考えられる。このような朝廷の要請にもとづいて、『風土記』は続々と撰進され、それが『書紀』の編集に、利用されたもののようである。これまで『風土記』は、書紀の影響下に編集されたと考えられているが、『古事記』にくらべて、『書紀』の地方理解が著しくすすんでいることは、そのあいだに『風土記』をおいて、はじめて理解することができる。なるほど現存の『風土記』は少なく、その制作年代は新しい。つまり『播磨《はりま》風土記』の七一五年、『常陸《ひたち》風土記』の七一八年が、書紀完成の七二〇年以前で、その他は、いずれもそれ以後である。『豊後《ぶんご》風土記』・『肥前風土記』はともに七三二年ごろ、『出雲風土記』は七三三年のものである。ところが、初稿本が伝わらず、改訂本が伝わっている実例がある。『筑前風土記』の逸文に「ならの朝廷の天平四年（七三二）、西海道節度使藤原朝臣、諱は宇合《うまかい》、まえの議のかたよれるをきらいて、当時の要を考ゆ」とみえ、七三二年、西海道節度使となって、七三四年まで在任した藤原宇合が、『風土記』を改訂したというのである。それらの事実と、朝廷の要請の緊急さに思いをいたせば、七一三年の指令によって、諸国が『風土記』を上進したと考えることは、それほど飛躍した見解ではないと思う。

『古事記』には見えず、『書紀』にみえる記事に、景行天皇の熊襲征伐がある。豊前・豊後・日向をへて熊襲を討ち、肥後・筑後・筑前をへて、都に帰ったというのである。そこにでてくる地名は、豊前、豊後の両国に限定しても、菟《う》狭《さ》川上・御《み》木《け》川上・高羽《たかは》川上・緑野川上・長狭《ながお》県・京《みやこ》・碩田《おおいた》・速見《はやみ》邑・鼠石窟《ねずみのいわや》・直入県・禰《ね》疑《ぎ》野《の》・来《く》田《た》見《み》邑・稲葉川上・海石《つばき》榴市・血《ち》田《た》・禰疑山・城原《きはら》・柏峡《かしわお》大野・蹈《ほい》石《し》など、おおく僻地の地名説話をふくむ小地名をあげていることから考えて、くわしい地名説話をもっている文献、つまり『風土記』が存在していたことを推測できる。そして幸いにも、景行紀の豊後に関する記事は、ほとんど『豊後風土記』のそれと合致する。修辞がいくらか相違するのは、『書紀』が第一次型風土記によったためであろう。とすれば『景行記』の、日向・肥後・筑前・筑後などにかんする記述も、すべてそれぞれの国の第一次型風土記によったものであろう。さらにいえば、諸国の『風土記』が朝廷の意をむかえて、天皇巡幸に関する地名説話を、多く収録していたので、『書紀』の編者がそれを整理按排して、景行天皇の熊襲征伐の一条をつくったのであろう。もしこの一条が、帝記・旧辞《きゅうじ》にあったとすれば、天皇巡幸という大事件を、『古事記』の編者が見おとすはずがない。したがって、書紀のこの部分は、書紀編者の創作と考えるほかはないと思う。創作だとすると、この間に詳密な地名説話集が世に出たとせねばならず、つまり『風土記』の提出を考えないわけにはいかぬ、ということになる。

私は、局地神話として、阿蘇神話をえらんで分析してみた。阿蘇神話は、日本神話の成立におくれること約五〇〇年、それだけに、その成立をきわめやすく、また僻地の神話であるので、外部の影響をほとんどうけていない。阿蘇神話の研究によって知りうることは、国造家が、神話制作時における現実を冷静にみつめ、庶民の怖畏する自然神を、まず国造の守護神とし、ついで祖神とし、それによって人民統治を容易にし、さらに神話を創作することによって、その支配を恒久化することに成功していることである。単なる土豪の場合は、せいぜい二、三〇〇年で消えてゆくが、かし神を、そして神話を光背とするものは、不死鳥である。阿蘇国造家はいまも生きている。

諸家の神話はむろんのこと、天皇神話も、その原型は、局地神話であったはずである。天皇記、家記そして地名説話を素材として、それを高度の政治性をもって体系化したのが、すなわち日本神話である。したがってそれは、政治的であるというより、政治そのものである。

氏族と仏教

仏教伝来は、『日本書紀』によれば五五二年である。しかし、仏教が国家宗教として、輝やかしい前途を約束されたのは、聖徳太子（摂政・五九三―六二二）が、推古天皇の摂政となってからのことである。仏教伝来当時の日本は、蘇我・物部二氏のあらそいに典型的に表現されているように、氏族擅権の時代であった。そのころの神は、太陽・山・川・泉・石・蛇・雷などで、そのうち人間に恩恵をほどこすものは太陽・泉など二、三にとどまり、他はおおく人間生活に脅威を与えるものであった。首長たちは、こうした怖畏性を、庶民支配に利用した。いっぽう、崩壊への道をいそいでいた当時の氏族首長は、現世利益的な貴族宗教を要求していた。かれらの求める現世利益の宗教とは、一体どんなものであったろうか。一口にいえば、息災延命と富貴栄達の要求を満足させてくれる宗教である。

仏教は、恩恵性の豊かな宗教で、インド・支那におけるながい歴史において、貴族の要求に対応する資質を、充分に獲得していた。かくて仏教は、六世紀中葉に、日本の社会の要望にこたえて颯爽と登場した。しかし当時の首長は、やがて官僚として再編成される過度的な存在だったので、こうした首長の支持をうけた仏教もまた、低い発展段階にとどまらざるを得なかった。つまり仏教は、首長宗教として、充分な展開を遂げないうちに、国家宗教に再編成されたのである。したがってここでは、その首長的特質を分析するにとどめておく。

まず寺院について考えてみよう。それが首長の建立であったこと、そしてその目的が、かれらの生活の向上と永続を、祈願することにあったところに、いちじるしい特徴を見いだすことができる。それは仏像についても、同じことがいえる。かれらが信仰の対象として選んだのは、釈迦・薬師・観音・弥勒《みろく》・四天王などであった。しかしここで問題となるのは、それらの仏像の本質ではなくて、それらが、当時いかなる角度から礼拝されたか、という点である。釈迦は病気平癒と延命長寿を、薬師は病気平癒を、そして観音は災害除去を祈られていた。経典にしても、『金光明経』『妙法蓮華経』『仁王般若経』『薬師経』などが、読誦されているが、やはり仏像の場合と同じく、主としては、そのもつ咒力を信じて、息災延命・病気平癒を、祈願される程度にとどまっていた。ところで氏族の勢力を打倒して、国力を強化しようと企図した聖徳太子は、宗教面においては、首長仏教を国家仏教に転換することを意図した。

国家仏教

国家仏教といえば大袈裟にきこえるが、実際問題としては、氏族の仏教とことなった経典や、仏像を選択する必要があったわけではない。経典にしても従来つかわれていた『金光明経』・『妙法蓮華経』・『仁王般若経』などでよく、仏像も、釈迦・観音で一向さしつかえなかった。当時の仏教は、貴族性も国家性ももっており、とくにその国家性によって発達していた。したがってこの場合、焦点の位置を、貴族性のものから、国家性のものに移せばよかった。いま、『金光明経』に例をとって考えてみよう。経典のしるすところにしたがえば、この経典を講宣読誦すれば、息災延命にして、しかも富貴栄達は意のままである、という。この点に首長は魅せられたのである。またこの経典には、これを講宣読誦する国土は、常に四王によって擁護され、一切の災障および怨敵は退散し、その軍隊はみな勇健となり、飢饉はなく、つねに豊稔となり、疾疫・病苦のわざわいを免がれる、とされている。こうした点こそ、統一の強化を目指す国家が、衷心から切望するところであった。かくて、かつては貴族宗教としてうけいれられた仏教は、あらためて国家宗教として採用されることとなったのである。

大化改新にさいして国家は、それまで首長らの建設したもので、維持困難におちいっている寺院は、国費をもってその経営費を支弁すると言明した。そして国家の統制がしだいに強化されて、官僚に転化した首長の氏族的背景が漸減すると、それまでのように漠然と、仏教一般を保護するという立場を清算して、国家の統制に、全面的に協力する、純粋の国家仏教だけを、積極的に保護するという、本格的な宗教政策に移行している。かくて仏教保護は、いよいよ強化され、造営などに要する臨時費はむろんのこと、莫大な経常費の支出さえ辞さなかった。経常費として、国家が寺院によせた最大のものは、封戸《ふこ》であった。施入をうけると、その土地から徴収する地租の半額、および地租以外の租税の全額を給付されるのである。たとえば東大寺は、じつに五千戸の封戸をうけていた。東大寺は特別の例であるが、その三分の一、四分の一ぐらいの封戸をうけた寺院は、かなりあった。また寺院の収入を増加させるために、国家はその保護のもとに、寺院に土地を開墾させたが、こうして得た寺有の田地も、また尨大な面積に達した。もって国家の仏教保護が、いかに積極的であり、また徹底したものであったかを、推察することができる。

奈良仏教　国家の積極的保護によって、仏教はきわめて迅速に発展した。以下、寺院および経典について、そのことを考えてみる。もちろん、当時寺院統計があったわけではなく、また記録のすべてが残っているわけでもないので、文献や遺物、遺蹟などの調査にまつほかないのであるが、そうした方法の推定によれば、およそつぎの如くであった。六世紀中葉から七世紀中葉までの、約一世紀のあいだに建設された寺院は、六、七十カ所にすぎなかった。しかるに大化改新によって、国家の保護が積極的になると、飛躍的に増加して、改新以後八世紀までの約半世紀のあいだに、百数十ヵ所、さらにその保護が徹底した奈良時代には、じつに四百ヵ所ちかい寺院が建設されている。その分布についてみれば、改新以前の寺院が、おおく畿内およびその附近に偏在しているのに対して、改新以後においては、地方における寺院の増加がとくに目立ち、その傾向は、八世紀に入ってことに顕著である。

つぎに、改新以前にどれだけの経典が伝わっていたかを、確かめることは、容易なわざではないが、これだけは確実に伝わっていたであろうと、推定しうるものは、せいぜい二〇部限度である。しかるに改新直後、六五一年には、すでに一切経が伝わっている。この一切経が、どんな種類のものであったかについては、相当議論があるが、いろいろな点から推測して、仁寿録に目録するところのものと考えるのが、もっとも妥当であろう。とすれば、当時すくなくとも二一〇九部の経典が、渡来していたことになる。ついで七三九年、『開元録』に目録する一切経、五〇四八巻が将来されている。ところで、これらの経典を普及させるためには、印刷術の発達していなかった当時においては、すべて筆写によらねばならなかった。しかし臨時的な、非組織的な方法では、とても需要をみたすにたらぬので、七三四年常設的な組織的な写経所が設けられた。その職員は合計二百六、七十人にも達し、学者の推定によれば、その能力は、毎月、一千巻にも上ったであろうとされている。

奈良時代にはいると、仏教の隆盛は驚異的である。しかし国家は、決して仏教一般を漠然と保護したのではなく、前にものべたとおり、国家の統治に協力するものだけを、積極的に保護したのである。そうした国家仏教として、奈良時代にもっともはなやかだったのは、華厳宗である。この思想が日本に伝来したのは、七三六年であるが、七四〇年にはすでに、国家が主催した華厳思想普及の、大がかりな講習会がもたれている。ついで七四一年の国分寺、七四三年の東大寺建設計画には、すでに指導的役割をしめ、七四九年には、この思想を指導理念とすることが、明らかに宣言されている。このように、迅速な華厳仏教の進出も、詮ずるところ、その国家宗教的性格にあったのである。

華厳仏教を、国家仏教の極致とすれば、東大寺および国分寺は、国家隆昌の記念塔である。まず国分寺のことからのべてみる。大化改新にさいして、――国家は氏族の首長を官僚にするとともに、寺院もしだいに国家の管理にうつしていった。そしてそれらの寺院には、はやくから『金光明経《こんこうみょうきょう》』・『仁王経《にんのう》』など、一連の護国経典が配布され、読誦・講宣されていた。だいたい天平ごろ（七二九―）までに、こうした経緯をへて国家の統制下にはいった寺院は、国ごとに一ヵ寺ぐらいずつに整理按排され、各寺院には、だいたい二〇人ぐらいの僧侶が常在していた。七四一年、国家はそれら寺院の威容を整備し、さらにその機能を発揮させるために、統制を強化し、金光明四天王護国寺の名称をあたえるとともに、七重塔を建立して、そのなかに天皇自筆の金字『金光明経』をおさめ、また別に、『金光明経』・『法華経』おのおの一〇部を安置させた。金光明四天王護国寺は僧寺であるが、この寺に対する尼寺として、『法華経』を中心とする法華滅罪寺が建立された。国分寺の建設は、大がかりな計画であっただけに、かなりの困難をともなったが、それでもさすが国力の充実した時代だけに、一七年目の七五七年までには、ほぼ完成したようである。

東大寺もまた、国分寺と異質のものではない。国分寺建設計画にさいして、大和においては金鐘《こんしゅ》寺が、金光明寺と改称されて、大和の国分寺となっている。この寺は、帝都の国分寺という地位によって、国家から特別に待遇され、国家の祈願所となり、そしてその地に、大仏を中心とする東大寺が建設された。聖武天皇が、「もしわが寺興復せば、天下興復せん。もしわが寺衰弊せば天下衰弊せん。」としていることによってもうかがわれるように、上代仏教の頂点的所産である。

四　領主と宗教

貴族の宗教　古京六宗・天台宗および真言宗は、本来的には、それぞれ少しずつちがった伝道対象と、したがってまたことなった教説とをもっていた。しかし平安朝四〇〇年の歴史は、これらの諸宗派を、みな一様に貴族の宗教と化し、その教理も貴族的宗教としての諸特質を、遺憾なく具備する密教と、化せしめたのであった。その結果、これらの諸宗派は、貴族の信仰をあつめ、貴族の喜捨によって、その財力は著しく増大し、平安時代の末期には、すでにその保護者である貴族の財力をしのぐ程度に、富有になっていた。加うるに、地方豪族の保護のもとに、その富を蓄積していた地方寺院が、所有地を武士の侵略からまもるために、政治的庇護を求むるにおよんで、これら中央の諸大寺院は、その請をいれて、その保護に任ずるとともに、積極的に地方寺院の所有地を、直接自己の支配下におくことの用意を怠らなかった。このようにして中央寺院の財力は年とともに増大し、ついには、他に比類をみないほどの大地主となった。いっぽう平安時代末期の社会は、すでに藤原氏の子弟にもれなく地位を与えるゆとりはもっていなかった。そこでかれらは寺院に進出し、その世俗的な地位を利用して、寺院内にその門閥をつくりあげ、門跡を主班とする政治体制を確立した。

こうした独裁政治の確立によって、中央の諸大寺院は、独裁者、独裁者に忠誠をちかう軍団、および封建的領有地、という封建体制としての必須条件を具備するものとなった。しかしこの場合、その有する軍団の兵力だけで、所有地を安全に守ることはむずかしかった。それは、上に述べたような成因をもつ所有地だったので、零細な形で全国に散らばっていたからである。かくて、その欠陥を補なうために、宗教的な防備が必要であった。まず寺院に鎮守社を、ついで荘園にその分祠を勧請して、形式的に社領とすることによって聖化し、他の侵略を防ぐという方法をとった。かくて寺院は、軍備の欠陥を、宗教的な方法でたくみに補なうことによって、封建社会に適応する形態をとりえたのである。こうした寺院の性格は、寺院の所有地に食指をうごかしている武士の存在を前提とすれば、絶対的に必要ではあった。しかし、寺院機構を、まったく世俗の封建領主と同じように再組織したことは、同時に寺院生活を世俗化させるものでもあった。そしてその世俗化は、修道生活の荒廃を意味し、さらにそのことこそは、宗教教団としての寺院の存在意義をなくするものでもあった。以下、上述の諸点について、いますこしくわしく観察してみることにする。

荘園領主化

たとえば最澄は、すぐれた理想家であった。叡山で有能な伝道者を養成して、実社会におくりだし、つよい宗教的欲求をもちながらも、事実上、仏教と無縁な関係におかれている庶民に、仏教の真理を伝えようと意図したのであった。しかし彼のこのような純粋さは、その後継者たちによって、かならずしも正しく受けつがれたわけではなかった。というのは、当時の僧侶たちは宗教的真理にあこがれて出家したのではなく、富貴栄達のための近道として、出家したのだったからである。このことは、単に最澄の天台宗にかぎらず、他の諸宗派の場合もまた同様であった。ところで僧侶として富貴栄達するためには、社会において権勢と財力をもつ貴族にちかづくことが、もっとも確実な方法であった。したがって僧侶たちは、あらゆる機会と方法を利用して、貴族と近づくことに努めたが、その場合かれらのとった方法は、仏教そのものを、貴族の要求を満足させる宗教に、転化させることであった。ところで当時の貴族は、宗教にたいして、一体どんな要求をもっていたのだろうか。一口に貴族といっても、現在、発展の途上にあるか、または繁栄の絶頂にあるか、あるいはすでに凋落しつつあるかによって、その宗教にたいする要求も、それぞれ異なるのである。まず発展途上の貴族の要求した宗教は、どんなものであったかを考えてみる。ここで問題となるのは、当時貴族がまだ単一でなく、複数であったことである。こうした貴族の並立のなかで、権勢を自己の一門に独占するためには、繁栄策を講ずるとともに、すすんで他家の勢力を叩きつぶすことが必要である。しかし貴族は武力をもたなかった。かくて呪詛の祈禱が要請されたのであるが、僧侶たちは唯唯諾諾として、このような貴族の世俗的要望にこたえている。そして祈禱の報酬として、尨大な土地が、貴族の手から寺院に流れこんだことはいうまでもない。平安時代中期にはいって、いよいよ権勢は藤原北家の手に帰し、藤原道長にみるような全盛時代を現出するようになると、貴族たちは、もはや呪詛のための宗教は必要でなくなった。そして、自分たちが現実にもっている幸福を、そのまま来世にまで永続させたい、という希望を満足させる宗教をもとめた。こうした貴族の要求にこたえて、僧侶たちは現世的な祈禱宗教に、さらに幸福を未来まで永続することを保証する、来世宗教的傾向をつけ加えて、貴族の要求に応じたのであった。そしてこの場合にもまた寺院は尨大な土地を、貴族から受けとっている。ついで、一二世紀も末期に入ると、さすが全盛をほこった貴族も、その反対勢力である武士の抬頭によって、唯一の財源とたのむ所有地を、滅茶苦茶に侵蝕され、したがって政治的権力も、ようやく衰退して、失意の状態におちいった。現実の社会に希望をうしなったかれらにとって、いまは来世への逃避こそ、唯一のあこがれであった。僧侶たちは、このような貴族の要求にも、また充分に満足をあたえた。そしてこの時期にもまた、いくばくかの土地が、貴族から寺院に寄進されている。要するに、顕密諸宗の僧侶たちは、庶民の精神的苦悩を救済するという理想を弊履のごとく捨て、たんに貴族の宗教的要望に追随する宗教として、数百年にわたって貴族に奉仕し、そのため貴族の手から尨大な土地を受けとって、平安時代の末期には、他に比類のないような大地主となっていた。

中央大寺院の所有地のなかには、上に述べたような土地のほかに、かつて地方寺院の所有地であったものがある。そうした土地が、中央大寺院の有に帰したのは、本末（本寺・末寺）の関係を通じてであった。本末関係は、どのようにして生れたか。中央諸大寺院の所有地は、おおくの場合、租税を免除されていた。そこで、国司や豪族の苛斂誅求にたえかねた地方の小寺院は、その所有地を中央の大寺院に寄進して、その末寺の名目で、形式的には土地管理人となり、管理料として年貢の一部をうけとることが、むしろ安全であり、有利でもあったこと。そしてまた、地方の小寺院が治安警察力の弱かった時代に、国司・武士などの侵略から所有地を守ることは、なかなか困難であるため、中央大寺院に一切を寄進してその末寺となり、中央大寺院が政府にたいしてもっている政治的勢力によって、土地を守ってもらうことが、賢明な策であったことなど。主として政治的な理由によって、平安時代の中期以後、中央大寺院と本末関係をむすぶ寺院がいちじるしく増加した。本末の関係は、はじめは、このように末寺がわの政治的要求によって発生したのであるが、いったん末寺になると、本寺は末寺の要求など無視して、たんなる経済的関係に改編し、できうるかぎり、末寺からの収入をふやすことを、心がけるようになった。そしてこの本末の関係を通じて、地方寺院の土地は、きわめて簡単に、しかも迅速に、中央寺院に集中したのである。

門跡の支配　上に述べたように、尨大な土地は門跡のものであった。たんに土地だけでなく、中央諸大寺院の住職を意味する天台座《ざ》主《す》・東寺長者・園城寺長吏《ちょうり》・東大寺別当などの地位、およびそれらに附随する宗教関係の典籍など、ほとんど一切をあげて、また門跡の直接支配するところであった。門跡は、どうして寺院の全財産を自分の手に集中しえたのだろうか。このことを理解するために、寺院内における僧侶の、私有財産蓄積の行程を、一応吟味することにする。

もともとわが国における仏教伽藍の形式は、国家祈禱所としてのものであった。したがって、その機能を充分いかしうるように、設計されたものであった。そこで、はじめに問題となるのは、僧侶の寄宿舎つまり僧房である。ところで、伽藍に附設された僧房は、いわゆる三面僧房で、祈禱所としての威容を損じないように設計され、きわめて狭隘で、しかも非衛生で、ほとんど住むにたえないようなものであった。そのため、僧侶のあいだで経済的に余裕のあるものは、しだいにそれとは別に、寺院の近隣の地に、自費で簡易な私僧房をたて、そこから寺院に出勤するというようなことになった。このように、僧房とは別に住宅をもつ傾向は、仏教渡来後まもなく生じたのであるが、僧侶として画一的な生活をつづけ、その費用一切が寺院当局の負担、というような場合には、僧侶たちは別に私有財産の必要もなく、比較的に私有欲もよわかったが、自分で私僧房をもち、一定の経常費が必要になると、私有財産にたいする欲望がつよくなった。そんなわけで、僧侶たちのあいだに、私有財産の蓄積が急速にすすんだことは、推察にかたくない。そして私僧房は、それに附随する家具や経典などとともに、その相続者に譲られたのであるが、それを何代かくりかえすうちにはじめは貧弱だったものが、堂堂たる構えの私僧房となり、その名称も、何々院と称するようになった。

このようにして、ついには一つの大寺院の内部において、国家権力の衰微とともに、その支持下にあった本寺はしだいに衰えるのに、貴族の保護のもとにある子院はますます栄えるという珍現象がみられるにいたった。そして本寺の財産よりも、子院の財産の方が優勢になり、いっぽう国家権力の衰退によって、支配権が本寺におよばなくなったのと相まって、本寺の支配権さえも、しだいに子院にうつることになった。貴族の保護のもとに財産と権勢とをもった子院は、しだいに同一寺院内の、その他の土地・建物を吸収し、また劣勢な子院は、結局有力な子院の支配下にはいるということになって、平安時代の末には、わずか二、三の子院が、同一寺院内の数百・数千にもおよんだ子院、僧房・土地の大部分を、分割支配することになった。そして、中央の大寺院の場合には、覇権をにぎった少数の子院には、きまって摂関家の子弟が住持するようになり、門跡の名をもって呼ばれた。要するに門跡は、上代の寺院機構の矛盾として発生した私僧房にすぎなかったのであるが、僧侶たちが、ここに私有財産蓄積の拠点をみいだし、発展途上にある藤原氏と結びついたことによって、その内容はしだいに充実し、ついには、寺院機構の根幹となり、寺院内部の大部分の財産を、その手中におさめた。かくて、寺院の、国家機関としてのかつての地位は跡かたもなくきえうせ、まったく門跡の私有財産と化してしまったのである。

神社の利用　上述のようにして、同一寺院内の土地はもちろんのこと、全国の寺院の土地は門跡の手にあつまったのであるが、このへんで一応、それらの土地の性質を吟味してみよう。まず第一に、それは全国各地に散在する零細な土地の集積であるということである。したがって、国家の政治的実力がある限度以下におとろえると、これらの土地の確保は、きわめて危険な状態におちいるわけである。すなわち全国の耕地の面積が、ほぼ一定している場合、寺院などの所有地が増大すれば、相対的にはもちろんのこと、絶対的にも国有地は減少し、国家の収入もまたへる。したがって政治機能は劣弱となり、治安警察力もよわくなる。かくて寺院私有地の確保もまた、不可能となるわけである。つまり寺院所有地の増大を招来したと同じ過程が、その進行とともに、国家警察力によって、寺院所有地を守ることを、困難にしたのである。かくて寺院みずからの力によって、所有地を維持せねばならなくなった。

しかし、零細な形で全国にちらばっているそれらの土地を警備するために、平時に軍団を駐屯させておくなど、とうていできうることではなく、また武士の侵略をうけた場合でも、中央大寺院に常備する軍団を派遣することは困難であった。つまり中央大寺院のもっている軍団が、その威力を発揮できるのは、その附近の所有地か、せいぜい中央政府の威令のおよぶ、きわめてせまい地域にすぎなかった。とすれば、その対策はどうすべきか。そこに、寺院領の宗教的防備の問題がある。

ところで神社領は、古くから宗教的に防備されていた。神社の土地はすなわち神の所有地であり、神聖な神の所有地をおかすものは、神々のたたりをうける、これは一般民衆のあいだに、かたい信仰となっていたからである。所有地の防備に腐心していた寺院は、さっそくこの方法をとりいれることにした。つまり神社を寺院内に勧請した、すなわち鎮守社である。そしてまず寺院境内を、ついでその所有地を、鎮守社の社領ということにして、神社領とおなじように、宗教的に防備したのである。この企画は、神々にたいする根づよい信仰に立脚しているため、みごとに成功した。

本地垂迹説　末法思想が浸潤するまで、仏教は、中央のもの・貴族のものであり、地方農民の宗教は、依然として神道であった。しかし末法思想が浸潤するにつれて、仏教はしだいに農村にくいこんでいった。いったいどんな方法で農村に浸透したのだろうか。直接的資料がとぼしいので、本地垂迹説の展開と関連させて考えてみる。

仏教伝来のときの蘇我・物部二氏の争いによってもわかるように、はじめ神道は、仏教にたいして反撥的な態度をとっていた。しかるに、仏教は国家の絶対的な支持のもとに繁栄し、奈良時代には、その黄金時代を現出するようになった。こうした過程に、神道の対仏教観は、いちじるしく緩和されることとなった。そのころ、神宮寺の建立・建塔・納経などがおこなわれている。これらの事実は、奈良時代に神道が、仏教に親近しつつあったことを示すものである。しかし他面、仏教を忌避する気運が、かなり強かったことも忘れてはならない。

いっぽう奈良時代においては、日本の神は、仏の救済を必要とする衆生にすぎなかった。しかし平安時代のはじめになると、神々の地位は菩薩にまでひきあげられ、七八三年には、八幡大神を大自在王菩薩と称したのをはじめ、そのご菩薩号は枚挙にいとまないくらいである。しかし、まだ仏陀ではなかった。仏陀になるためには、なお修行が必要であるとされた。かくて神宮寺の建立・建塔・納経はもちろんのこと、七九四年ごろから神前読経が、そして八六七年ごろからは、写経・図仏などが、さかんにおこなわれることとなった。

仏教はいつまでも、このように高踏的な神祇観を、もちえたろうか。なるほど仏教は上層部のものであり、農民への伝道ははじめられていなかった。しかし社会の推移、仏教の展開とともに、寺院は神々にたいして、無関心ではありえなかった。社会の推移とともに、寺院経済はまったく荘園に依存することになったが、荘園は地方に散在しており、そこには神々にたいして、絶対の信仰をささげている敬虔な農民がいる。神々の協力をえなければ、寺院の土地支配は不能におちいり、したがって寺院は、その経済的基礎を脅威されることになる。また当時、すべての宗派は密教化していたが、密教では長期の山林修行が必要であった。

ところで山林には、かならず神がまつられていた。また密教において、もっとも肝要なことは、その霊験のあらたかなことであるが、神罰の点で神々ははるかにきびしいものをもっていた。かくて封建制社会の成立途上において、仏教は、社会的にも宗教的にも、神道を見なおすことが必要だったのである。

前述の菩薩号も、こうした過程のなかに理解されねばならない。ついで寺院に鎮守が勧請され、また権現・本地垂迹などの語が、文献にみえはじめる。そして鎮守の語の初見は、八五九年であり、さらに権現の語は一〇〇四年である。なお本地垂迹の語は、九三七年十月四日、太宰府牒のなかに、「かの宮、この宮、その地ことなりといえども、権現・菩薩垂迹なおおなじ」(石清水文書)とあるのが最初である。

本地垂迹説が展開して、平安時代末には神々の本地がさだめられた。たとえば熊野社は、「証誠殿・阿弥陀、早玉宮・薬師、結宮・千手、若宮・十一面、禅師宮・地蔵、聖宮・竜樹、児宮・如意輪、十万宮・普賢、子守宮・正観音」(長秋記)と。また春日社は、「一宮・不空羂索、二宮・薬師、三宮・地蔵、四宮・十一面、若宮・文殊」(『春日社古記』)とされている。ここにおいて神神は、仏菩薩と同格にひきあげられた。

また本地垂迹という立場にたって、社僧達が、仏菩薩の性格を神道に移入していたことが注目される。たとえば、「わが社の宮人・氏人ら、末代におよんで、何物をかすなわち宝と思うべき。すべて宝と思うべきものなし。しずかに思惟するに、崑崙の珠玉も、みがかざれば宝にあらず。蓬萊の良薬も嘗めざれば益なし。ただ垂迹の大神、われをすなわち宝と思うべきなり。一念わが名号をとなえば、敢えてむなしきことなし。現世には思いにしたがって無量の宝を施与すべし。後世には善処にうまれて、勝妙の楽をうくべきなり」（『託宣集』）と。つまり神を信ずるものには、現世の繁栄はもちろん、未来の幸福までも保証されるというのである。また、「当山のうち幽邃《ゆうすい》のところあり、人屋谷と号す。神のおしえにしたがわざるの邪見人、神の恩を報ぜざるの邪見人、結縁し奉るのゆえ、地獄におちず、すでに邪をつむがゆえに、善処におもむかず。よってあるいは蛇身となり、あるいは鬼畜となり、金鎖につながるるもの多しといえども、ついには楽邦にいたるべし。釣針をふくむの魚、しばらく波底にありといえども、ながく苦海にしずむことなきがごとし。そのほか結縁軽浅の人、信敬未達のたぐい、悪趣の道をふさぎ、神山の谷にとどむ。和光汲引、神明の方便なり」（『託宣集』）と。つまり地獄の思想まで移入している。さらに、「われをば娑婆にては釈迦といい、浄土にては弥陀という。別のものにあらず。真実には臨終十念とて、十度南無弥陀仏というぞ、決定往生業にてはあり。断善闡提、無性有情、皆ことごとく往生するなり。また下品下生、蓮華中に十二大劫までありと思うべからず。それも悟りだにもひらきつれば、須臾に花開きて、仏をみ奉るなり」（『東大寺八幡験記』）になると、臨終に一〇度、南無阿弥陀仏ととなえれば、極楽往生は保証されるというのである。要するに本地垂迹説によって、神即仏菩薩とされ、仏教の福音が、そのまま神々の恵みとして説かれることとなった。

石清水の場合

荘園領主となった顕密諸宗の僧侶は、宗教を伝道する熱意をうしない、その荘園の管理と、搾取を強化することだけに努力を傾注した。その場合かれらは、かつての国造家・天皇家の手法をまねて、お手のものの宗教を最大限に利用している。その適例として、京都の石清水八幡宮の場合を考えてみる。

石清水八幡宮は、大分県の宇佐八幡宮のわかれであるが、『八幡愚童訓』の記すところによれば、宇佐は、御許山馬城峰の巨石（高さ約四、五メートル）、つまり自然神に由来するという。それを宇佐国造が祖神化したものであろう。八世紀になって、神主に目先のきいた人物がいて、神託を利用して中央進出をくわだて、その計画がみごとに成功した。たとえば、東大寺大仏鋳造にさいして、陸奥の国から黄金をえたのは、宇佐八幡の神託によるということになり、神体を奈良にうつして、神位・神封をおくられている。道鏡が皇位をきゆした件にかんする神託の演出もみごとで、天皇家の信仰をかちえた。この二つの事件に味をしめた神主は、そのご天皇擁護・仏教守護を強調した託宣を、つぎつぎに創作して、天皇家と顕密諸宗から、特別な待遇をうけている。そうした雰囲気において八五九年、南都大安寺の僧行教が、京都石清水護国寺（はじめ石清水寺）のところに、宇佐八幡を勧請し、護国寺をその神宮寺とした。かくて創立のころから天皇家の信仰するところとなり、国家第二の宗廟として、伊勢神宮につぐ取扱いをうけた。さらに源頼信のころから、源氏の氏神とされ、その繁栄とともに、神威は全国にあまねき、各地にその分祠がまつられた。

したがって、その掌中にあつまった荘園はおびただしく、一一五八年現在で一〇〇ヵ所、三五国にまたがっていた。またそのほかにも、極楽寺領・別当坊領もあり、中世においては、宮寺領・坊領あわせて四〇〇カ所に達するといわれた。ところで、それらの荘園は、全国に分散していた。神人のもつ武力だけでは統治できない。したがって宗教をゆがめて、それを最大限に利用するという方法がとられたのである。

農民支配の宗教は、怖畏性だけでも、また恩恵性だけでも充分ではなく、その両面をそなえたものが好ましいわけで、いずれかといえば、怖畏性に比重がかかる。そこでまず怖畏性のことから考えてみよう。

本地垂迹説では、八幡の本地は弥陀であるが、これでは怖畏性はだしえない。そこで末社に、呪詛神、あら神十九神をえらんで、勧請した。『宮寺縁寺抄』によれば、

十九所小神

松童　大将軍　志多羅　子守　大智満　上高良　阿蘇　三輪　竜田　地主　竈神殿　住吉　今若宮　南宮　夷　三郎殿　百大夫　八子　釼

で、そのうち、とくに性格のはげしいのは、呪詛神松童で、本地は不動明王とされていた。福岡県高良神社の分身であるが悪神で、監視をおこたると大変なことになるので、高良大明神の板じきの下に祀られていた。「小神はにわかに怒り、大神はやや怒る」というのはこの神の託宣である。八幡の託宣に、「広大慈悲の躰なれば、吾はともかくも思わねども、眷属の小神どもが怒るなり。無力」と。小神の暴力にたいして、八幡は無力だということばは意味深長である。しかし寺社の生命線が危険になると、八幡宮もとり済してはいられない。「跡を神道に垂れつれば、領所のさまたげをなげく」ということから、ついには、「神領・神人うれいあるとき、われ虚空にのぼりて、種々のわざわいを雨ふらすべし」（『宮寺縁事抄』）と、暴力をふるう神に転化するのである。

また治安が乱れて、荘園の貢租がとどこおりがちになると、その恩恵性をつよく表面に押しだして、農民を懐柔することが必要となる。その場合、本地垂迹説は便利である。つまり本地の恩恵性を強調すればいい。そして浄土信仰が農村に浸透すると、一面それが阻止につとめるとともに、他面それを荘園領主的に歪曲、極楽浄土ゆきの切符を独占した。たとえば、「わが本国は西方にあり、極楽浄土これなり。有縁の衆生を神民として、極楽浄土に往生せしめん」（『八幡愚童訓』）ということにした。すすんでは、「南無八幡大菩薩と、一音をあげんところに、三世の仏身、一代の教法、済生の本誓、のこすことなく具足して、無量無辺の功徳あり。されば御託宣に、神わが社の宮・氏人等、末代におよんで、なにものを珍宝とすべき。すべて宝と思うべきものなし。（中略）ただ垂跡の大神われを財宝と思うべきなり。一念もわが名号をとなえんもの、あえてむなしきことなきなり。現世には、おもいにしたがって無量の財宝を施与し、後世には、善所に生じて、勝妙の楽をうくべきなりとあるぞかし。元始曠劫のあいだ、大菩薩の御名をききたてまつらざりしゆえに、世世に財宝をえず。生々に苦悩にあえり。いま社壇にまいり、名号をとなえ奉るうえは現当のねがい、かならずとげぬべし」と、一ぺん南無八幡大菩薩ととなえれば、現世安穏・後生善所という農民の宗教的要請は、すべて解決ということにしている。しかし、わが社の宮人・氏人、という限界がついていることも、見落してはならない。

ところで、石清水八幡の関係者であるかぎり、一ぺんの唱名で、万事解決したのでは、別当の統制に服しないもの、あるいは年貢を納めないものにたいするしめしがつかない。そこで石清水関係者のために、地獄を特設することにした。「およそ社官の輩、大略不浄にして、人の信施をむさぼるゆえに、おおく蛇道にうまると申しつたえたるもことわりなり。成真法印八子の御前にて所作するとて、ちとねむりたりけるに、宝殿の下おびただしき大池なり。そのなかに大蛇多頭に、某の検校・某の別当なんど銘をのせてあり。小蛇はその数をしらずとみえたりけり。おなじく蛇道にうまるとも、余所にはゆかずして、大菩薩の御膝のもとにして、愚癡の業をはやくつぐのいて、すみやかに出離解脱の道にいれ給うべしとあり」と、祠官に托して、不心得ものを特設地獄におくりこみ、八幡大菩薩のひざもとで、つぐないをさせて、往生させることにしている。

さすがに石清水八幡宮は、僧侶によって勧請され、運営されたところだけに、荘園支配のための宗教構造として、すぐれたものを作りあげている。かくて顕密諸宗寺院は、きそって八幡を鎮守に勧請した。『八幡愚童訓』には、「大菩薩も日本国にひろまるところの仏法、いずれも愛し守りたまえり。これにより、東大寺の八宗兼学のところには、大菩薩を鎮守としたてまつる。（中略）諸宗を守護したまうゆえに、大伽藍というところに、大菩薩を鎮守としたてまつる。南都七大寺、おおよそは八幡にておわすなり。弘法大師は東寺にいわい、伝教大師は中堂にあがめ、園城寺には社壇をたて、興福寺には南円堂にして法味をそなえ、自余の寺院、遠近の霊地に勧請したてまつること、六十六カ国にみちみちて、その数しりがたし。（中略）八宗九宗を勝劣なく守護したまうこと、他社の神明のなきところなり」とみえている。つまりそれらの寺院は、鎮守の分祠をその荘園内の村々に建立して、そこにすむ農民を、その氏人・神人とすることによって、統治と搾取を、容易にしている。

このように、自然神のもつ怖畏性と、仏菩薩のもつ恩恵性を、ゆがめて利用するという方法は、たんに八幡の関係者たちだけがやったことではなく、春日・天満・日吉・その他、そして顕密諸宗寺院にも共通することであった。当時、寺院はもちろんのこと、大部分の神社の実権をにぎっていたのが、顕密諸宗の僧侶であることを考えるとき、こうした荘園領主本位の、宗教構造をつくりあげて、それを利用していたのは、結局、顕密諸宗の僧侶たちであったことがわかる。

五　政治との絶縁

宗教として失格　要するに門跡の地位は、世俗的な封建領主としての地位であった。そしてそれは、いわゆる封建領主たちがい、その荘園をまもるための軍備は、もっとも経済的な、宗教的防備で充分であったところに特徴的である。したがってその経済余力は、全部を奢侈に消費してさしつかえなかったので、かれらの生活はぜいたくになり、それは寺院の貴族化を促進するものであった。そのことはまた、門跡の地位および、その他の重要な地位を、みな藤原氏の子弟によって独占されることを結果した。ところで、なぜ藤原氏の子弟は、このように寺院に進出したのであろうか。

奈良時代から平安時代のはじめにかけて、上昇線をたどっていったころは、藤原氏は幾何級数的にふえる自分たちの子弟に、新しい地位を充分あたえることができた。しかし平安時代末期に入ってすでに衰退しつつある藤原氏にとっては、従来の定員すら養い得ない有様で、まして過剰人口の収容など思いもよらぬことであった。こうした事情によって、藤原氏の子弟で寺院に投ずるものが多くなった。

藤原氏の寺院進出は、いつごろ始まっているだろうか。経済力の乏しい下層は、一〇世紀のはじめごろ、ついでその経財力減退とともに、しだいに上層におよび、一一世紀末には、一家の相続者をのぞいて、そのほとんどが寺院に進出するというありさまであった。藤原氏一族が寺院に進出するとともに、寺院内の重要な地位は、すべてかれらの独占するところとなった。元来、上代の仏教は、学問を第一とし、したがって僧侶の昇進を決定する唯一の条件も、学問的才能であった。毎年、数千の修学者のなかから、傑出した才能をもつものが、えらばれて研学竪義となり、講師をへて僧綱の位にすすみ、さらに順をおって昇進するのである。研学竪義は、数千の僧侶のなかから、わずか一人ないし数人が、えらばれるにすぎないので、天下の秀才は、この地位をめざして寺院にあつまり修学に専念した。かくて、上代仏教の異常な進歩もあったわけである。しかるに天下の俊秀が唯一の登竜門とした研学竪義の地位も、藤原氏の進出とともにかれらの手に独占され、藤原氏でなければ、受戒をうけて阿闍梨《あじゃり》となり、僧綱の位にすすむのは困難となった。そして藤原氏であればどんな凡才でも、出家するとさっそく、一流どころで権大僧都、二流どころで権少僧都、三流でも法眼までは一挙にのぼることができた。要するに一般僧侶ののぼりうる最高の地位は、ようやく、藤原氏出身の僧侶の出発点にすぎなかった。かくて道長にみる藤原氏の栄華は、平安時代末にはその舞台を寺院に移すにいたっている。

こうして寺院の生活は、世俗化・貴族化の一路を辿《たど》ったのである。永延二年（九八八）六月二日の法令には、「僧綱・凡僧、弟子引率の数のせて格条にあり。改定あるにあらず、なんぞ過差なることをえん。しかるにいま近年のあいだ、奢侈《しゃし》の輩《ともがら》憲法をつつしまず、ひきゆるところの従類おのおの二三十人、多きをもって楽となし、少きをもって恥となす。志、禅定にそむき、旨、放逸にわたる。その最もはなはだしきは、このんで奇服をつけ、また短兵をさしはさみ、威武をかがやかし、ややともすれば闘乱をいたす。ただ皇憲の厳重をわするるのみにあらず、かえってまた仏法の澆漓《ぎょうり》を致す」（『朝野群載』）と記されている一事をもってしても、そうした傾向がますます発展した一一・一二世紀における、世俗化、貴族化がしのばれる。そしてそのことは、努力精進を必要とする僧侶の生活においては、たんに衣食住の奢侈にとどまらず、肝腎の修道生活をだめにするものであった。すなわち、「すべてさすがに内典・外典の文籍は一切経なども、きらきらとあむめれど、ひはのくるみをかかへ、隣の宝をかぞゆると申すことにて、学する人もなし。」(『愚管抄』)、「まことに仏法は、いずれの宗も生死を解脱せんためなり。名利を思うべからず。しかるに南都北嶺の学侶の風儀、ひとえに名利を先途に思いて、菩提を他所にするゆえに、あるいは魔道におち、あるいは悪趣にしずむ。末代のならい、在家の富貴なるは着もうすく、信もあり、礼もあり、出家の貧賤なるは、貪欲ふかく、智もなく、徳もなし。あるいは布施をおくりて導師をのぞみ、あるいは祈禱をこととして財産をのぞむ。権をおそれ、威をたのみ、利養恭敬を心とす。」、「諸寺諸山の学問ひとえに名利を心として、解脱を期するの心なし。」、「唵《おん》山法師、腹黒腹黒、欲深欲深あらにくや婆婆訶」(『沙石集』)というように、修道生活は破綻していた。寺院が大地主となって、その生活が藤原氏を凌駕するようになったとき、皮肉にもそれは、正しい意味における宗教の隆昌を結果せず、かえって宗教教団としての存在価値を、よわめたのである。

真実の宗教を求むる人々

顕密諸宗の僧たちが、その教説・信仰を荘園支配の具としてゆがめてしまったとき、そこには真実の仏教はなかった。つまり行基・最澄らによって代表される、古代仏教のすぐれた伝統は、きえうせていた。真実の仏教は、つねに高邁なヒューマニズムの精神を前提とするものである。極端なエゴイズムによってゆがめられた仏教は、すでに人の魂にせまるものをもっていない。かくて真実の仏教をもとむる人々は、顕密諸宗に失望し、そこをはなれて遁世《とんせい》した。そうした人々を聖《ひじり》とか上人とかよんでいるが、遁世聖《とんせいひじり》は顕密諸宗寺院の世俗化にともなって、九世紀・一〇世紀・一一世紀・一二世紀と、その数を増していった。遁世聖の先駆者としては、教信沙弥《きょうしんしゃみ》（〜八六六）、空也《こうや》（九〇三〜七二）などがある。

教信沙弥はもと興福寺の学僧で、京都の人という。厭離穢土《おんりえど》・欣求浄土《ごんぐじょうど》の念とどめがたく、決然本寺をでて、西を指してゆき、播磨《はりま》賀古郡西野口にとどまった。この地は西遠く晴れて、極楽を欣《ねが》うに便であったからだという。草庵をむすび、髪も剃《そ》らず、爪も切らず、袈裟・衣《ころも》をつけず、また本尊を安置せず、妻女を帯して里人に雇使され、あるいは田畠を耕作し、あるいは旅人の荷物を運搬して、生活をささえた。ただし、称名念仏は瞬時も怠らなかった。そこで阿弥陀丸といわれた。こうして三〇年をへ、貞観八年八月十五日、示寂した。弥陀の来迎をうけ、往生の素懐をとげたという。教信の伝記は、『往生拾因』その他によって、平安時代・鎌倉時代には、よく人にしられていた。親鸞もかれの行実に学ぶところが多かった。すなわち『改邪鈔』には、「当世都鄙に流布して遁世者と号するは、たぶん一遍房・他阿弥陀仏などの門人をいうか。かのともがらは、むねと後世者気色をさきとし、仏法者とみえて威儀をひとすがたあらわさんとさだめ振舞うか。わが大師聖人の御意は、かれにうしろあわせなり。つねの御持言には、われはこれ賀古の教信沙弥のさだめなりと云々。しかれば……おん位署には愚禿の字をのせらる。これすなわち僧にあらず、俗にあらざる儀をあらわして、教信沙弥のごとくなるべしと云々」とみえている。

空也上人は弘也ともつくる。市聖・阿弥陀ひじり・市上人という。幼にして出家し、のち尾張《おわり》国分寺にいり、みずから空也と号した。生来遊歴をこのみ、各地に道路を修築し、橋梁をかけた。つねに阿弥号を唱導し、奥羽二州の仏化がいまだしと聞いて、かの地に伝道した。九三八年京都に入り、市井のあいだに仏の教えを説いてまわった。かれの伝道史上における功績を、『日本往生極楽記』には、「天慶以往、道場・聚落において、念仏三昧を修するは希有なり。いかにいわんや小女・愚女おおくこれを忌む。上人きたるののち、みずからとなえて他をしてとなえしむ。そのご世をあげて念仏こととなす。まことにこれ上人衆生を化度するのちからなり」としている。

ところで遁世聖は、顕密諸宗寺院の附近に、閑静な土地をもとめて草庵をむすび、あたらしい宗教生活にはいった。時代がくだるとともに、遁世するものの数がおおくなり、したがって草庵の数もふえ、のちには聚落をかたち造るようにさえなっていた。寺院附近の別所というのは、こうした聚落に名づけられた名称で、叡山・高野の別所はとくに有名である。別所には、それぞれの土地の大寺院をはなれた遁世聖が、あつまったばかりでなく、地方からもおおくあつまってきた。そして別所における宗教生活は、浄土教的なものが絶対多数をしめていたが、こうした遁世聖の浄土教のもつ特質は、清貧の高唱と、信仰の強調とであった。

清貧の高唱は、顕密諸宗の僧侶が貴族化して、世俗的な名利にたいする欲望にあけくれていたことにたいする、一種の抗議であった。当時、顕密諸宗の僧侶が、名利にたいしていかに強い欲望をもっていたかについて、一つの事実を紹介してみる。すこし時代はくだるが、鎌倉時代のはじめ、顕密諸宗寺院の長老たちは、「まず、学問先達にひとしくして、よき人となり、国家にしられ、天下に名誉せん」(『随聞記』)ことを、教育の目標としていたという。このことは、ひたすらに真理の体得をこころざす良心的な修道者の、たえ得ないところであった。九八一年、定昭は、興福寺・

東寺・および金剛峰寺《こんごうぶじ》別当職など、すべての栄職を辞したが、その理由をつぎのように述べている。「定昭、若年のときより、法華一乗を誦し、ならびに念仏三昧を修し、先年往生極楽の記をこおむる。しかるに、ちかごろ、夢中に、悪趣におつべきのよしを見る。定んでしる、件等の寺務によりて、示現するところなることを。往年の告のごとく、極楽に往生せんがため、つつしんで辞し奉ること、くだんのごとし」(『拾遺往生伝』)と。この場合、定昭には、別当職という地位にたいして、まだまだ未練はあるものの、現在の地位にとどまれば、極楽往生の既得権が無効になるので、残念ではあるが辞任する、という気持がみえる。しかし九八四年、天台座主になった陽生になると、こうした打算的な気持はうすらいでくる。かれは叡山の鎮守である山王社に詣でて、つぎのように訴えた。「台岳に住すること数十年、飢寒をしのぐこと幾多日、ただ往生極楽の行を修す。いまだ天台座主ののぞみを祈らず。もとより希望なく、あえて慶となさず。ああ悲しいかな」(『拾遺往生伝』)と。ここには、すでに名利にたいする、はげしい嫌悪の気持がうかがわれる。かれはその後、天台座主の栄職を辞して、極楽往生の行を修することに専念したのである。しかし陽生にしても、名利の欲をはなれて、自坊にこもっただけのことで、まだ顕密諸宗寺院をはなれたわけではなかった。以上二つの事実は、一〇世紀の末葉までは、よし嫌悪の情を催しても、顕密諸宗寺院から離脱するということをしなかった。もし離脱したとしても、それが一般的ではなかった、ということを示している。しかし一一世紀に入ると、嫌悪の情を催せば、ただちに離脱するということが、むしろ普通のことであったようである。そのことは、一〇五七年八〇歳で示寂した桓舜の伝に、「世路にたえず、離山の意あり」(『続本朝往生伝』)などとあることから、想像することができる。このように名利の欲望から離れることが、離山することの重要な理由であったので、遁世聖たちの基本的特質も、またこの点にあったのである。すなわち、永観の記すところによれば、「真言止観の行は朝家簡定してその賞を賜う。学徒競望してその欲を増す。三密の行に暗くして、忝なくも遍照の位に登り、毀戒の質を飾って、誤りて持律の職にいる。実に世間の仮名、智者の厭うところなり。今念仏宗に至りては、公家賞せざれば、自ら名位の欲を離れ、檀那祈らざれば、虚受の罪なし」（『往生拾因』）というのであった。

つぎに信仰の強調は、むろん浄土教本来のものではある。しかし、浄土教が顕密諸宗寺院に寄生している間は、一定の限界以上にこの立場を強調することは、実際的には困難であった。というのは、顕密諸宗の僧侶が名利に対して強い執着をもち、その名利の獲得のために祈禱を、そして祈禱に対する貴族の信頼を高めるために、内容空疎な形式的な宗教生活に重点をおいていたときに、信仰の強調は、むしろ顕密諸宗の宗教生活と矛盾するものであったからであり、したがって浄土教の立場を押し進めるとき、それは顕密諸宗的修行・修学の否定を結果するものでさえあったからである。しかし浄土教が、遁世聖によって、一応顕密諸宗の外にもち出されると、この立場をさらに徹底させることは可能であった。もと顕密の碩徳として著名であり、のちに遁世して高野の別所に入り、念仏三昧に耽っていた空阿弥陀仏に、次のような話が伝えられている。

かつて彼の学徳を知っていた密教の修行者が彼を訪ねて、密教に対する疑問を質したことがあった。そのときかれは、「皆忘れ終りぬ、一字も覚えず」（『随聞記』）と答えたというのである。

遁世聖は、宗教生活の建設を目標としていたので、その経済的立場を清貧に、その宗教的立場を信仰においていた。その限りにおいて、遁世聖の立場は進歩的であった。しかし他の一面に、なおいちじるしい欠陥をもっていた。それは、遁世聖たちが顕密諸宗寺院から離脱したとはいえ、何も新天地を求めて浄土教の伝道を開始したというわけではなく、顕密諸寺院の隣接地である別所に草庵を建てて、念仏三昧にふける程度にとどまっていたためである。このような宗教的欠陥として特に注目すべきものは、その彼岸性・形式性、そして貴族性、つまりその非社会性にあった。

まず第一の欠陥は、まったく彼岸的であること、すなわちかれらの目標が、あるいは結果が、信仰を体得し生活を豊富にし、社会に寄与する、という積極性を欠き現実に対して逃避的で、ひたすらに浄土往生のみに執心していることである。たとえば増賀の伝によれば、彼の修道生活は、「早く以て発心、ただ後生を慕う。現世のこと敢えて蔕芥《たいかい》ともせず」というので、現実生活に対する極端な嫌悪の情で一貫している。この逃避的傾向は、何も増賀に限ったことではなく、遁世聖のすべてに通ずることであった。そしてこのような現実逃避の傾向は、いよいよ極楽に往生する第一歩としての臨終を重視し、したがってその行儀を尊重し、来迎《らいごう》をあこがれるということにもなってあらわれている。

第二の欠陥は、その形式性にあった。つまりかれらが信仰を体得するためには、いかなる方法を選ぶべきかを充分に吟味せず、最も困難な修道形式をとりさえすれば、信仰を体得し、極楽に往生できるとしていることにある。そうした修道形式としてかれらが用いた方法に、数量念仏・断食・手足献燈・焼身・入水などがあった。

まず数量念仏。信仰を量的に測定することは、顕密諸宗でさかんにおこなわれていたことで、巻数などはその典型的なものであった。初期浄土宗の作善目録もおそらくは顕密諸宗の形式を採用したものであろう。とにかく源信は、彼の作善目録によれば、長和二年（一〇一三）までに二十倶胝遍の念仏を唱えている。一倶胝を一億とすれば、つまり二〇億遍の念仏をとなえたことになる。彼などはおそらく最高記録保持者であろうが、彼の記録に肉薄する念仏者もすくなくなかった。すなわちある念仏者は「われ年来、ひとえに念仏を修す。小豆を以て遍数となし、限るに一千石を以てす。年序すでに推移、七百石に及ぶ」（『後拾遺往生伝』）と宣言している。いたずらに数量の多きを貴しとする、ここに自力的な、苦行的な、換言すれば顕密諸宗的な、初期浄土教の性格をみることができるのである。

作善の量をきそうというまでは、単にわれわれの肉体・精神を酷使するにとどまるが、この酷使を一歩すすめると、積極的に肉体を虐待《ぎゃくたい》する、ということにもなる。虐待の第一段階は断食である。穀物や食塩を断つことによって、極楽往生を祈るのであって、顕密諸宗でも普通に用いられた方法である。第二段階はあきらかに邪道で、自分の肉体の一部を仏に捧げ、この貴重なる代償によって、極楽往生の特権をえようとする方法である。その一例を挙ぐれば、「四天王寺に詣で、聖霊堂前において、手の中指を燈して尊像を供養し、また処々の道場に於いて、手足の指を燈して仏に供養す。」（『拾遺往生伝』）というので、自分の手や足の指を燈明とし、これを仏に供養したのである。更に狂的になると、自分の皮膚をはいで、仏に供養するということにもなった。その一例に、「多年手の皮をはいで、極楽浄土を図し奉らんと志す。懇志ありといえども、自らはぐこと能わず。時に一僧来問して、尼の手皮をはぎ、忽焉として見えず。浄土の相を図し、一時もその身を離さず（『日本往生極楽記』）というのがある。

以上の諸方法は、極楽往生の準備工作としての身体の酷使であり、虐待であるが、現実を逃避して浄土を欣求するという気持がいま一層深刻になれば、自殺往生ということになる。その方法としては、自害・縊死・絶食・焼身・入水など種種あったが、なかんずく焼身および入水の方法は、確実に極楽往生できる方法として広くおこなわれていた。

まず焼身法とは、つぎのようなものであった。まず河原・広場などに薪を堆くつみかさねる。薄暮、往生志願者はその中に入り、合掌し、西に向かって高声に念仏をとなえる。つぎに参会の僧侶・弟子達は、往生者の身体に油をそそいで点火する。あたりはようやく暗く、真赤な焰が天をこがす。前もってその広場に集っていた群集は、異口同音に南無阿弥陀仏を高唱する。そして敬虔な参会の念仏者は、雲煙のうちに来迎《らいごう》を幻想し、往生者が無事に来迎をうけて極楽往生したことを、随喜渇仰するという段取りである。

入水の方法はつぎのごとくである。場所は海でも川でもよろしい。ふつう東岸から船をだす。往生志願者は浄衣をつけて、あらかじめ準備された小舟にのる。高声に念仏し、参会の僧俗もまた同音に念仏をとなえる。ついで船を西にむけて漕ぎだす。舟が沖にでると、往生者は念仏をとなえて投身する。この瞬間、見送りに行った僧俗は空中に音楽をきき、波上に紫雲のたなびくのをみる、というのが定石である。そこでこの往生者は、確実に往生したということになる。

第三の欠陥は、その貴族性にある。かれらは清貧の生活を理想としたのであるが、その最低生活費は、あらかじめ準備するのが普通であった。「近代の遁世の法は、おのおの斎料等のことを構え用意して、後の患いなきように支度す」(『随聞記』)とあるのは、この事実を示すものである。したがって生活費を準備できない貧乏人は、遁世者になることはできず、またかりに遁世者になれたとしても、貴族の保護を受けるよりほかに、生活の方法がなかったのである。

平安時代末の浄土教のもつ致命的な欠陥、つまり彼岸性、形式性・貴族性は、一口にいえば非現実性である。こうした非現実性は、浄土教が顕密諸宗と完全に絶縁していなかったことに起因し、他面においては、新時代の空気と完全に絶縁してしまったことによる。それはとにかくとして、浄土教がこうした非社会性をもつかぎり浄土教の発展にはおのずから一定の限界があった。つまり封建社会成立に伴う社会不安がとりのぞかれると霧消すべき運命にあったからである。したがって浄土教が活路を見いだすためには、新らしい展開が絶対に必要であった。このような必要に応じて、浄土教者の中には別所をはなれ、勇敢に民衆の中に飛びこんで行く人もでてきた。が、それも、法然が世にでるまでは、社会にそれほど大きな影響を与えはしなかった。

もののけの恐怖

真実の宗教をもとめる人々が聖となって、清貧の生活のなかで求道に精進する姿、それは日本仏教史において、もっともすがすがしいひとこまである。その中から鎌倉時代の新仏教である浄土宗・真宗・日蓮宗・禅宗などがめばえたのも当然のことと思われる。しかし宗教はすべての人のために救いを準備するものでなくてはならず、そのためには万人の宗教心理に即したものでなければならぬ。ところで、平安時代の人々の心の底にあるものは、自然崇拝であった。一〇〇六年、中国に留学した寂照は、中国の外交官の質問に答えて、「国中専ら神道を奉ず、祠廟多し、伊州大神あり、三五歳の童子に托して降って禍福のことをいう。山州加茂明神あり、亦しかり」(『参天台五台山記』)と答えている。伊勢神宮・賀茂神社が神託を乱発していたさまを彷彿《ほうふつ》させる。

自然神のなかで、そのころ人を悩ましたのは、もののけ、つまり死霊と生霊、とくに死霊であった。もののけについては『源氏物語』・『今昔物語』など、また『行林』などの修法集にも散見するところであり、比較的よく知られているので省略して、ここには平安時代の人々が死霊をいかに恐怖したか、宗教生活者がいかにその恐怖を利用したかを、天満宮、つまり菅原道真《みちざね》信仰の成立について考えてみる。

菅原道真(八四五〜九〇三)は、いうまでもなく平安時代はじめの学者であり、政治家である。藤原氏との関係のない宇多天皇によって起用され、政治の枢機にあずかった。つぎの醍醐天皇は宇多天皇の遺言によって道真を右大臣とし、時平《ときひら》を左大臣とした。しかるに時平は道真が天皇の信任あついのをにくんで、讒言《ざんげん》をもって道真を陥れ、九〇一年には太宰権帥《だざいのごんのそつ》に左遷した。道真は配所において憂悶のうちにその生涯を終えた。ところで、なぜ、かれは神にまつられたのであろうか。自然崇拝においては、不遇な死に方をしたものの霊魂、つまり、死霊は必ずたたるということになっていた。伝によれば、かれは九〇三年太宰府の謫所榎寺で死んでいる。世をあげて、といってもも貴族たちであるが、かれの死をおしんだ。なにしろ「菅家は累代の儒家、その門人弟子諸司になかばす」と評されて、官僚の半ばは、かれの学殖と人格に傾倒して、かつてはかれの私塾に学んだ人たちであるから、である。かてて加えて、かれを罪に陥れた人々が、不慮のわざわいにあって、相ついでこの世を去ったことは、恩師に対する思慕を、さらに宗教的畏敬にまで、たかめてしまったのである。つまり、九〇六年藤原定国、九〇八年藤原菅根、九〇九年藤原時平、九一三年源光、なお時平の妹が生んだ保明親王をはじめ、時平の子保忠・敦忠など、いずれも早世したので、たれ云うとなく、道真のたたりということになった。かくて菅神信仰は、かれの学識・人格を敬慕するということよりも、むしろかれの怨霊を怖畏するという信仰から出発し、さらに雷神信仰と結合する天満大自在天信仰へと移行した。

沙門道賢が『冥途記』という夢物語を奏進したのは、道真死後三七年のことである。道賢は蔵王《ざおう》菩薩に導かれて金峰山の浄土をめぐり、道真と面会したという。そのとき道真は、大政威徳天と名がついていた。まず道賢が質問した。日本の人々は、上下ともに貴下を火雷天神と称して釈尊のように尊敬している。それになぜ、かくのごとく怨心をいだくのか、と。それに対する道真の答えは、日本は自分を大怨賊としたではないか、だれが自分を尊重したということができるのか、かの火雷天気毒王は、自分の第三の使者の名である。ところで、いまよりのち道賢の仲介を信頼して、熱心に祈禱するものあらば、その害を免れさせるであろう、と誓約したというのである。

冥界においては「天満天神をば大政威徳天とぞ申しける。みゆきのよそおいは国王にも勝《すぐ》れたり。御すがたなど申さんにつけて、おそれあり。侍従眷属《けんぞく》の異類異形かぞえつくすべからず。或は金剛力士の如く、或は雷神鬼王の如く、或は夜叉羅刹の如くなり。御住所は極楽国土の荘厳の如し、池の中に嶋あり、花鳥樹木阿弥陀経にとけるにことならず。嶋中に壇あり、その上に蓮花あり、花の上に宝塔を安置せり。東西に両部の曼荼羅《まんだら》をかけたり。其内に金地の法花経まします。東西に両部の曼荼羅をかけたり。其北一里ばかりをさりて大城あり、荘厳美麗にして光明照曜す。これ大政威徳天の御住所なり」(『北野縁起』)と、道真は極楽浄土のようなところにすみ、天皇以上の生活をしていた。道真を追放した醍醐天皇と藤原時平らは、地獄の責苦をうけていた。天皇は、「我は父法皇の御心をたがえ、無実によりて菅丞相を流し侍りし、かの罪によりてこの苦をうく、汝娑婆に帰りてわが皇子にこの苦をたすけ給えと申すべし」(『北野縁起』)と告白したというのである。沙門《しゃもん》道賢という伝道者を得て、天満宮信仰は人々の心をつよく捉えた。死霊のたたりを中心とする信仰である。十世紀になると、神主たちは託宣を乱発しはじめている。九四七年の託宣は「我れ瞋恚《しんい》の身となりたり。その瞋恚の焰天に満ちたり。諸の雷神鬼は皆わが従類となりて、すべて十万五千になりたり。ただわが行うところの事は世界の災難の事なり。帝釈《たいしゃく》も一向に任せ給いたり。その故は、不信の者世に多くなりたり。疫癘の事をも行えと宣る。これわが伴類をなむ、所々に使して行わしむる。今はただ不信に有らん人をば、雷公に仰せて、踏み殺さしむ。悪瘡不吉のものはあるめる。汝等もわが為に不信ならば、子孫ながら絶えてむとするぞ」(『天満宮託宣記』)というので、死霊のたたりを雷神のたたりで補足し、呪詛神としての性格をつよく打出している。そして、九八四年・九九二年・九九三年などの託宣によって、正一位太政大臣を追贈されている。

葬式仏教への道

天満宮信仰形成の過程を追求することによって、平安時代において死霊のたたり、つまり自然崇拝が人々の心をつよく捉えていることを改めて認識した。このような宗教心理が存在していたからこそ、地獄・極楽という宇宙観、そしてその上にたつ浄土信仰がすなおに受け入れられたのである。浄土信仰は、恵心《えしん》僧都《そうず》源信(九四二〜一〇一七)にいたって、ゆたかな内容をもつものとなった。

常行三昧を重視する傾向は、源信にいたって、ついにその頂点に達した、すなわち彼は「諸功徳中において最も第一となす」(『法要文』)としている。すでに常行三昧を法華三昧との対立において考えているのではなく、至高のものとしてとりあげている。さらに積極的に彼はいう、「それ往生極楽の教行は濁世《じょくせ》末代の目足なり、道俗貴賤誰か帰せざるものあらんや。ただし顕密の教法はその文一にあらず、事理の業因その行これ多し。利智精進の人は未だ難しとなさず。予が如き頑魯の者あえてせん。」(『往生要集』)と。ここには顕密諸宗による成仏の不可能であることを指摘し、極楽浄土こそ末法のわれらが希求すべき唯一のものであるとしている。ところで彼の主著は『往生要集』であるが、同書中とくに注目に値いするのは、正修念仏・別時念仏・臨終念相である。

まず正修念仏。念仏の方法が詳記されているが、そこに挙げられている方法は五つ、一、礼拝門・二、讃歎門・三、作願門・四、観察門・五、回向《えこう》門である。このうちとくに注意すべきは観察門である。ところでかれの説く観察は、仏菩薩の国土を観察するというのではなくて、単に仏の色相を観察する、つまり色相観である。かれはいう、「初心の観行は深奥に堪えず。……諸経中初心の人のために、多く相好《そうごう》の功徳は説く。この故に今まさに色相観を修すべし」と。この色相観をさらに三つの段階、つまり別相観・総相観・雑略観に区分する。

別相観においては、仏の相好の各細部について観相するので、まず華座からはじめて、次に仏身の各細部に及ぶのであるが、この場合、仏身の観相はとくに入念におこない、上部から下部へ、また下部から上部へ、順逆十六回くりかえし、もって心想を明利にして、さいごに仏の白毫相を観ずるのである。総相観においては、仏身の総体について観相し、さいごに三身即一を観じ、自分のもつ三悪道も、阿弥陀の万徳も一体無礙《げ》であると観じ、したがって自分も仏の位に登って、聖法王と同等の地位になることを願うのである。また雑略観においては、ただ白毫《びゃくごう》の一相についてだけ観相するのである。すなわち各々の相好には、八万四千の光があり、その光はまた微妙にして、衆宝の色を具え、十方に赫灼して億千の日月の如く、その光中に一切の仏身を現じ、無数の菩薩衆会囲《いに》遶《よう》して微妙な音を出し、また一一の光明は、あまねく十万世界を照らし、念仏する衆生をことごとく摂取して捨てぬ、自分もまたその中の一員である。ということを観ずるのである。「もし雑略観もできぬ者は、極略観によらねばならぬ。その方法は、もし極略をねがうものは、まさに念ずべし。かの仏眉間《みけん》の白毫《びゃくごう》相旋転なお梨珠のごとし、光明遍照して我等を摂す。願くは衆生とともにかの国に生ぜん。」というのである。なおそれもできぬ者のためには、「もし相好を観念するに堪えざれば、或いは帰命の想により、或いは引摂の想により、或いは往生の想により、一心に称念すべし」の門が開かれている。別相観・総相観・雑略観・極略観等々の方向は、易行化の方向である。しかしそのいずれの方法によるにせよ、行者は、「行住坐臥、語黙作作、つねにこの念をもって胸中にあらしむること、飢えて食を念うが如く、渇して水を追うが如くなるべし。或いは低頭挙手、或いは挙声称名、外儀異なりと雖も、心念常に存し、念念相続、寤寐《ごび》にも忘るることなかれ」のごとく、たゆみなく精進することが必要である。したがってこの段階の宗教は、依然として専門的僧侶のものである。

つぎに別時念仏。尋常の別行と、臨終の行儀がある。尋常の別行は「日々の行法においては、常に勇進すること能わず、故にまさに時ありて別時行を修すべし。あるいは一二三日乃至七日、あるいは十日乃至九十日、楽に随ってこれを修せよ」というのである。

臨終の行儀は、行事と観念の二部からなり、まず行事は、四分律抄によって無常堂を設け、「もし病者あらば、……別処に至らしむ。堂を無常と号す。堂中に立像を置く、金箔を以てこれを塗る。面西方に向く。その像右手を挙げ、左の手中に一の五綵の幡をつなぎ、脚地に垂曳せしむ。まさに病者を安じて像の後にあらしめ、左手幡の脚をとらしめ、仏に従いて仏の浄刹に往くの意をなさしむべし。」というのである。

つぎに観念では、病者に、「仏子年来の間、此界の希望をとどめて、ただ西方の業を修す。就中もとより期するところは、これ臨終の十念なり。今すでに病床に臥す。恐れずんばあるべからず。すべからく閉目合掌して一心に誓期すべし。……今十事あり、まさに一心に聴き、一心に念ずべし。一一の念毎に疑心を生ずることなかれ」と訓誡し、「一つには、まさに大乗の実智を発し、生死の由来を知るべし」からはじめて、最後に、「今即ちこれ最後の心なり、臨終の一念は百年の業に勝る。もしこの刹那を過ぎなば、生るる処まさに一定すべし。今まさにこれその時なり。まさに一心に念仏し、決定して、西方の極楽微妙浄土八功徳池の中、七宝蓮台の上に往生すべし」と諭し、「如来の本願は一毫も謬《あやまり》なし。願くは仏決定して我を引摂せしめ給え。南無阿弥陀仏」と唱えさせるのである。別時念仏は、庶民への一歩接近ではあるが、この程度では、庶民的とはいえても、まだ庶民のものとなったとはいえぬ。

さいごに臨終の念相とは、「下々品の人は、臨終に十念してすなわち往生することを得」である。十念の解釈は、道綽《どうしゃく》によれば、「阿弥陀仏の、もしくは総相、もしくは別相を憶念して、所縁に随って観じ、十念を経るに、他の念想の間雑することなき、これを十念と名づく」であるが、源信は、「謂うところの十念、多釈ありといえども、しかも一心に十遍南無阿弥陀仏と称念する、これを十念という」として、誰でもたやすく接近できるものにしている。臨終の十念は、なぜそんなに効験があるのか。「臨終の心念、その力いくばくなれば、よく大事を成ずるや」との設問に、「その力、百年の業にまさるゆえに」と答えている。ここに観相から称名へ、平時から臨終への転回を見ることができる。換言すれば源信は、『往生要集』を制作する過程において、浄土教を庶民化するためには、臨終と称名念仏によらねばならぬという結論に到達したのである。こうした結論のうえに組織された念仏者の結社が、二十五三昧講である。『往生要集』においては、臨終に比重をかけていること、そしてそのために、臨終の行儀、つまり葬式を重視していることを、これまでの研究者は見落していたのである。文化人は思想にもろい、しかし庶民は、それらの心理に即する儀礼によってのみ、つなぎとめることができるのである。

第二部　葬式の展開

浄土信仰は、庶民のなかに浸透する過程において、臨終の念仏、さらには臨終の宗教儀礼を重視することとなり、それが死者を葬むる日本固有の民俗とむすびついて、庶民の仏教的葬式は浄土教の系列のなかにおいてまず孵化《ふか》することとなる。むろん仏葬は、浄土教の葬式以前にもおこなわれていた。仏葬のシンボルともいうべき火葬は、すでに七〇〇年に死亡した道昭にはじまっていたし、天台宗においては、早くから法華三昧・常行三昧による葬法がおこなわれている。しかし、庶民葬祭の源流ということになれば、恵心僧都源信が、その主著『往生要集』を宗教儀礼化した、二十五三昧講からとすべきであろう。それは浄土宗の法然によって受けつがれ、かれの法系によって、全国に普及している。火葬を職業とする隠亡は、一四世紀ごろには、御坊聖または三昧聖といい、浄土宗一四法系の一つであった。三昧聖は二十五三昧聖の略称であろうが、そのころの浄土宗僧侶の生態をしめすものとして興味ふかい。平生業成をとく真宗においても、はじめ葬祭におもきをおいていなかったが、存覚・蓮如と時代がさがるにつれて、葬祭の比重をたかめることによって、しっかりと庶民の心をつかんでいる。庶民的仏教葬祭は、浄土教を主軸とするが、それを、儀礼として整ったかたちのものにしたのは、禅宗である。

一　葬式の民俗

死霊

仏教が渡来する以前にも、葬式の風習はあった。仏葬が支配的である現在においても、仏教で説明のつかない習俗が根づよく仏葬の周辺にのこっているのは、そのためである。そこで、もともと日本人は葬式について、どんな風習をもち、どう考えていたかを、民俗学者たちのすぐれた研究の成果をとりいれて記してみる。

まず霊魂の問題。日本語でいえばタマであるが、日本人はそれに、イキミタマ・アラミタマ・ミタマの三種があると考えていた。イキミタマは、はじめは生存しているものの霊魂を意味したのであろうが、いつしか両親・名づけ親・仲人親などのそれをさすようになったらしい。のちさらに転じて、陰暦七月八日から一三日までのあいだに、子供たちが生存している父母その他に祝いものを贈り、馳走することをさすことになった。お盆に両親に魚をたべさせ、自分も食う風習ののっているところがある。この事実から、お盆は単に死者の霊魂ばかりでなく、生きている近親者の霊をも、食物によって精気づけようとする意味をもっていたことがわかる。

アラミタマは、あたらしく死者となったものの霊魂で、人間と祖霊の中間にあって、たたりの可能性をふくむ危険な霊のことで、その間をアラ年ともいい、死者の遺族はきびしいアライミに服し、先祖祭とは別に、アラミタマを祭る必要があると考えられていた。

ミタマは、なごやかな先祖の死霊、つまり祖霊である。大晦日に仏壇にそなえる飯をミタマノメ

常民の墓標（Ｉ）（東京堂版による）
柳田国男氏民俗学辞典所収。自然石をおくのが普通である。その周囲をかこむ例が多い。

シ・ミダマ・ニダマといい、暮に寺にとどける米や正月の三宝飾りの米を、ミタマと呼んでいる地方がある。日本人のふるい考えかたでは、できるだけ早く、肉体と霊魂が分離することをのぞんでいたもののようである。そして肉体をはなれて祖霊化した霊魂は、しだいになごやかなものとなって、高い山に住居をさだめ、時をさだめてその子供の家と水田に降りてくるものと、信じられていた。

　葬式は、アラミタマにたいする儀礼である。死の直後に行なわれる魂よび・枕飯も、ふるい風習である。魂よびというのは、死の直後にその人の名を呼びかえして、よみがえらせようとする習俗である。それは、死ぬということは、霊魂が遊離して、ふたたび戻ってこない状態になることであるとして、死者をよびかえすことによって、よみがえらせることができると考えたところからきている。むろん、いまでは儀礼として行なわれているにすぎないが、その方法には、枕もとで呼ぶもの、屋根または高いところにのぼってよぶもの、山・海・井戸などにむかってよぶものの三種がある。近親者が枕もとで故人の名を呼ぶのは、人情の自然であるが、屋根にあがって、遠くへ去ろうとするものをよびかえすのは、多分に呪術的である。

　死者の枕もとにそなえる飯が枕飯であり、団子が枕団子である。それをつくるには、ふだん使用するかまどを用いず、別に簡単なかまどをつくるのが普通である。早くたくこと、たいただけはもりきることなど、常とはちがった作法が多い。飯の上に箸をたてることは、他の人々に分配しない趣旨からきている。ところで枕飯は、もともと生死の境をさまよっているものを、食物の魅力によって、現世にひき戻そうとするためのものであった。いまでは、はじめの意味が忘れられて、死者が息を引きとると、いったん善光寺まいりをしてくるという俗信とむすびついて、枕飯はそのときの弁当になるのだと、説明しているところが多い。

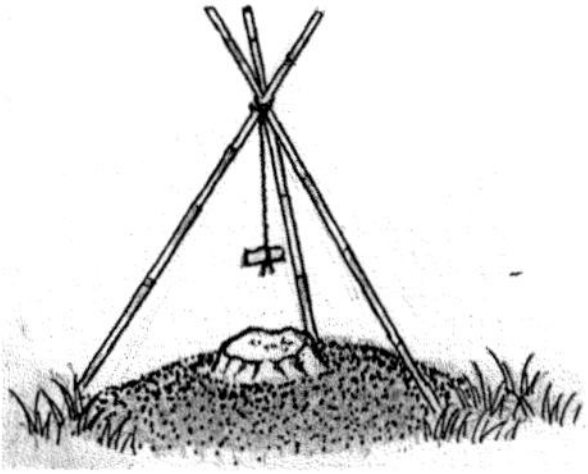

常民の墓標（Ⅱ）（東京堂版による）
柳田国男氏民俗学辞典所収。自然石。三本の竹を組んで石をぶらさげている場合もある。

民間の葬法は、死者から離れた霊魂は、けがれたものであり、たたるものであるから、避けようとする考え方と、死者の死をいたみ、その霊魂をまつる考え方が、入りまじって形成されている。たとえば死者の枕もとに刃物をおいたり、近親・知友があつまって通夜するのは、死者にたいする哀悼をしめすものであり、出棺のあと、その路を箒で掃ききよめたり、めかごをこわしたり、跡火をもやしたり、あるいは生前使用した茶碗をわったりするのは、死者を避けようとする心理をしめすものである。死霊は、一般に個性をもちつづけ、たたりやすく、人につきやすいものと考えられていた。とくに生前すぐれた呪力や権力をもっていたもの、この世の人々に怨恨をいだいていたもの、あるいは不慮の災難で非業の死をとげたもの、難産で死んだもの、子供に供養してもらえないものなどは、同じアラ

常民の墓標（Ⅲ）（東京堂版による）
柳田国男氏民俗学辞典所収。自然石。
埋めた上に息つき竹を立てる例が多い。

ミタマでも、格別おそるべきもの、たたるものとされている。

一般のアラミタマは、死後一定期間は肉体と遊離したまま、生家を中心に、生死のあいだをさまよっていると考えられていた。したがって遺族としては、その期間はとくに安静にして、その安定するのをまつことが必要で、アラミタマが安定するのは、死者がヨミノクニにいって祖霊化する時期と考えられていた。仏教が伝来して、死霊、祖霊を管理するようになってから、この時期の一つの区切りが、中陰ないし一周忌とされた。その後十三仏事の普及とともに、三十三年忌をもって、アラミタマはそれぞれの個性をうしなって、おだやかな精霊となり、祖霊に帰一するものと考えられた。

葬法　まず近親者が、湯水で死者の死体をぬぐう湯灌《ゆかん》がある。のちこの仕事は、死者に特別の恩義をうけたものが引き受けることになり、遺族はそれらの人たちのために、浄め酒・身洗い酒などとよばれる酒を、準備せねばならなくなった。湯灌する人は、縄帯・縄たすきをかける風習が、ひろく行なわれている。そして、湯灌の水くみに行ったものを、必ず呼びに行くべきものとしているところがあり、これを声かけ水といって、常の日は忌んでいる。その水に湯をくわえて適当な温度にするのと、使ったあとの水を、太陽のあたらぬところに捨てる風習は、全国的である。

湯灌がすむと入棺であるが、これも近親者の仕事である。①、棺は現在では寝棺がふつうになったが、それでも地方によっては、すわり棺や、桶を用いるところも多く、また九州などでは、最近までかめを用いていた。棺のことをノリフネといい、葬儀の世話役をフナウドといっているところもあるように、フネは棺の古い名称である。あるいは舟葬の痕跡であるかも知れぬ。②、湯灌がすむと、経帷子《きょうかたびら》をきせる。経帷子は、死者の近親者や近所の人たちが、寄りあって仕立て、幾人もで縫うのがしきたりである。脚絆《きゃはん》や足袋《たび》も片方ずつ別の人がぬい、糸尻をまとめないことになっている。一般的にいって、葬式のときは、ふだんしないことや、反対のことをする場合が多い。③、入棺のとき、極楽縄、不浄縄などという荒縄で、死体を強くしばりあげる風習の残っているところがある。これは恐らく、アラミタマの行動を呪縛する意味をもつものであろう。④、死者には旅行のいで立ちをさせるのが普通で、死者の生前のもちもの、たとえば、たばこ、茶、小遣い銭、髪道具などを入れるほか、近親者の爪や、穀物を入れたずだ袋を、棺におさめる風習も、ひろく行なわれている。

つぎは通夜である。通夜は、ヨトギ、メザマシなどともいい、死者の近親者たちが、ある期間遺体とともにいみごもりする喪屋《もや》（すずめどう・鎮堂ともいう）生活の遺風の一つで、古くは近親者だけのつとめであった。夫が死ねば妻、妻が死ねば夫、また親が死ねば子が、一晩死体と一つ蒲団にねる習わしが、近ごろまで残っているところや、親の葬式をだした晩に、長男は死者のねていたふとんで一夜ねるならわしのところ、また死者の傍らで、ヨトギすることをソイネといっているところなどがある。そうしたことは、喪屋生活とは、近親者が死者の仲間入りをして暮らすことであったことを示している。近頃では近親者でないものまで、通夜の席にでるようになり、そして忌み火の観念がなくなって、通夜にあつまった他家の人たちが、喪の家の火で煮たきしたものを、平気で食うようになった。しかし忌み火の考えの残っているところでは、通夜には行っても、そこの食事は口にしない。

つぎに、いよいよ出棺である。①、出棺のとき、近親者があつまって飲食する風習がある。出立ちの膳・タチメシ・タチバ、あるいは、ナキワカレ・ワカレノオミキ・イトマゴイ酒などともいい、立ったままで食うとか、飯を二、三粒たべるだけとか、ところによってさまざまである。この飲食は、本来ごくせまい範囲の近親者が、死者との告別のためにおこなうものであったが、死のけがれを忌む気持がなくなると、一緒に食事する人の範囲はしだいにひろがった。②、出棺のとき、棺はふつうの出入り口を通さず、茶の間や縁がわからだすところが多い。なかには、壁をぶちぬいて棺をだし、その直後に壁をぬりつくろうところもある。これはあきらかに、死霊をたたるものと考え、それが戻ってくることを、防ぐための呪法であろう。③、出棺のとき、茶碗を割り、かごや機織《はたお》り道具をこわす習俗は、普遍的である。④、出棺のとき、萱《かや》や竹で仮門をつくり、葬列をくぐらせる風俗の残っているところも少なくない。これも死者との別離を確実にするための手段と考えられている。

遺骸を葬場までおくる野辺《のべ》おくりにも、いろいろの風習がのこっている。①、野辺おくりには、火をつかう機会がきわめて多く、葬列以前に先発するものが持っていく火、出棺のさいに焚く火、葬列の先頭に立てるもの、葬列中に加わるもの、墓場の方で焚いておくもの、のちに焼くものなど。それらの目的は、道案内、魔はらい、きよめ、送り火・迎え火などのほか、火葬の火だね、汚物焼却などいろいろであるが、いずれにしても、死者の霊魂にたいして、重要な意味をもつものであることは明らかである。②、位牌をもつ役は、相続者ときまっている。死者にそなえた枕飯をもつのは、相続人の妻となっているところが多い。棺かつぎの役は、近親者・講仲間《なかま》・雇い人の三種に区別することができる。講や組のものがかつぐ場合も多いが、近親者もしくはこれに準ずる者でなければならぬとするところもまだ残っている。

野辺送り
法然上人行状絵図（鎌倉末期）所収。
葬列の先頭に立つものが火をもっている。

③、葬列は途中迂回しながら、墓地に行くのが普通である。死霊が家にもどってくることを、避けようとする呪法であろう。埋葬のとき、棺の上に石を投げいれてから土をかけるとか、埋葬が終って帰るとき、後ろ向きになって石を投げつけるなどの風習も、多分同じような心理にもとづく呪法であろう。④、埋葬または火葬の帰り途にも、いろいろな禁忌や呪法がある。途中、他家に立ちよることを忌み、あるいは家に入るとき塩をまくなどのことは、現在もきびしく守られている作法である。また埋葬に使った鍬《くわ》や鎌《かま》をもちかえらず、草履をぬぎすて、手足を洗いきよめることなども、死者の霊魂が家にもどることをふせぐための呪術であろう。⑤、入棺のまえ、葬式の前夜、葬列・埋葬のときなどに、泣き女をやとって号泣させる風習の残っているところがある。泣き女は半職業的で、トムライババア・ナキババア・ナキテ・ナキバアサンともいう。単に悲しみの泣き声を出すだけでなく、死者を思う衷情をのべるものもあり、その型式もそれぞれ地方ごとにきまっていた。近親者がこれをつとめる場合は、自然のかなしみにでるものと、区別しがたいこともある。まだ仏教の葬式が普及せず、したがって僧尼の読経のなかった古い時代の葬式では、泣き女の号泣は、大きな意味をもっていた。近親者が、儀礼としても号泣を避けるようになって、職業的泣き女があらわれたのであろう。泣き女には、布施米の量によって、五合泣き、一升泣

きなどの泣きかたがあった。

埋葬の方法としては、日本においては古来、風葬・土葬・水葬が行なわれた。このうち風葬は、内地では古代の文献にわずかに片鱗をのこすだけであるが、奄美《あまみ》大島では、風葬にともなう洗骨の風がのこっている。しかし仏教以前の葬法は、おもに土葬で、仏教伝来以後、火葬が併用された。

土葬は、もっとも広くおこなわれた葬法で、死体を棺におさめて地中に埋めるか、またはそのうえに墳丘を築くのである。その場合、屈葬と伸展葬の二つの葬法があるが、ひろく行なわれたのは屈葬であった。地方によって、遺骸の首から膝にかけて、縄で堅くしばるところがあるが、これは竪穴古墳の屈葬式葬法とおなじく、死骸を拘束することによって、アラミタマを制御しようとする呪術で、その観念は、アラミタマにたいする恐怖に、もとづくものであろう。これにたいして伸展葬は、比較的高い地位のものや、財産のあるものの葬法とされ、ここには死骸を拘束する考えはすくなくなり、むしろ死者を尊敬する観念がつよくなっている。

死者のたたりを恐れる心理は、あたりまえの死にかたをした場合よりも、異常な死にかたをした者にたいする場合がつよい。そのため、横死者・憤死者・刑死者・溺死者・産死者などにたいしては、特別の葬法がとりいれられている。これらの人々の霊魂は、来世に安住することができず、現世の人々に災害を及ぼすと、信じられていたためである。したがってその墓地も、はなれたところに設けられ、また先祖まつりのときにも、それらの死霊は無縁仏として、特別の配慮をするのであるが、沖縄では、変死者を四つ辻に埋めたり、さかさに埋めたりする風習がのこっている。

さいごに幼児の葬法であるが、六、七歳以下の子供の墓地は、大人のそれとは別に設けて、特別の食事を用意したり、色物を着せたりするところもある。また幼児の遺骸や遺骨は、そのまま床下に埋めてしまう風習のところもあった。これは人間の形成を、七歳ぐらいとして、それ以前は容易に生まれかわることができる、と考えたからであるらしい。仏葬が行なわれるようになっても、ずっと後まで、七歳以下のものの葬式・追善は、おこなってはならぬことになっていた。

来世

日本人は、来世のことをどう考えていただろうか。山宮信仰・年中行事・葬送墓制のなかに、その痕跡をみることができる。

まず山宮信仰のことから考えてみる。山の麓にある神社のなかには、山の頂きや中腹に、山宮や神祠・聖地などをもち、あるいは山全体を神社として、これと麓の神社とのあいだを、神が来往移動するという伝承をもち、神幸その他の神事をおこなっている例がすくなくない。そして山宮と里宮との関係を、春宮・秋宮、あるいは上社・下社、また前宮・本宮などの名称でよんでいる。これは農民の信仰のなかにみられる、農神・地神・田神などが、春には山からおりて農耕を見まもり、取り入れがすむと、新穀のもてなしをうけて山に帰り、冬のあいだは山の神としてすごす、とする観念とあい通ずるものである。

民間の年中行事は、時代とともに変化しているが、それでも春の、農耕にさきだつ祭りと、冬のはじめのとり入れ祭り、および山の神と田の神が同一であるという信仰はゆるがず、それが一方では農業の神であるとともに、他方家々の守護神でもあって、先祖の精霊であることが想像できる。そして昔から氏神の祭りが二月か四月の春祭りと、十一月の冬祭りを原則としていることとも関係がある。氏神祭りの古い型は、山の宮から、祖霊を一定の期日に里の宮にむかえ、新穀をそなえてから山にかえすという考え方と、山を来世とする考え方とがむすびついたものである。盆・正月の両度と、四月八日を中心とする農耕開始の時期に、祖霊を山からむかえる行事も、また同じ考えにもとづくものと思われる。盆の朔日路《ついたちみち》とか、精霊さまの道あけ、かり道つくりなどの行事は、いずれも祖霊をむかえるため、山の頂きから里に通ずる道の草を苅りはらうことであるが、この行事をしない地方でも、山の盆花をむかえに行くのは、先祖の精霊が、山からこの花にのって里に降りてくるという考えに、もとづくものである。

山と祖霊との関係を、端的にしめすものに、葬送墓制がある。墓を山という事例はおおく、ふるくは陵をきずくことを、山つくりといった。民間にもこの例はおおく、現在でも墓地のことを、エノヤマ・クサヤマなどとよんでいるところがある。また埋葬のことを、山しごと・山ごしらえなどとよぶのは、全国的である。仏教の来世観念も、いちじるしく、日本化されて、死者が山に入るという思想がつよくあらわれ、いわゆる死出の山といった表現がうまれ、来世が山中の景観をもつと説かれている。また山から里に降りてくる野獣・野鳥などが、あの世とこの世をむすぶ神秘的な動物とされたのも、日本人が古くからもっている来世観にもとづくもので、盆の精霊とんぼも、その一つのあらわれである。

越中の立山、加賀の白山、津軽の恐山、紀州の高野山など、今日もなお、死者の住むべきところとする信仰は、ひろく行なわれている。わが国の霊山・霊場のおおくは、このように山を来世とする観念から、みちびかれたものであろう。

以上、民俗をとおして、仏葬以前の日本人の、葬式にたいする基本的な考えかたをとらえてみた。ところで具体的には、どんな葬法がとられているか、以下考古学者の研究にもとづいて、そのことを解明してみる。

二　仏葬以前

縄文葬制　まず縄文式文化のころ、つまり紀元前三、四千年ごろから、同じく紀元前二、三世紀ごろまで。食料は主として、漁撈《ろう》・狩猟により、まだ農耕はおこなわれず、住居はおもに竪穴式で、遺跡は、貝塚・洞窟・低湿地など、といった時代の葬法は、いったいどのようであったか。

当時の墳墓は、貝塚である。貝塚とは、食料にした貝類のからを、他の生活上の不用品と一緒に捨てたのが、堆積して、今日まで残存しているものをいう。そのなかには、石器・骨角器・土器・獣骨・魚骨などがふくまれているが、しばしばその一隅から、おおくの人骨が発見されるので、原始時代の人類およびその生活を研究するのに、欠くべからざる遺跡とされている。全国に、二千にちかい貝塚が確認されているが、その大部分は、縄文式文化時代のもので、弥生式時代の貝塚は、いちじるしく少ない。これは、主食をうる方法が、漁撈・狩猟から、農耕にうつったためである。

貝塚は、一種のごみすて場であるが、そうしたところに、死者の遺骸を埋めたとは考えられない。貝塚の積層が、遺物の上層に濃厚であることから考えれば、おそらく死骸を葬ったのちに、ごみすて場が広くなり、ついで墳墓の部分をおかすことになったのではなかろうか。しかしこの事実によって、当時死骸は遠くに運ばず、住居の近くに葬ったことがわかる。またしばしば、数体の人骨が接近して存在し、なかには、二百体におよぶ

貝　塚（屈葬）
千葉県曽谷遺跡出土。縄文時代後期。屈葬は死霊を怖れる信仰からきているといわれている。

例もあるので当時すでに一定の地域を、墓地とする風があったとも、考えられる。

死骸を葬るため、まず地面に穴をほったが、適当な道具のなかった当時のこと、深くは掘れなかったようで、なかには、わずかに二尺前後の深さのものもある。遺骸は、腕をまげ、膝を折った、いわゆる屈葬が多いが、膝をかがめない、いわゆ

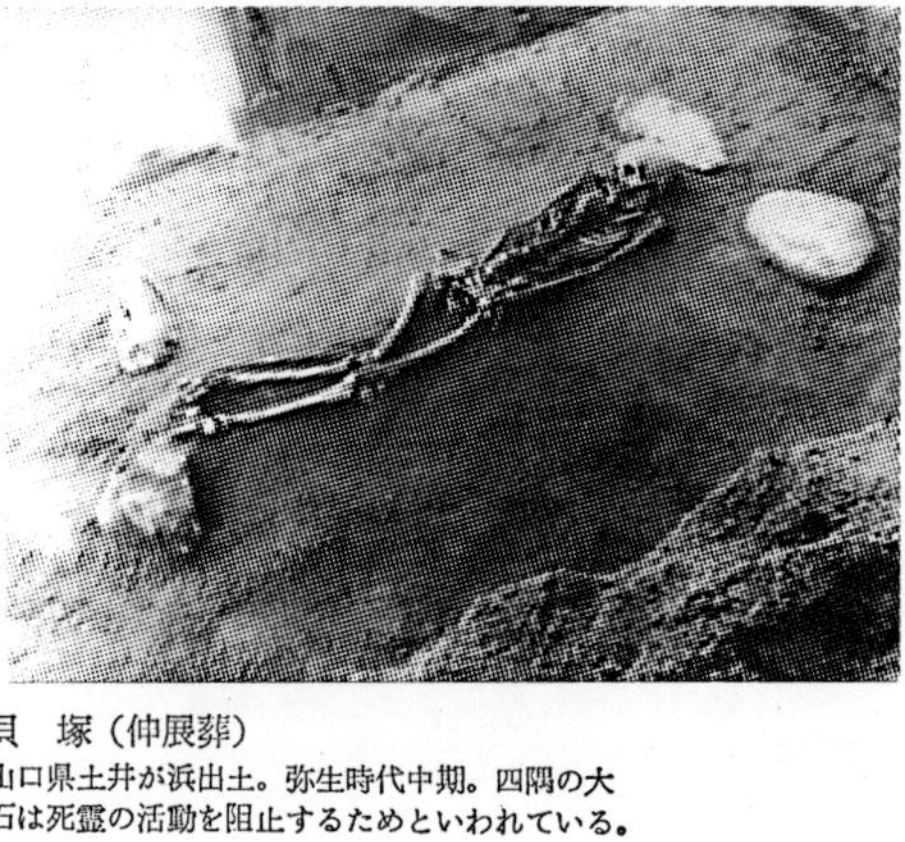

貝　塚（伸展葬）
山口県土井が浜出土。弥生時代中期。四隅の大石は死霊の活動を阻止するためといわれている。

る伸展葬のものも絶無ではない。古墳時代のように、副葬品をともに埋めた形式はみとめられないが、その飾りや帯には、附属の器具と思われるものをもつ例があるので、死者に衣服をきせたままで、葬ったものと考えられる。また遺骸の胸部に、平石をおいた実例があるが、これは前述の屈葬とともに、死者がふたたびこの世にか

えってきて、たたることを、防ごうとする考えにもとづくものであろう。

弥生葬制

つぎに弥生《やよい》式文化のころ、つまり紀元前一・二世紀ごろから、紀元後一・二世紀のころまで。農業・金属器をともなう大陸の文化が、朝鮮から北九州へ、そして東日本へまたたくまに波及し住居には、竪穴式の

支石墓
佐賀県葉山尻遺跡出土。弥生時代。巨石の下に数個の石棺や甕棺が埋められている場合が多い。

ほかに高床式が出現して、遺跡は稲作地帯とその周辺に分布している、といった時代の葬法は、どうであったか。

そのころ共同墓地は、主として集落の近くに設けられていた。墳墓は、自然石の支柱のうえに、おなじく大きな平石をのせた、支石墓《しせきぼ》という形式で、その周囲に、甕《かめ》棺の墓が密集しているところが多い。

支石墓は中国系であるが、満洲や朝鮮半島から、日本の九州方面にかけて、広くみられる墳墓の一型式で、巨石文化（ドルメン）の類型に入るものである。二つの型があり、その一つは、満洲と朝鮮北部に多いもので、地上に数個の板石を箱形に立て、そのうえに大きな天井石をのせて、石室をつくり、遺骸を石室内の地下に葬るもので、これを北方式またはテーブル式という。他の一つは、地上に巨石をすえ、これを数個の塊石で支えるもので、南朝鮮から北九州方面に、おおく分布

あわせ口甕棺
佐賀県切通遺跡出土。弥生時代。二つの甕をあわせたもの。三十度ないし四十度の傾斜をもつものが多い。

している。南方式または碁盤式という。巨石の下には数個の箱式石棺や甕棺がうずめてある場合と、墓穴がほられている場合があり、日本では、九州の各地に発見されている。一般的にいって、支石墓は、地方の首長や、有力者の墓と考えていいようである。

甕棺とは、遺骸をおさめたかめのことで、縄文末期になって、この風習がおおくなった。東北地方では、一般に一つの甕を用いているが、他の地方では、二つの甕の口をあわせて埋葬する、あわせ口甕棺の方法も見いだされている。そのころの甕は、成人を入れるほど大型のものではないので、子供の遺骸をおさめたものであろう。弥生式文化時代になると、甕の形がしだいに大きくなり、合わせ口のものが、ふつうになってくる。埋葬は、水平・垂直にちかいものがあるが、三〇度ないし四〇度前後の傾斜をもつものが多い。甕棺葬法の、もっともさかんだった時期は、弥生中期で、地域的には、九州の北部・中部に密集している。甕も大型のものができて、二つの甕をあわせ口にすれば、成人を伸展葬にすることもできるようになった。一カ所に数十個、ときには百個以上も埋葬された例がある。当時の集落と推定されるところの近くに、発見されるので、一種の共同墓地が、できていたことがわかる。集落附近に小高い丘があれば、そこが墓地としてえらばれたのであろう。むろん、その集落に住んだすべての人々の遺骸が、甕棺におさめられたとは考えられない。弥生中期から後期にかけて、甕棺の数はおびただしく、福岡県を筆頭に、佐賀、長崎、熊本、大分、山口などの各県にわたって分布している。

前方後円墳
大阪府堺市仁徳天皇陵模型。三重周湟三段封土長さ四七八m。前方部幅三〇〇m。高さ三三m。後円部径二四五m。高さ四〇m。埋葬の主体部は後円部。明治大学考古学陳列室所蔵

甕棺葬法は、一部は古墳時代中期まで行なわれているが、その数は急にすくなくなり、形も小型になっている。

古墳葬制

さいごに古墳文化のころ、つまり三世紀ごろから、七世紀中葉まで。壮大な古墳が築造された時代の、葬制を記してみる。古墳文化を、年代的に、三つの段階にわける。前期は三世紀・四世紀で、豪族の大きな墳墓が、少数つくられている。中期は五世紀で、大きな墳墓をつくって、その威容をしめすといった時代の好みが、応神・仁徳両陵のような、大規模なものを作りだしている。後期は、六世紀・七世紀で、この時期には、各地に小さな墳墓が、多くつくられている。ところで古墳は、墳丘の形から、円墳・方墳・前方後円墳・前方後方墳あるいは上円下方墳・双方中円墳などの種類に分けられている。

墳丘のなかに、棺におさめた遺骸を葬り、それにいくつかの副葬品をそえて、石室のなかにおく。棺には、はじめは舟型をした木棺・粘土棺・礫《れき》棺・木炭棺などがつかわれ、前期のおわりから

舟型石棺、中期から家型石棺がつくられ、後期にそれが盛んにおこなわれた。また中期には、中国の影響をうけた長持型石棺が、あらわれている。なお弥生式文化時代に、西日本でおこなわれた箱型石棺は、後期になると東日本にも、その分布の範囲をひろげている。

石室は、これらの棺や、副葬品をまもるためにつくられたもので、はじめ中国の槨《ひつぎ》の観念のものであったが、中期には、中国の葬制をうけた横穴式室がもちいられ、後期には相並んでおこなわれた。横穴式石室が、後期に流行するとともに、庶民のあいだでは、その構造を簡単にした横穴が、墳墓の形式としてもちいられた。

埴輪《はにわ》は、墳丘を表飾したもので、はじめは円筒列をめぐらして、垣の形にしたが、やがて埴輪の家や、埴輪の器財ができ、中期から後期にかけては、埴輪の人物や動物もつくられた。副葬品は、前期には、死者の身のまわりのもの、威儀のものをもっぱらとしたが、中期の半ばからは、食生活関係の用具や、馬具もあらわれ、ヨミノクニにおける生活も、現世のそれにちかいものと、考えられていたようである。

儒教が伝来するとともに、厚葬が禁止され、さらに仏葬の火葬がおこなわれはじめたので、古墳は、歴史の舞台から姿を消すことになった。

大化改新　儒教文化の伝来とともに、六世紀ごろから、古墳文化はしだいに萎縮しはじめたが、それが決定的な段階においこまれたのは、大化改新においてである。さらにいえば、政治改革の一環としてだされた、六四六年の薄葬令からである。その内容は、およそ次のごとくであった。①、はじめに中国の古典から、「いにしえの葬は、高きによりて墓となす。つち築かず、木うえず、棺槨《かく》はもって骨を朽たすに足り、きものは、もってにくをくたすに足るのみ」、また、「葬はかくすなり。人の見ることをえざらんことを欲す」を引用して、日本人が貧乏におちいるのは、必要以上に大きな墓をつくるためである、ときめつけている。②、つぎに身分による葬制をさだめた。たとえば、墓をつくる夫役の、延人数の上限についていえば、王以上は七〇〇〇人、上臣は二五〇〇人、下臣は七五〇人、大仁は一〇〇人、大礼は五〇人、という定めであった。③、死骸は、各地に散葬することをゆるさず、一定の墓地に、集埋することとした。「およそ畿内より、諸国などにおよぶまで、よろしく一所にさだめて、おさめ埋めしめよ。けがらわしく、処々に散らし埋むることをえじ」と。④、殉死を禁じた。「およそ人死ぬるときに、もしくは、わなぎて自らしたがい、あるいは人をわなぎて、したがわしめ、およびあながちに、死したる人の馬をしたがえ、あるいは死したる人のために、宝を墓におさめ、あるいは死したる人のために、髪を切り、股をさしてしのびごとす。かくのごとき旧俗は、一にみな、ことごとくやめよ」と。このような儒教的理念は、律令にも、そのまま引きつがれた。そしてそのごも、九世紀の中ごろまで、中国文化に心酔した政治家たちによって、厚葬を禁ずる法令が、しばしば出されている。

墓誌・墓標　奈良時代になると、中国文化の影響をうけて、墓誌があらわれる。墓誌、つまり死者の姓名・経歴などをしるして、これを遺骨とともに葬ることは、中国には古くからあったが、日本においては、奈良時代を中心として行なわれただけである。奈良時代においても、中国の文化にふれる機会の多かった、知識階級に属する人たちのあいだだけで、貴族階級のあいだに、ひろく普及したというわけではない。現在までに発見された墓誌は、①墓誌板ともいうべきもので、板状のものに刻《きざ》んであるものと、②骨蔵器そのものに刻んだものとがある。墓誌には、普通その人の官職名や、死亡年月日を記している。たとえば、小治田安万呂のものには、「右京三条二坊、従四位下小治田朝臣安万呂、大倭国山辺郡都家郷郡里崗安墓、神亀六年歳己巳二月九日」といった具合に。しかし、なかには、祖先のことをのべ、その略歴を記し、かつその功績をほめたたえているものもある。この墓誌が、墳墓内に、どんな状態で埋蔵されたかは、つまびらかでないが、おそらく遺骨の上部か、またはかたわらに置かれたものであろう。

つぎに、奈良時代の墳墓には、墳墓標識があったのだろうか。律令の喪葬令には、「およそ墓みな碑をたて、具官姓名の墓と記す」とあって、墓碑の建立を命じているが、碑の形式については、なんら指示されていない。ところで墓標が、実際に建造されたかどうかは、現在のところ、まだその遺物が発見されていないので、立証できない。

死骸遺棄　仏葬が普及する以前においては、庶民の遺骸の取りあつかいは粗略で、山野・河原・路傍などにすてるものも、すくなくなかったようである。たとえば、九世紀ごろにおいては、京都市中においてさえ、餓死者・遺骸・白骨が累々として、左右京職は、そのとり片づけに苦労していた。『続日本後記』によれば、八四二年一〇月、島田・鴨河原において焼却した遺骸死体は、五五〇〇に達したという。また三代実録によれば、八八三年三月二六日、政府は渤海の使節が、入京するのにさき立って、沿道の諸国に、路辺の死骸を埋めるようにと指令している。

また円仁《えんにん》は八三八年中国に留学したが、八四〇年五月二日、中国の港で、日本人水夫の葬を経験したことを、つぎのように記している。「丑時、水手一人、さきより病にしずみ、まさに死に臨まんとす。いまだ死せざるのまえ、その身をまといつつみ、艇にのせて送って山辺にすつ。送人かえりきたっていわく、すてて岸辺につく、病人いまだ死せず、飯水を乞う、語っていわく、わが病もしいえなば、村里をたずねて去らん。舶上の人かなしまざるなし」（『入唐求法巡礼行記』）と。円仁がいたにもかかわらず、念仏も読経もしていないこと、そして死ぬまえに小舟にのせて、山辺にすてたことは、注意すべきである。一〇七七年ごろ編集された『今昔物語』には、羅生門の上層に、死骸がおおく遺棄されていたことを記したあとに、「死にたる人の葬など、えせざるをば、この門のうえにぞ置きける」とつけ加えている。また、一二七九年の序をもつ『沙石集』には、常陸国の一二、三の小童が、疫病で死んだので、「近き野へすてつ」としている。

一三〇二年ごろの著作である。『八幡愚童訓』には、「近来、備後国住人、覚因と申す僧、大般若供養の願をたてて、当宮に参宿したりしが、世間の所労をして死にけり。無縁のものなりければ、まことしき葬送なんどにおよばずして、坂が辻というところに、野捨てにしてけり。（中略）そのなかに覚円坂が辻に捨てられて、耳なんどは蟻にさされて、穴あきたりしかども、犬馬にくわれずして、数日を経て活きかえる」という記事がある。他所者《よそもの》は野捨てにすること、野捨ての死骸は、犬馬にくわれるのが普通であったこと、などがわかる。

一四世紀のはじめまで、野捨てという死体遺棄が行なわれていることは、注目すべきである。一五世紀以降、仏葬が庶民のあいだに浸透するとともに、死者のとりあつかいは手厚くなった。

三　顕密の葬法

仏教の葬法

印度においては、むろん古くからいろいろの葬式が行なわれていた。火葬・土葬・水葬・棄葬（林葬・鳥葬その他）・曝葬などの方法があったと伝えられている。七世紀の前半に、インドを旅行した中国僧玄奘の旅行記、『大唐西域記』（六四六年弁機筆録）によると、「その儀に三あり、一にいわく火葬、薪をつみて焚燎するなり。二にいわく水葬、流れに沈めて、漂散するなり。三にいわく野葬、林にすてて、獣にはましむ」と。当時、火葬・水葬・野葬が行なわれたことを記している。ところで仏教の葬法は、釈尊以来、火葬を主としたことは、こと新らしく論ずるまでもあるまい。

七世紀の後半、インドを旅行した義浄の、『南海寄帰内法伝』（六九一年義浄撰）に、僧侶の葬法を、「苾芻亡ぜば、死に決せるを観知し、当日かつぎて焼処にむかい、ついで、すなわち火をもってこれを焚く。まさにこれを焼かんとするとき、親友ことごとくあつまりて、一辺にありて坐し、あるいは草をむすびて坐となし、あるいは土をあつめて台となし、あるいは甎石をおきて、もって坐物にあて、一の能者をして、無常経半紙一紙を誦せしめ、疲久せしむることなかれ。しかるのち、おのおの無常を念じて住処に還帰し、寺外の池内に、衣をつらねて並べ浴し、池処なくんば、井につきて身を洗う」と、描写している。つまりインドにおいては、七世紀の後半においてさえ、その葬法は、火葬場において無常経を読誦するという、きわめて簡単なものであったことがわかる。インドの葬法をうけついだ中国仏教の葬法も、はじめのあいだは、火葬を中心とする簡単なものであったようである。それが中国において、儒教葬祭の影響をうけて形態をととのえ、庶民のあいだに深く食いこんだ。一一世紀後半、司馬温公（一〇一八〜八六）は、仏教の流行を、「世俗浮屠の誑誘を信じて、始死および七七日・百日・朞年（一周忌）・再朞（三年忌）・除喪において、僧に飯して道場をもうけ、あるいは水陸の大会をなし、経をうつし、像をつくり、塔廟を修建せしむ。いわく、死者のために弥天《みてん》の罪悪をほろぼし、かならず天堂にうまれ、種々の快楽をうく。なさざる者は、かならず地獄に入りて、剉《ざ》焼・舂《しょう》磨・無辺波吒《た》の苦をうく」（『文公家礼』）としている。すでに葬式・七七日・百カ日・一周忌・三年忌という葬祭の型がきまり、そして故人の冥福を祈るために、写経・造像・起塔などが、行なわれていたことがわかる。また、「いま世俗おおく、僧舎に殯して、人の守りみるなし。往々に、年月いまだ利あらざるをもって、数十年をこえて葬らず。あるいは盗賊のためにあばかれ、あるいは僧のために棄てらる」と、寺院の境内に埋葬する風習が、一般化しつつあったことをのべている。司馬温公が活動したのは、日本歴史についていえば、源氏と平氏が抗争した時代にあたる。

南都の葬法　仏教は、すでに六世紀の前半、日本に将来されているが、その葬法である火葬が、はじめて行なわれたのは、それより約一六〇年おくれて、道昭の火葬がはじめである。道昭は、南都元興寺の僧、六五三年、遣唐使にしたがって中国にわたり、長安の大慈恩寺において玄奘《げんじょう》にあい、法相の教旨をうけて、六六〇年帰朝した。七〇〇年三月、西にむかって端座したまま示寂したが、遺命によって、火葬に附している。道昭によってはじめて行なわれた火葬という革命的な葬法は、そのご、以外な早さで伝播した。すなわち天皇についてみれば、七〇三年に持統天皇、七〇七年に文武天皇、七二一年には、元明天皇、七四八年には聖武天皇を、それぞれ火葬でおくっている。

土葬から火葬にうつるとともに、仏教考古学的には、遺骨を納める骨壺が出現することになる。その容器は、時代によって多少その形態をことにするが、奈良時代においては、たまに、小棺・小石櫃をもちいた例もあるが、一般的には壺がもちいられた。骨壺は、金銅・銅・ガラス・陶器など、さまざまであるが、須恵器《すえき》、赤素焼などの陶器が多い。金銅製のものは、上層貴族のあいだで用いられたものらしい。

天台の葬法　天台宗の葬法は、法華三昧と常行三昧を中心とするものである。法華三昧は、半行半坐三昧ともいい、また懺悔滅罪を主とするところから、法華懺法《せんぼう》ともいう。すなわち、『法華経』および『観普賢菩薩行法経』にもとづいて、三七日のあいだ行道誦経し、実相中道の理を諦観する三昧である。中国において、天台宗の三祖、天台大師智顗《ちぎ》（五三八〜九七）が、光州の大蘇山でこの三昧に入ったことは、古来有名である。その方法について智顗は、その著『摩訶止観』のなかで、「法華にいわく、その人もしは行き、もしは立ち、この経を読誦し、もしは坐してこの経を思惟せば、われ六牙の白象にのって、その人のまえに現ぜんと。ゆえに知る、ともに半行半坐をもって方法となすなり。（中略）法華に約して、また方法勧修をあかさば、方法とは身の開遮、口の説黙、意の止観なり。身の開遮を十となす。一に厳浄道場、二に浄身、三に三業供養、四に請仏、五に礼仏、六に六根懺悔、七に遶旋《にょう》、八に誦経、九に坐禅、十に証相」とみえている。

法華三昧を、日本にはじめて伝えたのは最澄で、八一二年、叡山に法華三昧堂を建てている。しかしそれを実修したのは、慈覚大師円仁がはじめで、『慈覚大師伝』に、「大師ここにはじめて、あらためて法華懺法をつたゆ。先師は、むかしその大綱をつたえ、大師はいまこの精要をひろむ」とみえている。そのころの法華三昧は、修観証相と懺悔滅罪の二本だてであったが、しだいに懺悔滅罪を中心とすることになり、のち、もっぱら葬祭仏事のためのものとなった。そのことは、天皇を中心として考えれば、『よろづの御のり』に、「代々のかしこきみかど、あるは鳳闕のうちにして、二季の御つとめとし、あるいは仙洞のうちにして、四時の御おこないたることも、ただこの法華懺悔のみなるにや。しかあるなかにも、文和のみかどのおんとき、はじめて楽を奏しあはせられしかば、康暦のはじめ、かの御追善のために、武家きらをそえて申しおこなわせたまいしよりこのかた、応永・永享にたびかさなり、文安のちかきにいたるまで、善つくし、美つくしたることども、はべりしにや」と記されている。

法華三昧を修する堂を法華三昧堂、略して法華堂といい、また半行半坐三昧堂ともいう。中国には、もちろん法華三昧堂があったが、日本においては、八一二年最澄が、叡山の東塔に、はじめてこれを建てた。その後法華三昧堂は、常行三昧堂とともに、天台宗関係の諸寺院において、欠くべからざる建造物の一つとなったので、西塔・横《よ》川《かわ》、山城の法住寺・法勝寺・法成寺・平等院・広隆寺・円宗寺・円融院・如意寺・最勝光院・勝林院・醍醐寺、大和の多武峰・超昇寺、近江の園城寺・竹生島、摂津の四天王寺・昆陽寺、播磨の随願寺・円教寺、信濃善光寺、武蔵寛永寺、下野輪王寺など、文献にその名をとどめているものだけでも、枚挙にいとまないほどである。

常行三昧は、般舟三昧・仏立三昧ともいい、つねに行道して修する三昧の意、すなわち般舟三昧経によって、九〇日のあいだ、旋遶《にょう》行道し、もって見仏を期するという法である。この法の源流は、中国の慧遠《えおん》（五二三〜九二）で、白蓮社という念仏のための結社を、組織している。智顗《ちぎ》は、これは常行三昧と名づけて、四種三昧の一とし、もっぱら行旋をことゝする法とした。ついで、善導（六一三〜八一）は、智顗の説をうけて、さらにこれを発展させた。余談になるが、日本天台の常行三昧は、智顗の常行三昧の系統であり、日本の浄土宗の念仏は、善導の系統である。ところで、智顗の『摩訶止観』によれば、「九十日、身つねに行じて休息なく、九十日、口つねに阿弥陀仏の名をとなえて休息なく、九十日、心つねに阿弥陀仏を念じて休息なし。あるいは称と念とともに運び、あるいはさきに念じてあとに称え、あるいはさきに称えてあとに念じ、称念あいつぎて、休息するときなし。もし弥陀をとなゆれば、すなわちこれ十方仏をとなゆると、功徳ひとし。ただ、もっぱら弥陀をもって法門主となす。要をあげてこれをいわば、歩々声々念々ただ弥陀仏にあり」とみえている。日本に、この三昧を最初につたえたのは、最澄である。しかしこの法を、はじめて実修したのは、おそらくこれまた円仁《えんにん》であろう。円仁は、入唐して、五台山念仏三昧の法をつたえ、八五一年、はじめてこれを弟子たちに授け、のち常行三昧堂を建立して、この三昧の普及につとめた。その後、叡山における常行三昧の流行について、『石清水不断念仏縁起』に、「常行三昧は、四種三昧の一なり。慈覚大師、唐土より、わが山（叡山）に伝えたり。常行堂、十四口の僧侶をおき、八月中に七カ日、不断念仏を修す。貞観中にいたり、山上の諸寺院おのおのこの三昧を修し、すでに二百余年におよび、結縁いく千人なるをしらず。なかんづく西塔院常行堂の結衆は、ことに智徳をえらびて、補するところなり。金紫銀黄の余裔、法立義虎の禅侶といえども、この結衆をなさざるものは、緇徒《しと》の恥とするところなり」とみえている。浄土諸宗の先行形態として、常行三昧が、日本仏教伝道史上に果した役割は大きい。

常行三昧を修するところを、常行三昧堂、略して常行堂という。また常行仏立三昧院・般舟《はんしゅう》三昧院、あるいは阿弥陀三昧堂ともいい、盧山の般若台精舎が、この種の念仏道場のはじめと考えられている。のち唐代になって、承遠《しょうおん》は衡山に般舟道場を建て、その門人法照は、また五台山竹林寺に般舟道場をもうけて、般舟三昧を修した。日本において、常行三昧堂をはじめて建立したのは、上述したように円仁である。『叡岳要記』によれば九六一年、この三昧堂の不断念仏料として、一五石七斗五升がよせられ、僧一四口がおかれている。また『山門堂舎記』によれば、常行三昧堂は、檜皮葺で方五間、堂上に金銅如意宝珠形があり、金色の阿弥陀坐像、おなじく四摂《ししょう》菩薩像、おのおの一軀を安置し、四方の壁には、九品《くぼん》の浄土や、大師などの影像がえがかれていた。その後、法華三昧堂とともに、天台宗関係の寺院においては、欠くことのできない重要な建物となった。したがって文献にその名をとどめているもの、あるいは現存するものなど、枚挙にいとまないくらいである。叡山の東塔・西塔・横川《よかわ》、山城の元慶寺・法住寺・解脱寺・善法寺・法性寺・法成寺・円宗寺・法勝寺・霊山寺・広隆寺・法輪寺、大和の多武峰、近江の園城寺、摂津の四天王寺・勝尾寺、播磨の妙徳寺・鶴林寺・書写山・鶏足山、伯耆の大山寺《だいせんじ》、駿河の久能山、伊豆の走湯山、信濃の善光寺、相模の箱根山、武蔵の寛永寺、下野の輪王寺、陸中の毛越寺《もうおつじ》などのそれは、とくに有名である。また山城の往生極楽院、宇治の鳳凰堂、法界寺の阿弥陀堂、陸中中尊寺の金色堂、磐城白水の阿弥陀堂、豊後富貴寺の蕗大堂《ふきのおおどう》、播磨浄土寺の阿弥陀堂、名古屋の七ッ寺なども、みな常行三昧堂の様式にのっとったものといわれている。

ところで、個々の葬祭は、どのように営なまれたであろうか。九二一年の『慈恵大師御遺告《ゆいごう》』によって、葬祭にかんするかれの意見をみてみよう。①、まず、葬式のこと。墓地は生前にさだめておく。万一そのまえに死んだならば、北方の勝地にしてほしい。棺も生前に準備する。もしまにあわないときは、すぐその日のうちに、それをつくって入棺してほしい。日の吉凶をいうべきでない。かならず三日以内に埋葬すること。②、石塔について、「石卒都婆《そとば》、生前つくりはこばんと欲す。もしいまだ運ばざるまえに命おわらば、しばらく仮卒都婆を立て、その下を掘りあけ除くこと三四尺ばかり、骨を穴底において上に土を満たすべし。四十九日のうち石卒都婆をつくりて、立てかゆべし。これ遺弟らときどき来礼の標示なり。卒都婆中に、随求・大仏頂・尊勝・光明・五字・阿弥陀など、真言を安置す。生前、書きもうけんと欲す。もしいまだ書かざるに入滅せば、良照・道朝・慶有ら同法を書くべし」としている。

一〇三六年の後一条天皇の葬式を、『類聚雑例』についてみると、①、まず、導師・御前僧・法事の僧などを定める。ついで関白が、一周忌までのあいだ、浄土寺において天皇追善のために、阿弥陀護摩を、自己負担でおこなうことを発表する。二〇人の僧を請じて、御在所南座において念仏をはじめる。関白らも念仏僧を定めて、念仏をはじめる。②、呪願《じゅがん》。葬場の北庭において、導師が呪願を行なう。③、茶毘《だび》。僧正らは、火葬場の近くにいて念仏する。④、土砂加持。茶毘がおわると、土砂を呪して葬所のうえに散らす。⑤、骨をひろって壺に入れ、浄土寺（天台宗）に納める。これによると、天台の葬法は、現実には、浄土教・密教の作法を、混淆したものであったと想像される。

最後に、納骨の問題がある。思うに、古代の中ごろまでのように、穢の思想の浸潤していた時代には、寺院内に遺骸を入れることは、もっとも嫌忌されたものである。しかし、そうした思想が薄らいでくると、今度は寺院に遺骸を納めることが、故人の冥福を祈る近道であると考えられはじめた。『類聚雑例』によれば、九二一年中納言源有時が死亡すると、遺族はその遺骸を火葬して骨壺に入れ、東山住僧蓮舟法師の私寺屋（持仏堂）に納めている。この場合、私寺屋であって寺院でないことは、注目すべきことであるが、その後いつしか、寺院に納骨・埋骨することに転化している。一一三一年、白河天皇の遺骨を、鳥羽離宮の三重塔におさめたが、そのときの模様は、『長秋記』にくわしい。「御堂にいたって奉納しおわんぬ。その儀所もともうけらるる方四尺の石筥なり。底に大石をすえ穴をほる。そのところに御骨壺を安ず。そのうえを石蓋にておおい、その上に土をおき、そのうえに銅御経をおく。そのうえにまた土をおき、そのうえに金台両阿弥陀仏像をおき、銅小塔のなかに安ず。そのうえを石蓋にておおい、土底に埋めおく、次第におさめおきおわんぬ。あらかじめ縄をもって釣りさげおくなり。このご四面の戸、方尺などをもって、裏より打ちふさぎ、工らは蓋階より外にいで、階下に指しおわんぬ」と記している。

そのご、法華三昧・常行三昧の流行とともに、天皇家においては、ほとんど法華堂に納骨するのを例とした。法華堂は、はじめから建立されている場合もあれば、埋葬したのちに建立される場合もあった。

天皇と仏葬

奈良時代すでに、仏教の葬法が行なわれているが、ついで平安時代になると、それは日本の社会のなかに、さらに深くくいこんでいった。仏教葬法を、もっとも早くうけいれ、かつ史料的にも、追跡しやすい天皇家の葬祭を中心に、叙述をすすめてみる。

九三〇年亡くなられた醍醐天皇の陵は、陵域東西八町・南北十町で、墓穴は、深さ九尺・広さ三丈、中につくられた木槨《かく》は、高さ四尺三寸・たてよこ各一丈のもので、そのうえに卒塔婆三本をたて、また周囲に溝を掘ってあったという。この場合、陵に卒都婆《そとば》をたてたということは、注目すべきであろう。

醍醐天皇のあと、陽成《ようぜい》天皇は土葬、朱雀《すざく》天皇は火葬、村上天皇はまた土葬、冷泉《れいぜい》・円融・花山・一条・三条・後一条・後朱雀・後冷泉・後三条・白河・堀川・鳥羽・崇徳・近衛の諸天皇は、すべて火葬である。そのうち、一〇三六年に亡くなられた後一条天皇の場合は、遺骨を葬ったのち、石の卒塔婆をたて、またのちに三昧堂を建立したようである。はじめ、墓標としての石塔が建てられ、のち、墓堂としての三昧堂に改められていることは、仏教葬法の深層化として理解すべきであろう。

一一〇七年に亡くなられた堀川天皇の遺骨は、仁和寺《にんなじ》のなかに葬り、そのうえに三重の石塔をたて、塔のなかに、『法華経』・『陀羅尼』などを安置したという。つぎに一一二九年亡くなられた白河天皇の遺骨は、鳥羽殿の三重塔の下におさめた。一一五五年に亡くなられた近衛天皇の遺骨は、鳥羽天皇が美福門院のために建立された鳥羽東殿の塔におさめた。この塔は、たてよこ三間、二層の多宝塔である。一一五六年、鳥羽殿において亡くなられた鳥羽天皇の遺骨は、遺言によって、鳥羽殿の塔に収めた。

一一六五年亡くなられた二条天皇の遺骨は、はじめ香隆寺の本堂におさめ、ついで三昧堂におさめている。一一七六年亡くなられた六条天皇の遺骨は、東山清閑寺の小堂におさめ、一一八一年に亡くなられた高倉天皇の遺骨は、一時、父天皇の墓堂におさめ、ついで同寺域内の、法華堂に葬っている。一一九二年亡くなられた後白河天皇の遺骨は、蓮華王院の、東法華堂におさめた。

一二三一年、阿波で亡くなられた土御門天皇の遺骨は、法華堂におさめたらしい。一二三四年に亡くなられた後堀河天皇は、東山の観音寺のそばに土葬したが、のちその上に法華堂が建てられた。一二四二年亡くなられた順徳天皇の遺骨も、法華堂におさめたらしい。同年亡くなられた四条天皇の遺骨は、東山の泉涌寺《せんにゅうじ》境内に葬り、そのうえに高さ一四尺の九重石塔を建てた。一二七二年亡くなられた後嵯峨天皇の遺骨は、はじめその仙洞御所であった嵯峨殿のなかにある浄金剛院に安置したが、のち院内に、あらたに法華堂を造営して、そこにうつした。一三〇四年亡くなられた後深草天皇の遺骨は、一時深草の安楽光院の仏壇下におさめたが、法華堂ができあがるのを待って、そこに収められた。この深草の法華堂には、その後持明院統の伏見・後小松・称光・後土御門・後柏原・後奈良・正親町《おおぎまち》・後陽成、各天皇の遺骨が、合葬されている。一三〇五年亡くなられた亀山天皇の遺骨は、浄光厳院・南禅寺・金剛峯《ぶ》寺の三か所に分骨された。この場合、顕密諸宗以外の寺院である南禅寺に分骨されたことは、注意すべきであろう。一三〇八年亡くなられた後二条天皇は、洛東十楽院上の山に葬られた。一三二四年亡くなられた後宇多天皇の遺骨は、法華堂に五輪塔を建て、その地輪におさめられた。御陵に五輪塔をたてたのは、これが最初である。

以上、一〇世紀から一四世紀のはじめまでの、天皇の葬法をしらべてみて、大体つぎのようなことがわかった。①、ごくわずかの例外を除いて、その殆んどが火葬であったこと。②、遺骨は、主として法華堂におさめられているが、三重塔・多宝塔・五輪塔などにおさめている場合もある。③、墓標として、石塔・三重石塔・九重石塔・十三重石塔・五輪塔などが用いられている。④、ここには、詳述する余裕がなかったが、遺骨を法華堂におさめた場合にも、火葬した場所に、石塔を建立するという例がおおい。この法華堂納骨は、支配層一般におこなわれていたもので、武家についてみても、禅宗系の葬祭にうつるまでは、主として法華堂に納骨していた。平清盛の遺骨を、播磨国山田法華堂に収めたのをはじめ、源頼朝・実朝・政子・北条義時なども、法華堂納骨であった。

真言の葬法　真言宗の葬祭は、光明真言を中心とするものであった。これよりさき天台宗は、法華三昧などによって、貴族の葬祭を独占し、新来の禅宗は、徐々に、武士の葬祭をその手中におさめ、新興浄土諸宗はまた、二十五三昧によって、武士および庶民のあいだに、あたらしい分野を開拓しつつあった。このような情勢のなかに、真言宗、ならびに、密教化することによって生きのびてきた南都諸宗は、安閑としているわけにはゆかぬ。かくてかれらは、その修法のなかから、葬祭に用いることのできる一修法をとりだした。それが、光明真言法である。光明真言は、大日如来の真言で、また諸仏菩薩の総呪でもある。その呪術的な効果について、高弁（明恵）はその著書、『光明真言土砂勧進記』に、つぎのようにのべている。「それ光明真言の土砂と申すは、一切如来の大秘密の法なり。まず光明真言は、世間に流布して、在家出家の人、持念しまします。しかるに真言につきて、ものを加持すと申すことあり。その作法は、真言行者のならいつたゆることなり。この真言にて、すなごを加持しつれば、このすなご、すなわち真言の一々の文字となりて、この真言の字義を具足し、句義を成就して、そのすなごを亡者のかばね・はかのうえにも、ちらしつれば、この亡者、一生のあいだ、重きつみをつくりて、一分の善根をも修せずして、無間地獄などにおちたれども、このすなごたちまちに、真言のひかりをはなちて、罪苦のところにおよぶに、その罪おのずからきえて、極楽世界へ往生するなり」と。この法は、それまでにも用いられていたが、いままでの形式では、他宗の葬祭に拮抗できない。それを簡素化し、魅力あるものとするためには、あたらしい粉飾が必要であった。かくて一二二四年ごろから、高弁は、つぎつぎに諸書をあらわして、あたらしい意義づけをおこない、かつ宣伝これつとめた。その努力によって、光明真言の講式は、みごとに完備した。そのご施餓鬼会の流行とともに、単に真言宗だけではなく、天台宗・禅宗その他の宗派においても、この法が用いられるようになった。そしてそのために、中世から近世のはじめにかけて、多くの解説書があらわされた。たとえば、一七三四年刊の『密宗書籍目録』によれば、この書店では、当時三二部の光明真言関係書が市販されていた。

本覚は、文永年間（一二六四〜七五）、浄住寺光明院に、はじめて法界衆生頓証菩提のため、不断光明真言をおいた。それに、檀越たちが荘園を寄進しているが、そのなかで興味あるのは、東寺が荘園一所をよせていることである。光明院においては、檀越に死者があれば葬式をおこない、遺骨を道場におさめ、没後の法要を修することになっていた。西大寺の思円叡尊が、西大寺光明真言をはじめたのは、一二六四年のことである。この寺では、過去帳がとくに重視され、それに記録された亡魂は、ともに無上道を証するの誓いによって、一人もらさず成仏疑いなしというのである。そしてこの過去帳に、登録をゆるされるのは、一、僧尼、二、門前居住者、三、寺僧および門前居住者の知人、四、寄進者、と限定されているので、一般信者は、四の寄進者の地位をうることによってのみ、往生極楽の切符が入手できるというわけである。すなわち「そもそも一生は、これ風のまえの灯、万事はみな春の夜のゆめ、あしたにさかえ、夕べにおとろゆる例、末のつゆ、もとのしずく、日々に袂をうるおして、かわく折なし。観ずるにそれ、春の花は合掌を三密にひらき、秋の月は灯火の四曼にかかぐ。天しらす法筵もよおす、貴賤なんぞ施入をはげまざらんや。小財を仏前にささげて、大なる福禄をおうということあり。施主すでに福果を感ず。結縁の巨益唐捐ならんや」(西大寺毎年七日七夜不断光明真言勧行式)というのである。

こうして光明真言による葬祭は、一三世紀に入ってはじめて、一般化したにもかかわらず、一四世紀には、東寺に、不断光明真言の講社である光明講ができ、また全国に現存する中世の、逆修塔《ぎやくしゆう》や供養塔に、光明真言塔がおおく、さらに板碑《いたび》(一三世紀末から一六世紀まで)にも、光明真言塔のおおいことは、その迅速な伝播と、民衆への普及浸透を物語るものである。

光明真言を中心とした葬祭の実例を、『古事略儀』(著作年代未詳)についてみると、つぎのごとくであった。①、当日。死亡すると北頭になおし、屏風・几帳を立てめぐらす。灯台に火をともし、火舎をおいて名香をたく。夏ならば、良酢を大鉢にいれて、鼻の近くにおくが、これは臭気を消すためである。屏風のそとには、念誦をする近習や、護持僧らが結番する。②、入棺。遺骨をおさめると、護持僧が、頭・胸・足に土砂をまく。つまり光明真言の土砂加持である。③、出棺。棺のまえに護持僧があつまって、真言の供養をする。行列には貴賤緇素《しそ》がしたがう。貴所(火葬場)の規模は、「地所を点じ子午の妻にこれを立つ、高さ一丈四尺、ひろさ一丈五尺、長さ二丈、棟あり。四角に柱を立つ。屋の中央に鑪あり、長さ九尺、高さ二尺五寸、ひろさ三尺。(中略)鑪のうちに、こも二枚をしきそのうえに筵二枚をしく。そのうえに炭をつみ、炭のうえに薪をつむ。屋の東西おのおの南北行。薪・炭・松・わらなどをつみ、屋上に絹をおおい、鑪の下に絹布をしく」とされ、鳥居・荒垣などもしつらえていた。行列が貴所につくと、導師が呪願・法要をおこなう。④、荼毘《だび》。そのあいだ、僧綱・凡僧らは、貴所のあたりで真言を誦する。ついで骨をひろい、それを茶碗瓶子におさめ、土砂をくわえて蓋をして、白皮袋にいれ、さらに絹の袋におさめる。⑤、納骨。故人にゆかりある僧綱か凡僧が首にかけて、高野新御堂の仏壇の地下におさめる。「しばらく御仏を舁ぎしりぞけ奉りて、板敷き放って、これをおさめ奉る。もとのごとく御仏をすえ奉り、母屋仏壇の下に深く穴をほり、底ならびに四面は大石にてたたみ、これを安じ奉る。そのうえを石にておおい石灰をぬるべし。非常の大事もし出来のときも、露顕すべからず、損壊すべからざるがゆえなり」⑥、石塔。貴所・荒垣・鳥居などは、ちかくの無縁寺に寄進する。そのあと整地して塚をつき、そのうえに石塔をたてる。周囲に松をうえ、四面に溝を掘った。

　真言宗の葬祭に、高野納骨というのがある。高野山においては、一一世紀の末葉、納骨による信者の獲得をかんがえた。寛治年中（一〇八七〜一〇九四）には、讃岐の善通寺において、弘法大師筆の一紙が感得された。それには、高野の樹下に居を卜し、神を兜率《とそつ》雲上にあそばしめ、日々の影嚮をかかさず、処々の遺跡を検知す。」と記されていたという。また同じころの偽作と考えられる『大師御記文』には、「舎那の秘印をむすび、先身を秘め、身を樹下にとどむといえども、意は兜率の内院にあり、しかりといえども加持の遺跡をなす。日々の影嚮をかかさず、有信のものにいたって、その身に幸をさずく。不信のものは、先業をうらむべし。ただし我山に送りおくところの亡者の舎利、われ毎日三密の加持の力をもって、まず安養の宝刹におくる。我山にきたりて慈尊説法の聴衆菩薩たるべし。云々」（『塵添壒嚢抄』）と記されていたという。高野山は密教の根本道場である。そして土砂加持という呪術は、信者の要求を充分に満足させたらしい。加えて、高野聖《ひじり》という宣伝網によって、ますます有名になり、すでに一二世紀なかごろには、鳥羽上皇・美福門院の遺骨がおさめられたのをはじめ、俊寛・横笛などの骨もおさめられて、繁昌をきわめた。

納骨は、はじめは高野に堂塔を建立して、本尊の体内に骨をこめる、という貴族的な方法であった。一一五八年の記録である『保元三年記』には、「今暁、先妣の御骨を高野にわたし奉る、これ納骨の御沙汰なり。一間四面の堂を、かの山に御建立。正日大日如来を供養して、これを安置し、そのなかに御骨をこめ奉るなり。」とみえている。周信（義堂）は、一三八三年に没した弟子中叔の遺骨を、昌季蔵主に托して高野におくったが、そのときの偈の前書に、「南紀の高野山、金剛峯寺と称す。すなわち本朝密教の鼻祖弘法大師海公、全身入定の霊場なり。爾来邦人追慕し、死者あるごとに、もしくは僧もしくは俗、臣子弟子たるもの必らずその骨をおくりてここにいたる。小卒都婆《そとば》をたててこれを蔵す。けだしもって竜華《りゅうげ》の勝縁を結ばんがためなり（『空華集』）と記している。そのころは遺骨を埋め、石塔をたてていたのである。納骨にさいしては、多額の施物が奉納されたが、そのことは、上述の周信が浄財をおくっており、また常陸の某のことが、「道連禅定門、丁亥（一五二七）二月十五、荼毘の施物一塵のこさず、高野山にのぼせたてまつる。」（『常陸国六地蔵寺過去帳』）と記されている。納骨は、高野山にうってつけの形式として、高野山を繁昌させた。

四　浄土の葬法

源信の葬法

浄土宗の葬祭は、恵心《えしん》僧都《そうず》源信（九四二〜一〇一七）の二十五三昧《ざんまい》講をその源流とするが、二十五三昧は、天台宗の常行三昧を発展させたものである。円仁は、常行三昧を重視しながらも、法華三昧と同等に考えていたのにたいして、源信は、常行三昧を諸功徳《くどく》中第一のものであるとして、常行三昧に中心的な地位をあたえ、これを深め、発展させている。九八五年は、源信が『往生要集』を著した年であるが、その葬祭に関する研究および実践も、この年から三年のあいだに完成している。『往生要集』にはすでに、臨終の作法がみえている。それによれば、無常堂を寺域の西辺に建て、堂中には金箔をぬった阿弥陀像を、西むきに安置する。仏像の右手をあげ、左の手中に五色の幡をもたせ、幡のはしは地に垂れておく。病者があればこの堂にともなって、仏像のうしろにすわらせ、左手に幡のはしをとり、仏にしたがって極楽にゆく心持をあらわさせ、看護の同志は焼香散華《さんげ》して病者を荘厳するというのである。しかしこ

浄土宗の臨終
行状画図（鎌倉末期）所収。西方に弥陀像をかかげて念仏を唱え，弥陀の来迎をえて絶命するものが多い。

れは、四分律鈔の抜萃程度にすぎない。翌九六八年五月二五日、二十五人の同志と、二十五三昧講を結成して、いよいよ実践にうつった。結成のスローガンには、われら契りをあわせ、たがいに善友となり、助けあって念仏するむねが、記されている。具体的にいえば、同志のなかに病者があれば、すぐその家にいって、勧誘問訊《もんじん》する。そして死者が、もし幸いに極楽に往生した場合には、願力などの方法によって、同志にそれをつたえる義務がある。たんに臨終のときだけでなく、同志は、毎月一五日にあつまって、念仏三昧を修することになっている。

同年九月一八日の起請八カ条になると、結社の組織はいよいよ本格的になる。第一条、毎月一五日、念仏三昧を勤修すべきこと。第五条、結衆病間結番瞻《せん》視《し》すべきこと。第七条、つねに西方を念じ、ふかく功力をつむこと。などの三条は、五月二五日の盟約を敷衍したものであるから省略して、他の条々を吟味してみる。まず第三条は、調心護道、人をえらんで闕けたるをおぎなうべきこと、同志が心を用いるべきこと、またその補欠をえらぶときの注意である。第四条は、往生院にかんすることであるが、往生院とは、『往生要集』の無常堂に相当するものである。第六条は、同志の墓所である花台廟にかんすることで、西山のふもとに卒都婆をたて、そのなかに、いろいろの陀羅尼を安置しておく、同志が死亡すると、三日のうちにここに葬る。もし他郷で死亡しても、遺骸はかならずここに葬り、春秋の二回、同志があつまって、念仏を修するというのである。第八条は、同志没後の法要のことである。同志の葬式には、かならず出席せねばならず、父母や師長の死亡以外は、欠席することをゆるされぬ。四十九日までは、七日ごとにあつまって念仏を修する。一周忌も同様である。また過去《かこ》帳をつくって名字をのせ、亡日を往生院の帳簿にしるして、毎月の念仏の日に供養し、祥月命日には、さらに念いりに供養する、というのである。なお第二条に、念仏結願のついで、光明真言を誦し、土砂を加持すべきこと、の条がある。初期の盟約には、入っていなかったものであるが、源信は密教の教養をうけた人であるから、密教の修法中、往生極楽の修法である光明真言法に、愛着を感じたものであろう。なお注目すべきは、結社の僧侶は、十人にかぎっているが、尼僧および俗人は、その希望に応じて、無制限に、講社に加入することを許した点である。

九八八年六月の起請は、九八六年九月起請の敷衍であるが、第一条に、法華経を講ずる、という規定をつけくわえ、また第五条に、同志は父母兄弟の思いをなすべし、を入れている。

源信の、葬祭にかんする規定は、上述のように、九八五年から九八八年六月までの、約三年に完成したが、それは、経典の所説を、実践によって修正したものである。ところで、源信が葬祭の制定に努力した九八〇年代は、どういう時期であったか。在俗の慶滋保胤によって、『日本往生極楽記』一巻がえらばれた時代、つまり往生思想が、ようやく識者の注目をあつめはじめた時代である。このような潮流に棹《さお》さして、源信の葬祭法は、二十五三昧の名のもとに、かがやかしい前途をみいだした。叡山において、二十五三昧的方法が流行したことは、横川の僧が、その臨終に、「枕のうえに阿弥陀仏を安置して、そのおん手に、五色の糸をつけ奉りて、それをひかえて、念仏を称すること四五十遍ばかりして、寝入るがごとくして絶えいりぬ。しかれば、弟子ども、年来の本意たがえず、かならず極楽にまいりぬと貴がり、よろこんで、没後のことみな終えて、七七日もすぎぬれば、弟子どもみなちりぢりにゆきぬ」(『今昔物語』)という話によっても、うかがうことができる。

定覚上人は、叡山の二十五三昧の成績をみて、ただちに蓮台野に、二十五三昧の講社をむすんだ、と伝えられているが、蓮台野は、二十五三昧起請で、講社の墓を意味する蓮台廟の蓮台に、よったものであろう。そのほか、京都附近では、一一一九年日野南に、一二六九年般若寺《はんにゃじ》附近に、二十五三昧が存在していた。なお、『大鏡』・『平家物語』・『今昔物語』などに散見する、京都紫野雲林院《うりんいん》の菩提講も、二十五三昧講だったようである。『山城名勝志』に所収の、一三〇八年、願蓮の念仏寺修造勧進文には、寛和年中、雲林院内に念仏寺をはじめて、最澄作の弥陀仏像を安置し、源信がその供養の導師となり、その後毎月、晦日にこの講をつとめた、その講式は源信の制作である、と記している。『法然上人行状画図』には、湛空《たんくう》が嵯峨二尊院に住し、楞厳・雲林両院の法則をうつして、二十五三昧をおこなったとし、また『同翼賛』には、二十五三昧は、永祥年中、妙空が源信のすすめによって横川蓮台院に始修し、のち源信も同院においてこれをおこない、ついでまた大原に移修したと記している。さらに、その普及度をうら書きするものとして、日蓮は一二七一年佐渡塚原に、荒廃した二十五三昧堂が存在していた事実をあげている。これによって推察すれば、二十五三昧が全国に普及していたことがわかる。しかしこのように普及した二十五三昧は、叡山のそれとはちがい、いちじるしく変貌したものであった。すなわち、山をくだった常行三昧・法華三昧が、そうであったように、この場合もまた、僧侶中心から在家中心に、臨終中心から葬祭中心に、転化している。一一二〇年、日野南の二十五三昧についてみると、往生院は、墓地のなかに設けられている。つまり、すでに墓堂化していた。生前ここに随伴することは稀で、死後葬送のとき、はじめてここで葬祭がおこなわれたもののようである。

浄土の葬法

この線上に、僧侶が、農民の葬祭に関係することにもなる。平安時代の著述とされる『今昔物語《こんじゃく》』に、播磨国印南野において野猪をころした語、という一条がある。そのなかに「夜うちふくるほどに、ほのかに聞けば、西の方にかねをたたき、念仏をして、あまた人はるかよりきたる音あり。(中略) おおくの人、おおくの火どもをもやしつらねて、僧どもなどしばしばかねを打ち、念仏をとなえ、ただの人どもも多くしてきたるなりけり。ようやく近くきたるをみれば、はやく葬送なりけりとみるに、(中略) 死人の棺をもちきたりて葬送す。(中略) また葬送するところは、かねてよりみなその儲けしてしるけきものを、(中略) 多くの人あつまりたちならびて、みな葬りはてつ。そのごまた鋤くわなどもちたる下衆ども、かず知らずいできて、墓をたたつきに築いて、そのうえに卒都婆《そとば》を持ちきたってたてつ。ほどなくみなしたためはてて、あとに多くの人みなかえりぬ。(中略) 葬送のところには、かならず鬼あるなり」という、くだりがある。かねたたき・念仏・僧・卒都婆・鬼などの、仏教葬祭用語がみえる。伝統的な葬法を生かし、それを仏教的に潤色するという、賢明な方法がとられていることに、注意してほしい。これを九世紀後半の、教信沙弥《しゃみ》(八六六寂) の場合に、「その庵のまえにひとりの死人あり。狗鳥あつまりて、その身をきそいくらう。庵のうちにひとりの嫗《おうな》、ひとりの童あり。ともに泣きかなしむことかぎりなし。勝鑑これをみて、庵の口にたちよりて、これはいかなる人の、いかなることありて泣くぞ、と問うに、嫗こたえて曰く。かの死人は、これわが年来の夫なり、名をば沙弥教信という。一生のあいだ弥陀の念仏をとなえて、昼夜寤寐《ごび》に怠ることなかりつ。しかれば、となり里の人、みな教信を名づけて、阿弥陀丸とよびつ。しかるに、今夜すでに死にぬ。嫗とし老いて、年来の夫にいま別れて、泣きかなしむなり」（『今昔物語』）とあるのと、対比してほしい。平安時代末における浄土教の葬祭の、農村における浸透ぶりと、その形態を彷彿させる。

中世に入って、天台宗内の二十五三昧講は、しだいに退化したらしい。『長弁私案抄』によれば、一四〇〇年代のはじめ、それは法華経の頓写・漸写とならんで、追善のためのものとなっている。ところで、源信の念仏を、専修念仏にまで徹底させた法然の法流は、二十五三昧講も、さらに徹底させた。一一九二年、後白河法皇臨終のとき、法然は一向専修の念仏をさずけ、ついで一二〇四年、その十三回忌には、蓮華王院において、六時礼讃《らいさん》・浄土三部経による追善をおこなったという。この二つのことを記したあと、弁長は、「これよりのち花洛の諸人は、みなもって浄土宗にて追善を修す」（『末代念仏授手印』）とむすんでいる。葬祭仏教としての、浄土宗の面目躍如である。なお法然の弟子湛空《たんくう》は、法然の没後、かつてかれが再興した嵯峨の二尊院に住み、「寺院を建立し、楞厳・雲林両院の法則をうつして、二十五三昧を勤行し、上人の墳墓をたてて、もはらかの遺徳をぞ恋慕」（『法然上人伝』）したと伝えられている。こうした浄土宗の葬祭は、一二九五年の『野守鏡』に、「このごろの専修の二十五三昧には、観経をよみて、法華経をよまざるあり」とみえ、そのころ、浄土宗の葬祭すなわち二十五三昧、と考えられていたことがわかる。なおそのことは、一四一七年酉誉の著した『浄土三国仏祖伝集』によれば、当時浄土宗は、十四の系統にわかれていたが、そのなかに、「薩生法眼三昧義《ほうげんさんまいぎ》を立て、三昧衆と号す。いまの世の三昧ひじりこれなり。また名づけて御坊ひじりという」と。三昧聖・御坊聖という名がみえる。京都の地誌である『雍州府志《ようしゅうふし》』には、「土葬および火葬をつかさどるもの、これ御坊《おんぼう》と称す。このことはじめ僧徒これを勤む。倭俗に僧を御坊という。近世僧徒葬場の土人をしてこれをなさしむ、ゆえにいま束髪の人といえども、また御坊と称す」としている。おそらく、墓堂をまもる二十五三昧聖《ざんまいひじり》の意であろう。浄土教の系統にぞくする人たちは、二十五三昧をもって、精力的に、あたらしい地方へ、新しい階層へ、と食いこんでいったのである。つまり中世前期において、庶民の葬祭は、浄土宗の手中にあったといえる。一一八一年、京都における飢饉の死亡者、四三、三〇〇人余にたいする結縁供養も、そうした事実を裏書きするものである。

浄土真宗の葬法　真宗の葬法は、存覚・蓮如などによって、十王思想とむすびつけられたので、庶民にとって、親しみやすいものとなった。しかし弥陀を中心として、信心正因・称名報恩をとくその教説は、たやすく葬式仏教化しえないものをもっていた。たとえば禅宗の葬式になれた者には、つよい不満をもたれていた。『甲陽軍鑑』に、つぎのようなエピソードをのせている。かつて甲州において、内藤修理内方の母が死亡したときの話である。この隠居が一向宗だったので、一向宗の僧侶の手によって葬式が営なまれた。みごとに準備された死者の膳について、僧侶たちは、「わが宗のならいにて、御阿弥陀様へよく食を進上申せば、わきわきへは、いらぬことにて候」といって、死者の霊前に膳をそなえることを拒否した。納得しかねた内藤修理は、「亡者かつえば、いかん」と詰問したところ、上人は、「阿弥陀様へさえ食を供ゆれば、それがことごとくの衆生へほどこしになる」と答えたので、内藤修理は合掌して、「さても殊勝なり、他宗にちごうて造作もござなき御宗旨かな。一尊のほどこし万人にわたるとは、珍らしき、まず調法なる一向宗かな」と一応、調子をあわせたので、上人はよろこんで、「さるほどに、わが宗ほど殊勝なるはなし」と有頂点になった。いよいよ配膳のときになると、内藤修理は、自分と上人だけの膳をすえ、のこり百人あまりの僧侶たちには、いっさい膳をすえなかった。これは一体どうしたことかと、彼らがいぶかったので、内藤修理は、「やら、お口のちごうたることかな。上人さえまいり候わば、わきわきの坊主たちは、腹いっぱいと存知候て、かくのごとし」といったという。出棺するまえに、死者を中心として共食するという、ながい伝統を無視して、天くだり的葬法を、押しつけえなかったことを、この事実は暗示している。

五　禅宗の葬法

その古型　まえに述べたように、インドにおける仏教葬法は、七世紀においてさえ、火葬場において、無常経を読誦するという、簡単な宗教儀礼にすぎなかった。それをうけついだ中国仏教の葬法も、はじめのあいだは、きわめて幼稚なものであった。それが葬祭の儀礼を重んずる中国の社会、そしてその宗教的表現としての儒教の影響をうけて、しだいにその形をととのえてきた。ところで仏教のなかで、儒教の葬祭儀礼の影響を、もっともつよくうけたのは禅宗である。現在、私たちが知ることのできる、禅宗葬法のもっとも、古い形は、一一〇三年に編集された『禅苑《ぜんえん》清規《しんぎ》』にみえるものである。『禅苑清規』の葬法は、尊宿の葬法と、亡僧の葬法の、二つの部分からなっている。尊宿とは、仏法の真理を体得した僧のことで、亡僧とは、修行の途中で亡くなった僧のことである。といえば読者諸君は、在家の葬法のないことを、不審に思われるだろう。もともと禅宗の葬法は、出家の葬法だけであった。したがって在家の葬法は、はじめ亡僧葬法をそのまま準用したものである。禅苑清規についてみると、一二世紀のはじめ、禅宗の葬法には、すでに儒教の儀礼のほか、浄土教や密教の影響が、つよくあらわれている。

尊宿葬法のはじめの形は、尊宿と、その弟子たちを弔慰するということに、重点がおかれていたらしく、また亡僧葬法は、修行の途中で早逝した亡僧の心中を察して、仏法の真理を体得するように、仏に祈請するところに、焦点がおかれていたらしい。そのことは、たとえば尊宿遷化《せんげ》の条に、「知事・頭首《ちょうしゅ》・孝子・大衆、喪主とあいまみえ、喪主以下しだいに、あいなぐさむ。もし外人の弔慰するものあらば、外知客《しか》ひいて堂上にいたり、内知客ひいて真前において焼香せしむ。礼をいたしおわりて、喪主・知事・首座《しゅそ》とあいまみえ、幕下にかえりきたりて、孝小師をなぐさむ」とみえ、また亡僧の条には、「霊龕《がん》をおこして荼毘《だび》の盛礼におもむかんと欲す。仰いで尊衆をたのんで、諸聖の洪名を誦し、もって攀違《はんい》を表して、上覚路をたすけて念ず」というあたりに、その性格がつよくでていると思う。

こうした修道中心の禅宗葬法に、いつしか禅僧自体が満足しきれなくなり、浄土教的なもの、あるいは密教的なものを、大胆にとりいれて、『禅苑清規』の葬法ができあがっている。したがって、尊宿葬法においてさえ、阿弥陀仏を十念し、また念仏銭を散じており、亡僧葬法にいたっては、さらに念仏の行事が多くなり、念誦《ねんじゅ》・回向《えこう》においても、浄土・往生というような文句が、ひんぱんにくりかえされている。ところで、現在曹洞宗でおこなっている、たとえば龕前念誦、挙龕《こがん》念誦、山頭念誦などは、禅苑清規の文章そのままである。つまり禅宗の葬法は、十二世紀にほぼ完成し、現在まで、その形式を踏襲していることがわかる。禅宗の葬法が完成した十二世紀は、中国の葬法の歴史のうえでも、そのピークの時期であった。すなわち司馬温公（一〇一八～八六）が、仏教の葬祭を批判した直後であり、朱子（一一三〇～一二〇〇）が、『文公家礼』をあらわして、儒教の葬法を整備した同じ世紀である。

出家の葬法

日本の禅宗の在家葬法においても、出家の葬法である尊宿葬法と亡僧葬法が、その源流であり、それに手を加えて、武家ないし庶民の葬法ができあがっている。まず出家葬法の一例として、尊宿葬法の概要をしるしてみる。①長老が示寂すると、弟子および侍者たちは、さっそく儀礼の掛りである維那《いの》に、そのことをしらせる。維那は大衆をあつめて、「堂頭《どうちょう》大和尚、大衆に伝語す、風火あいせまり、面するにおよばずして違す」というような意味の発表をする。そして維那は、大衆をひきつれて、長老の居室である方丈におもむいて、枕経を読誦し、そのあとで、枕頭に侍っている長老の弟子たちに、ついで大衆は互いに弔詞をのべ、哀悼の意を表する。もし、遺偈・遺誡などがあったならば、寝室の正面に掲示しておく。つぎに維那は、表門の左わきに門牌をたてる。その文は、「山門不幸、堂頭大和尚以本月某日某刻示寂、堂司比丘某甲以訃報告」と。古来、悪書は叢林の瑕瑾とされているので、この場合、なるべく能書をえらぶことになっている。ついで葬儀委員長格の主喪を依頼する。その選択の範囲は、法縁、隣寺、または門主の尊宿が普通であるが、死者の希望があったのなら、それ以外の者でも差しつかえない。そしていったん主喪がきまれば、葬式に関する一切のことは、挙げてその指揮をまつことになる。主喪はその地位につくと、まず諸方に、死亡ならびに葬式の通知をだす。

仏事には、九仏事、七仏事、五仏事、三仏事の別がある。①、本式は九仏事で、入龕《がん》、移龕、鎖龕、掛真《かしん》、対霊小参、起龕、奠茶《てんちゃ》、奠湯、秉炬《ひんこ》（または挙鑁）。そのうち、掛真と小参を略して七仏事、またそのなかから入龕と移龕を略して五仏事、さらに鎖龕、起龕を略して、奠茶、奠湯、秉炬を三仏事という。この四種のどれを選ぶかは、その寺院の大小、長老の貧富、その他いろいろの条件によって決定する。仏事の期間は、五仏事以上は二昼一夜、三仏事は一昼中に終るのをよしとする。②、どの仏事にするかが決まると、つぎには仏事を執行する職員、すなわち仏事師を任命する。職員のなかでもっとも重要な役は、秉炬師（掩土の場合は挙钁師）で、ふつう秉炬師には、現住が遷化した場合には、その本寺の現住を招請する。もし本寺が遠隔の地か、または貧乏寺で本寺をまねく資力がない場合には、本寺の諒解をえて他師を招請するのである。奠茶師、奠湯師などは、隣寺の住職、尊属法類、その寺の門主などのなかから、適当な人をえらぶ。③仏事師をえらんだら、仏事師を助けて仏事をおこなう人々を決めるが、それは、喪司、維那、知客《しか》、侍真、書記などである。

いよいよ葬式をおこなう段取りになる。①、まず入龕である。龕とは棺のことであるから、入龕は、つまり普通にいう入棺のことである。小師（弟子）、師孫、近侍、親随らがあつまって、長老の遺骸を澡浴剃頭し、新衣清浄にして、桶の内に座らせ、桶を棺におさめ、寝室の正面に安置する。龕の正面には一円相をえがいて、正面の標識とする。また、袈裟などで龕をおおう。龕前の卓には、白打敷をかけ、卓上には、花、香爐、灯台、その他、故人愛用の道具などをならべる。②、式場の準備がととのったら、一同参集する。そこで喪司が出て、入龕仏事師をまねいて、龕前の位置につかせる。仏事師は、法語をとなえ、焼香をし、茶湯を献ずる。つぎに、維那念誦、諷経《ふぎん》、回向《えこう》、普同三拝、小師答拝をして、散堂する。③、つぎに棺を寝室から法堂の下間《げかん》にうつす。これを移龕という。室の周囲には白幕を張りめぐらし、故人の道具もみなここにうつす。一同が参集したところで、喪司は移龕仏事師を請ずる。仏事師の、焼香、法語、献茶湯の次第は、入龕の場合とおなじである。おわって、諷経、回向、普同三拝、小師答拝、散堂する。

移龕に引きつづいて鎖龕《さがん》をおこなう。まず、喪司が鎖龕仏事師を請じ、仏事師は中央にすすんで立つ。供真は鎖子を盆にのせて仏事師にわたす。師は鎖子を拈《ねん》じ、法語をおわって供真にわたして鎖却させる。つぎに、焼香、献茶湯、諷経《ふぎん》、回《え》向《こう》、普同三拝、散堂の順序は、まえの通りである。

つぎは故人の肖像を、須弥壇《しゅみだん》のうえにかける、掛真《かしん》の儀式である。式場の準備ができたら、鐘をならして一同をあつめる。まず喪司が、掛真仏事師を請じ、仏事師は中央にすすむ。このとき供真は真幀を盆袱にのせて、仏事師にささげる。仏事師は真幀をうけてこれを拈じ、法語をおわって、これを供真に須弥《しゅみ》壇のうえに掛けさせる。ついで献茶湯、諷経、回向、普同三拝して散堂する。

つぎは対霊小参である。これは、ふつうには火葬の前夜におこなう。この仏事師は、秉炬《ひんこ》師がつとめても、また他師を請じてもよいことになっている。喪司は、小参仏事師の席にいって焼香し、拝請する。両班と大衆が参集し、仏事師は鼓に応じて、棺のまえに進んで焼香し、しりぞいて棺にたいして椅子につく。五侍者もそのあとにならぶ。ついで、五侍者問訊《もんじん》、西序問訊、侍者請法、香垂語、問答、提綱、つねの小参と同じである。掛真・対霊・小参など、いかにも、中国的で、禅宗の葬法らしい。小参につづいて逮夜《たいや》念誦をおこなう。ついで、維那念誦、焼香師献備茶湯、諷経、回向、普同三拝、おわって散堂する。このあとで、故人の弟子たちは、小参師の席にいって謝拝する。

いよいよ火葬の当日になると、大鐘を一〇八ならして、遠近にそのことを報ずる。①、両班・大衆が参集し、喪司は起龕仏事師を請ずる。起龕仏事師の拈香、法語など、別にかわったことはない。つぎに維那の起龕、念誦、諷経。おわって勧請の鼓を奏楽する。②、主喪行者が、列が混乱しないように指揮する。葬場への途中は、道路のひろさによって、三人または二人一列とする。行列のさいの幡は、青・黄・赤・白の彩幡四旒と白幡四旒、紅の仏名幡十旒、白の遺偈幡若干などである。葬場につくと、四門すなわち発心門・修行門・菩提《ぼだい》門・涅槃《ねはん》門を三度まわって、棺を台のうえに安置する。③、喪司が、奠湯《てんとう》仏事師を請ずる。仏事師は設けの位置につく。供真は湯盞をととのえて、奠湯師にわたす。奠湯師はそれを受けとり、深く拈撃して侍真にわたす。侍真はこれを棺前にそなえる。そこで、仏事師は法語をとなえ、焼香をして、自席にかえる。奠茶の式は、奠湯のそれとまったく同じである。④、奠茶湯の仏事がおわると、喪司と維那は、小師総代一名をつれて、秉炬《ひんこ》師のまえにゆき、三拝して請礼を修する。つぎに喪司は龕前にすすみ、法炬を薫じて、これを秉炬師にすすめる。秉炬師はこれを拈提《ねんてい》して、喪司にわたす。喪司はこれを龕前に供える。秉炬師は法語をとなえ、龕前に焼香して、自席にもどる。つぎに維那が、念誦、回向、諷経、回向をし、そして散場するのである。小師、師孫らは、荼毘・掩土、ともに山頭つまり葬場を守護する。荼毘の翌朝、喪司は大衆をひきいて、遺骨を山頭にむかえ、正寝に安置し、安位仏事を修する。⑤、掩土の場合は、位牌を安置する。

在家の葬法　在家葬法の一例として、武家の場合をのべてみる。武家の葬法は、ふつう葬場でおこなわれた。①、葬場は龕堂（柩を安置する堂）と、火屋（火葬場）の二つからなっている。龕堂は、たて・よこ・高さともに四間ぐらい、その中央に、棺を西むきに安置する。棺のまえに肖像画をかけ、向かって右がわに、施主・喪主念誦維那ら、左がわに堂頭《どうちょう》和尚・大衆が位置する。ここで、掛真・鎖龕・起龕の三仏事と、念誦がおこなわれる。②、龕堂から火屋までは、幅四間（約七・二メートル）、長さ一八〇間（約三二四メートル）の荒垣をめぐらした通路があり、そこには筵がしきつめられ、両がわの荒垣のまえには、一間ごとに、槍がかざられる。また、六道能化の地蔵といわれる六地蔵が、安置され、そのま

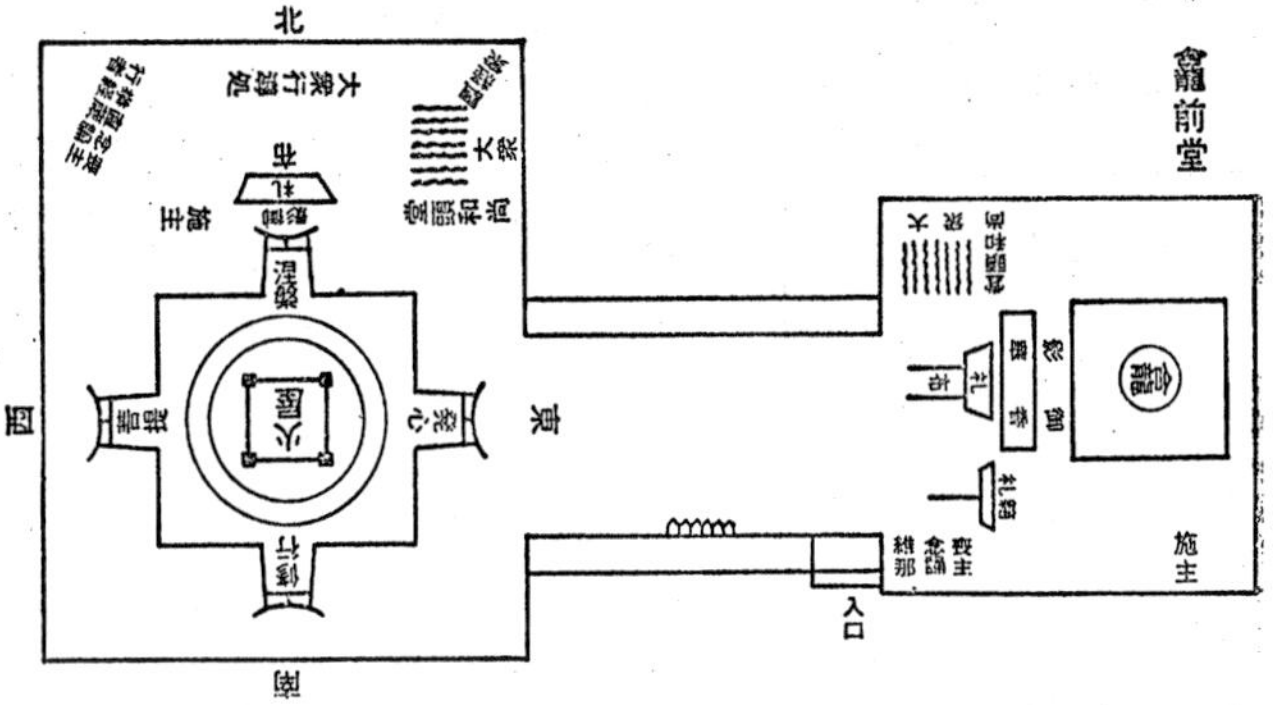

龕前堂と火屋
諸回向清規式（1494 年編）所収。武家の葬法においては新規に葬場が準備された。それは龕前堂と火屋の二つの部分にわかれていた。

えには香華・灯明がそなえられる。③、火屋の周囲は南北五〇間（約九〇メートル）、東西二五間（約四五メートル）の荒垣でかこまれ、中央よりもやや南に、火屋が設けられる。火屋には四つの門があり、発心《ほっしん》門・修行門・菩提《ぼだい》門・涅槃《ねはん》門と名づけられ、火屋の北がわ、つまり涅槃門のまえで、仏事がおこなわれる。その仏事は、奠湯・奠茶・収骨・安骨の四仏事と、下火・念誦である。

　略式になると、龕堂の三仏事は、すべて寺院の仏殿でおこない、火屋では、四仏事だけということになる。その火屋も、ずっと簡素化されて、ただ涅槃門一つだけ、ということになる。さらに略式になると、七仏事が五仏事となり、三仏事となり、それもすべて死者の家で行なわれることになる。したがって、もっとも省略された庶民の葬法ともなれば、まったく形式化し、それだけに、約束ごとが多くなって、本来の意味がわからなくなっている。このあたりに、荘重ではあるが、出家葬法から転用された、在家葬法のもつ欠陥がでている。

なお、正式の掩土《えんど》の法は、「地をほりてあなぐらをつくり、石を切りて底裏にしき、かつ龕様にしたがいて、その畔岸に側立す。塗るに泥粉をもってし、その孔隙をふさぐ。これ俗のいわゆる窀《ちゅん》穸《せき》なり。龕中に椅子をたて、安身跏趺《かふ》して坐せしむ。椅前に机をおき、机上に筆硯・水瓶、平日の資具を陳設す。龕戸鎖封し、かぎは折りてこれを捨つ。龕をあなぐらのなかにいれ、掩うに石蓋をもってす。またそのすきまをぬり、土を掩うて深くうずむ。石浮図をたてて表となす」(『空華日工集』)であった。

葬式仏教化

禅宗は中世後期に、出家的なものから在家的なものへ、つまり坐禅的なものから、葬祭的なものに移行している。このことの理解に便利なように、別表をつくってみた。それは、臨済宗・曹洞宗の語録のなかから、それぞれ中世前期一、中世後期五、をとりあげて、その総ページ数と、坐禅関係のページ数、および葬祭関係のページ数をしらべる、という方法によった。具体的にいえば、坐禅関係には、上

第1表　臨済宗語録中、坐禅・葬祭の比較『大正新修大蔵経』

番号	語録	著者	生没	総頁	坐禅関係	葬祭関係
1	大覚禅師語録	蘭渓道隆	一二〇三—一二六八	四八頁	四四頁	二頁
2	夢窓国師語録	夢窓疎石	一二七五—一三五一	九六	三〇	六
3	大通禅師語録	愚中周及	一三二三—一四〇九	六五	五	一二
4	虎穴録	悟渓宗頓	一四一六—一五〇〇	三三	七	一五
5	少林無孔笛	東陽英朝	一四二八—一五〇四	六五	二〇	二六
6	見桃録	大休宗林	一四六八—一五四九	六六	九	二三

堂・小参・普説・法語を、葬祭関係には、仏事・下炬をいれた。

　まず表（1）臨済宗についてみる。①においては、そのほとんどが坐禅関係であり、わずかにみえる葬祭関係法語も、すべて僧侶のものである。②になると、葬祭の比重がたかまり、それも足利氏はじめ上層武士のものが多い。南北朝期である。③にいたって、坐禅と葬祭の比重が逆転する。十五世紀はじめである。居士《こじ》・大姉《だいし》・信士・信女のほかに、禅門・禅尼といった戒名《かいみょう》がでてくる。禅門・禅尼という戒名は、まだ必らずしも庶民のそれとは限らぬが、それにしても、その量的増大は、庶民層への進出を思わせる。ところで臨済宗においては、そのごも坐禅が、かなりの比重をもちつづけている。このあたりに、五山十刹諸山の制度によって、京都文化の伝統にひきずられ、庶民化しきれなかった臨済宗の性格が、よくでている。

　つぎに曹洞宗について。表（2）の①では、ほとんど全部が坐禅関係で、葬祭関係はすくなく、

第2表　曹洞宗語録中、坐禅・葬祭の比較『曹洞宗全書』

番号	語録	著者	生没	総頁	坐禅関係	葬祭関係
1	永平広録	永平道元	一二〇〇—一二五三	一一六頁	一一五頁	一頁
2	通幻禅師語録	通幻寂霊	一三二一—一三九一	三三	一七	一五
3	器之為璠禅師語録外集	器之為璠	一四〇四—一四六八	六一	〇	三六
4	川僧禅師語録	川僧恵済	未詳—一四七五	八一	一	六二
5	円通松堂禅師語録	松堂高盛	一四三一—一五〇五	一三八	四	四九
6	菊隠和尚下語	菊隠瑞潭	一四四七—一五二四	五〇	〇	二九

それも恩師・弟子・両親の忌日におこなう上堂法語である。②において葬祭の比重がたかまる。南北朝期である。③になると、坐禅と葬祭の比重が、みごとに逆転する。応仁の乱直前である。外集という特殊事情もあるが、しかし考えてみると、外集だけつくられている事実にも、一五世紀中葉、いかに葬祭が重視されていたかがわかる。そうした傾向は、その後もつづき、この宗門において坐禅は、なきにひとしい状態となった。④の坐禅関係は、総持入院法語という形式的なもの。⑤では、上堂法語は半頁にすぎない。つまり一二〇〇年代の前半には、ほとんど一〇〇パーセント坐禅であったものが、一三〇〇年代に葬祭に方向転換をはじめ、一四〇〇年代には、ほとんど一〇〇パーセント葬祭宗教化している。このようなみごとな転換を、敢えてしたことによって、曹洞宗は、臨済宗よりも、郷村の宗教として多幸な前途を約束されたといえる。

六　葬式と迷信

死霊のたたり　封建社会において、仏教の葬法は、なぜ庶民のなかに浸透したのであろうか。その理由として、つぎのようなことが考えられる。①、民俗のなかに、愛情と恐怖の感情の入りまじった葬式の風習が、すでに存在していたこと。②、まえのことと関連するが、死霊のたたりを恐れる信仰が、庶民のあいだに根づよく存在していたこと。③、かてて加えて仏教が、地獄・極楽・十王思想などの宣伝につとめたこと。などのためであろう。したがってその葬法は、多分に呪術的であった。①と③については、すでに説明したので、②について解説してみる。

一四六七年ごろから一六六五年まで、仏教が農民に強い関心をもちはじめたころ、農村には、いかなる施設があったかを考えてみよう。仏教的なものとしては、観音堂・薬師堂・阿弥陀堂などの堂があった。しかし主力は、あいかわらずお宮で、それらは自然神を廟化したもの、つまり雷・蛇・石・泉などに復元できるものであった。国造のまつった国造神、また荘園領主や武士たちによって農村にもちこまれ、農民が信仰を強要されていた八幡・春日・天満・日吉などの神々にしたところで、その核をなすものは、とりもなおさず自然神であった。たとえば菅原道真などの、人格神にしても、私たちが普通に考えているように、文学の神としてまつられたのではなく、たたる死霊という、自然神的視点において、まつられていたのである。

一五七一年の『耶蘇会士日本通信』に、「数おおくの笑うべきものを尊崇す。悪魔は、かれらを導きてここに至らしめたるなり。すなわち、あるものは狐、他のものは蛇・鹿・木石を拝す。これにまさりたる盲目、なかるべきこと疑いなし。これらの笑うべきものは、おおく質朴無知なる人の崇拝するところにして、さらに知識あるものは、まえに述べたる偶像、その他類似のものを尊崇し、あるいは生死のほか何物もなく、地獄・悪魔・霊魂、または何ものも現世ののちに存せずと信じ、よって各種の罪悪に身をゆだぬ」と、知識層の一部が、無神論者であることとは正反対に、庶民の大部分が、自然崇拝的段階にとどまっていたことを、暴露している。一五六五年のものにも、「太陽・月および星を拝し、木・石・蛇・狐、および亀、その他おおくの物をおがむ。その風俗においては、かくのごとく開らけたる国民が、その救いのことにつきては、かくのごとく盲目にして、木石および人の手につくりたる像を拝するは、歎息すべきことなり」としている。この牢固とした、むしろ本能ともいうべき自然崇拝的心理と、宗祖の精神をいかにむすびつけるかに、伝道の成否はかかっていたのである。死霊を恐れる信仰は、その後もずっと生きており、つぎつぎに新しい霊神がつけ加えられていった。人吉藩の場合をとりあげて、そうした信仰の実態を究明してみる。史料は、一六九九年完稿の『球磨《くま》郡神社記』である。

御霊信仰　平安時代に創建されたと推定される神社は、山田領左右村の山王権現と、深田領阿蘇宮ちかくの山王権現日吉社だけである。天台宗寺院のそれも、荘園の鎮守として勧請されたものと考えられる。

中世に、武士によって勧請されたものに、八幡と諏訪がある。また同じく中世型のものに、阿蘇と霧島、そして熊野などがある。これらは、いずれも修験道系のものと思われる。阿蘇社は阿蘇山系の山伏がもちこんだもので、霧島社は市房系の山伏が建立したものであろう。市房山は、もと自然神の霊場であったが、中世には修験道の道場となり、はじめはおそらく熊野系であったものが、阿蘇と対抗する関係上、霧島化することになったのであろう。

しかしここで注目すべきものは、何といっても自然神である。山神・雷神・洞窟神・水神・霊神・野狐神など多いが、とくに注目すべきは、霊神である。『球磨郡神社記』に四一社をあげているが、その社名と霊神名は、つぎのごとくである。

青井竜王（相良長祇）・人吉若宮（菊池夫妻）山田大王（平川義高父子）・藍田大王（矢瀬および妻子）・青井今宮（矢瀬舎弟）・薩摩瀬禰宜嶋神社（相良祖）・西村新八幡（相良治頼）・青井慈悲権現（普門寺盛誉と母）・青井大王（矢瀬主馬之佑）・藍田今宮（相良頼泰父子）・大村一条妙見（相良頼俊夫妻）　人吉於津賀（矢瀬主馬）・山田若宮（山田地頭祖）・小山田大王（平川義高父子）・中神川嶋大王（矢瀬主馬）・渡熊太郎神社（矢瀬以前の城主幼子）・木上荒田大王（平川義高）・深田東大王（平川盛高夫妻と子）・深田西大王（深田地頭夫妻）・深田地王（流鏑馬射手）・上村正宮八幡（上村頼孝）・上村若宮（相良長種）・上村東大王（永里地主）・上村今宮（相良長定）・上村父母神（阿蘇山伏）・上村山上八幡（相良頼孝ら）・上村大王（相良頼継）・中島治頼八幡（相良治頼）・岡本正八幡（相良頼春）・久米新八幡（相良治頼と母）・岩野若宮（相良玄蕃）・黒肥地若宮（相良頼観と頼仙）・黒肥地新八幡（相良頼景）・黒肥地大王（平川高実）・黒肥地荒岳（相良定頼）・多良木新八幡（相良治頼）・築地池王（戦死の敵兵）など。八幡・権現・今宮・若宮・大王・竜王・池王などの社名を、唱えているものの多いことも、注目していいと思う。八幡といっても、応神天皇のことではない。

霊神は、どのようにして生れたのだろうか。不遇な死に方をしたものが、たたりをするので、それを神に祀ったのである。たとえば相良一族の場合でも、祖神形態ではなく、自然神形態をとっている。二、三の実例を示してみれば、青井本殿わきの聖権現は、「昔日廻国のひじり、密通して室女をぬすむ。ついにともに害せらる。この霊鬼、邪祟をなす。ゆえにこれを祭る」とか、「大家連枝の女、他郡に嫁を約す。しかれども国乱れ、境へだてて婚儀ならず。これによりて、その郡の使者、行脚の聖をして、この女をぬすましむ。ことあらわれて、ついにこれを捕えて害す」とかいう、無名の廻国ひじりが、霊神となっている事実に注意してほしい。人吉高城の於津賀明神は、「人吉荘は、平相国の弟、池の大納言頼盛卿の采邑なり。このとき矢瀬氏在城す。平氏没落ののち、建久九年戊午長頼公入部して、源将軍より御教書拝賜の旨をつぐといえども、なお塁を堅くして降らず。ときに平川某・最所某、嚮導してこれをせむ。矢瀬氏やぶれ走り、ついに城南胸川の上中島にして自殺す。この所いまにいたりて矢瀬が津留と号す。その寃魂ははなはだたたりをなすゆえ、城中に一祠を建立してこれをまつる。御墓大明神と名づく。元和年中、社司夢想によって、御墓の字を於津賀とあらたむ」というのである。矢瀬主馬という悲劇的な人物が、平川一族とともに、しばしば霊神として崇敬されている。

とにかく一郡内に、土地でうまれた霊神が四一社も存在していたこと、しかもその大半が中世後期に生まれたものであることは、注目すべきであろう。明治維新まで真宗を禁止していた、僻地人吉においてとらえた、一六九九年の宗教断面である。ところで、なぜ死霊は神となったか。『藤葉栄衰記』に、一つの興味ある話をつたえている。一四四四年のこと、岩代国（福島県）岩瀬郡須賀川城主の娘が、政略結婚の犠牲者として、新領主二階堂為氏の新妻となったが、父と夫の不和のため、破鏡のなげきをみることになり、それを苦にして、新妻は自害した。その後幽霊となって、毎夜夫のまくらもとに立った。修験行者・陰陽師・諸山の名僧などの加持も、すべて効果がない。そのうち為氏も病気になったが、これまた巫覡《ふげき》の祈禱も、医者の治療も、一向にききめがない。そこで、神として祀ることになり、神社をたててこれを姫宮と称した。いっぽう菩提を弔うため、追善の大法要をおこなった。高台に一三の塚をついて、卒塔婆をたて、その塚のまえで、のちの長禄寺開山、月窓和尚を請じて供養したという。そこで幽霊も出なくなり、為氏の病気も全快した。つまり怨霊がたたる場合、それを封ずる有力な方法として、神にまつることとならんで、追善の大法要を催すことが、問題とされていたことがわかる。

したがって、近代社会において、死霊のたたりを恐れるという信仰がうすくなり、地獄・極楽という古代的世界観が、その権威をうしなうと、封建的な葬法、つまり自然信仰にたいする呪術という形では、仏教葬法の存在意義が、稀薄にならざるをえない。そこに、近代的ヒューマニズムの精神によって、補強する必要があったのである。そしてそれを怠っていたところに、現在における仏教葬法の危機がある。

陰陽道の迷信　陰陽道が、農村において歓迎されたので、平安時代に地方に進出した僧侶のなかには、陰陽師を兼ねるものが少なくなかった。一〇世紀のなかごろ慶滋保胤《よししげやすたね》（寂心）は、播磨国において、法師が陰陽師の紙冠をかぶって、お祓いをしているのをみて、「汝は、なんで仏のお弟子となってのちに、祓殿の神くるしみたまうといいて、如来の禁戒をやぶって、紙冠をばするぞ。無間地獄の業をつくるにはあらずや。悲しきことなり。ただわれを殺せ」とつめよったとき、法師は、「のたまうことは、きわめたることとわりにはべり。しかれども世をすごすことの、ありがたければ、陰陽の道をならいて、かくはべるなり。しからずしては、何のわざをしてか、妻子を養い、わが命をも助けはべらん」(『今昔物語集』)と答えている。こうした話は、『今昔物語』その他に、いくつかみえている。

一四世紀のはじめ、叡山の光宗は、「当代の真言師は、現行の一偏のみ」ときめつけ、さらに、「事相の真言師は、三代になれば、陰陽師になるなり」(『渓嵐拾葉集』)としている。つまり陰陽道は、古代から中世前期にかけては、宗派的には真言宗、地域的には農村に、しだいにその勢力をのばしていたことがわかる。

一五世紀のはじめ、暦博士賀茂在方は、「近代末葉みな名を道にかかり、利を巷にもとめるの流、この暦をうつす。暦をもって世をわたるの資となすのみ。これあに国家の重器をもって、商売の軽物に類すべけんや」(『暦林問答集』)と。当時、民間に陰陽道が流行したことを記している。

しかし一五世紀はじめまでは、まだしもであった。一五世紀の後半になって、陰陽道を支持してきた貴族が没落し、郷村制が確立するにつれて、陰陽道もまた、そこに進出することとなった。そして、同じく郷村を目ざした神道や仏教と、たがいに影響しあい、救いがたい迷信に転落していった。そのころできた陰陽道の聖典が、『簠簋《ほき》内伝』である。この書物は、平安時代きっての陰陽師、安倍晴明(一〇〇五死)の著作とされているが、それはあやまりで、戦国期に作られた偽書である。おそらく一四八九年以後のものであろう。その理由は、神吉日の下吉日丙午の条に、「吉田大明神に、はじめて開白官をたまわり、日本の神主領となしたまう日なり」とみえていることによって明らかである。

一四〇〇年ごろ

陰陽道のながした迷信の中心は、日取りと、方位である。仏教のとくに葬式にかんする迷信は、どんなものであったか、そしてそれは、どんなに変って行ったかをしらべてみよう。はじめに一四一四年の序文をもつ、賀茂在方の『暦林問答集』をしらべてみる。①、大将軍の方位にむかって、葬送してはいけないことになっている。大将軍というのは八将神の一つで、この神の方角は、三年ふさがりの方として、すべてが悪いことになっている。『左経記』長元八年（一〇三五）八月九日の条に、「今夜武衛葬送云々。件の葬所、大将軍の方にあたるか」とみえているので、一一世紀ごろすでに、問題にされていたことがわかる。②、滅門・大禍・狼籍・羅刹の四か日は、灌頂・受戒・習経・出家・修道・入寺・供仏・立寺など、仏教に関することには、すべて凶であるとされる。③、八専日には、仏事供養をすべきではないという。それは冥衆が、ことごとく天にのぼるので、下界において仏事を行なっても、聖衆の回向がないというのである。この八専日のことは、『吾妻鏡』貞応二年（一二二三）六月一二日の条にもみえている。

一五〇〇年ごろ

一五〇〇年ごろは、陰陽道・神道・仏教の習合が、もっともさかんにおこなわれた時期である。その前後にできたと思われる『ほき内伝』には、つぎのような多くの迷信が、顔をならべている。①、金神七殺の法。金神とは方位の神で、その神の方位に向かって、土木をおこし、または旅行をしたり、嫁とりをしたりすることを忌む。内伝には、「右この金神は、巨旦大王の精魂なり。亡魄遊行して、南閻浮《なんえんぶ》提《だい》の諸衆生を殺戮《さつりく》す。ゆえに、もっともいとうべきものなり」と。②、十死一生日・人を弔《とむ》らわざる日には、葬式をおこなってはならないという。内伝に、「右この二日の日取りは、死人を出し、葬礼をいたすなどに凶。あえて死人を弔することなかれ。故にはなはだこれを禁ず」と。③、五墓日も凶日とされている。内伝に、「もっぱら墓の一字をもって、深くこれをいとう。故いかんとなれば、墓は死体を埋むる塚なり。人間の父母肉親破壊するところなれば、もっともこれを凶とす」とみえている。

しかし『内伝』には、仏教関係の行事をおこなう吉日として、三方吉日の項をもうけ、それを上・中・下にわけており、さらに彼岸の条には、「一七日のあいだ、日はるかに薬師眉間の白毫瑠璃殿上をはなれ、西方弥陀上品上生の八葉蓮台に傾きたまう日なり。衆生もっぱら願行すべきものなり」としていることは、注目すべきであろう。

一四九四年の諸回向清規式には、葬式の場合、葬式の凶なるものを三つ、日取りの吉なるものを五つあげている。①、まず凶は、金神七殺の方で、「大凶、死人この方にいだせば、その家中七人、年内にいずる方なり。忌むべし」と。②、四魔所在大凶方。たとえば正月と、五月と、九月は、四魔が東の方にいるので、その方にむかって葬式をだしてはならぬという。③、三鏡図。この日に葬式をだせば、六人ないし九人死ぬというのである。「八竜王、春甲子、乙亥、この日葬送八人死す。七鳥日、夏丙子・丁亥、この日葬送すれば七人死す。九虎日、秋庚子・辛亥この日葬送すれば九人死す。六蛇日、冬壬子・癸亥、この日葬送すれば六人死す」と。葬式にかんする吉日としては、「掩土入塔吉日吉時、死人出すべき通用日、また亡者を出す時刻、弘法大師無縁葬の次第」などがみえている。

友引の迷信　この日葬式をおこなうと、他人の死を誘うというので忌まれている。

友引は、陰陽道でいう六曜の一つである。六曜の迷信は、室町時代に中国から輸入されたものといわれ、その原型は、大安・留連・速喜・赤口・小吉・空亡で、赤口・空亡が、悪日として忌まれていた。江戸時代には、その名称をなまって、泰安・流連・則吉・赤口・周吉・虚亡としたものと、名称、順序ともにかえて、先勝・友引・先負・仏滅・大安・赤口としたものの二通りがみえている。友引は留連にあたるらしい。そして友引は、何事をしても相曳きといって、勝負なしという日とされていた。その日取りは、旧暦によるのであるが、正月と七月は、二・八・一四・二〇・二六日、二月と八月は、朔・七・一三・一九・二五日、三月と九月は、六・一二・一八・二四・晦日、四月と一〇月は、五・一一・一七・二三・二九日、五月と一一月は、四・一〇・一六・二二・二八日、六月と一二月は、三・九・一五・二一・二七日である。友引と葬式との関係は、一七三三年ごろには、「未の日、巽の方に葬る。これ友引なり」（『宗建卿記』）とされ、日取りと方位をむすびつけたもので、現在のそれとは、かなり違ったものである。六曜の一つとして、葬式の日取りについての迷信化したのは新しく、一九世紀も三〇年代以降のことといわれている。

第三部　追善と墓地の発想

日本においては、新亡の霊をアラミタマといい、たたりの可能性をもつ危険な霊と考えた。そしてそれがミタマという祖霊に帰一するまで、遺族は厳重なアライミに服する民俗があった。この民俗とむすびついて、仏教の中陰仏事は伸びている。また祖霊に帰一したミタマを、年二回まつる民俗があった。この民俗にむすびついたのが、盆行事である。現在、仏事・盆行事などに、仏教では説明のつかない部分がおおいのは、そうした民俗がつよく残っているためである。

仏教の追善仏事は、インドにおいては中陰、つまり七七四十九日までであった。中国において百カ日・一周忌・三年忌が加えられて十仏事の型ができ、それが日本に伝えられた。日本においては、さらに十三仏事・十五仏事と添加され、それだけではなく、生前に十仏事・十三仏事を修する逆修が、さかんに行なわれた。

墓標に石をたてることは、一一世紀ごろからのことらしい。それ以前は土まんじゅうを、かなりの高さにつきあげ、そのうえに小さな自然石をおく程度であったらしい。『餓鬼草紙』によれば、一つの墓地に、そうした在来型のもの、三本の木の卒都婆をたてたもの、五輪塔をしつらえたものが混在している。中世においては、支配者の墓地として、宝篋《ほうきょう》印塔・五輪塔、僧侶のそれとして卵塔が普及した。庶民の石塔が一般化するのは、近世になってからのことである。

一　追善の民俗

墳　墓　墓は遺骸や遺骨を葬った葬地であるとともに、その霊魂をまつるための祭地でもある。しかし庶民のあいだでは、古くは遺骸・遺骨を尊重する考えはうすく、むしろそれらを遠くに隔離しようとした。それが墓地と祭地とを別のところにおく、両墓制を生んだ原因である。両墓制にたいして、普通のそれを単墓制という。

墓は、一般に部落からはなれた山辺・野辺・海辺などに設けられることが多かった。また近くに無人島をもつ海岸の村では、そこに墓地をえらぶ例がめずらしくなかった。それらにたいして、屋敷の片すみに墓を設ける風習をもつところもあるが、その起源は比較的新しいものと考えられている。寺院の境内に墓を設けることは、平安時代にはじまり、室町時代の後期から庶民の墓地も、そこに設けられるようになった。死の忌み・死のけがれを怖れる気持のつよい日本においては、死骸の処置は厄介な問題であった。したがって忌み・けがれを厭わぬ宗派ができて、墓を管理するようになったことは、わが墓制史上における重大な問題であった。とにかく古くは、墓は人の住居からはなれたところに設けられたが、そこに二十五三昧講などの墓堂が建てられて、寺院がしだいにそれらの墓地を管掌するようになった。

墓には山辺・野辺などに設けられたものと、寺院に関係あるところに設けられた墓地とがある。前者をノベ・ヤマ・死出の山・後生《ごしょう》山・ほふりざきなどの名称でよび、後者には三昧《ざんまい》・卵塔場・蓮台野などの名称をもったものが多い。

庶民の葬地に石碑をたてるのは江戸時代からのことで、その歴史はきわめて新しい。古くは葬地に墓じるしを設けるとしても、手ごろな石を一つのせておくとか、木を植えるとかする程度で、それすらしないで埋葬した場所が、すぐわからなくなることが多かった。そして霊魂をまつる度ごとに、生木などを立てていたのが、木の卒都婆《そとば》となり、板碑となり、そして今日にみるような石碑にまでなった。そして、それは、そのまま、庶民の遺骨を尊重する観念の成長した過程をしめすものでもある。

両墓制

葬地を第一次の墓地、祭地を第二の墓地とするならば、第一次の墓地は第二次の墓地にくらべて、村里から遠くはなれたところにある場合が多く、山林・谷の奥・野のはずれ・砂浜などがえらばれている。第二次の墓地は、いずれも人里ちかい所に設けられ、寺院や仏堂の境内に設けられているものが多い。第一次の墓地は、多くは部落の共有地で、それぞれの埋葬地点は、無視されるか、あるいはすぐに忘れられて、他の遺骸がそこに葬られていることが少なくない。両墓制のおこなわれているところでも、ちかごろでは遺骨を尊重する気持がつよくなり、第一次墓地の骨を掘りあつめて、家ごとの寄せ墓をつくるとか、あるいは墓地の上に石碑を建てるということが、おこなわれている場合もすくなくないが、第一次墓地には永久的な墓標を設けず、せいぜい小型の自然石を塚の上におく程度のところも、まだ多い。これに反して、第二次墓地にはほとんど例外なく、石碑がたてられている。また第一次の墓地にまいる期間は、きわめてみじかかったもののようである。埋葬後には再びそこに詣らぬとか、翌日まいるだけとか、あるいは一七日までとか、または七七日までとかしか詣らず、以後一切の供養は、第二次の墓地ですませるという例が多いようである。ところで現在、両墓制は全般的にみて衰微の傾向にあるとみていい。その理由としては、死をけがれとする考え方が衰えたこと、それとは反対に遺骨を尊重するという観念が普及したためであると考えられる。なお火葬のおこなわれている地帯には、両墓制が存在しないという事実も注目すべきことであろう。

忌服

忌服とは、近親者が死亡した場合、遺族の者が、一定の期間喪に服することをいう。忌服は喪屋《もや》の生活につながりをもつもので、喪屋の生活とは、遺族たちが、一定の期間、遺骸とともに、またはその近くに、忌みごもりすることをいう。日本においては、きわめて古くからおこなわれたことで、たとえば、アメノワカヒコのために喪屋をつくって、八日八夜にわたって泣き悲しんだことが記紀にみえている。平安時代にも、鳥辺野《とりべの》のちかくに霊屋をつくって忌みごもりしたという記録が残っている。こうした習俗を、ごく近いころまで伝えてきた地域が、いくつかある、たとえば伊豆の大島では、最近まで墓地に忌屋《いみや》と称する仮屋をつくり、死者の子供たちは、棺を結んだ白木綿《しろもめん》を帯にして、五〇日間そこで別火の生活をし、海にも畑にも出なかった。

喪屋の生活は、現在行なわれていないが、中陰におけるいろいろの伝承のうちに、喪屋生活の遺風をしることができる。通夜《つや》や喪服《もふく》の制度にも、喪屋生活の名残があるといわれている。そしてまた墓地の設備にも、喪屋の遺風をうかがうことができる。それは墓を掩うために建てられた屋形で、その多くは小型のものになっており、モヤ・タマヤ・スズメドウなどいろいろの名前でよばれている。もともと遺族のものが、そこにこもったのであるが、そのことが絶えてのち、その名称は形ばかりの墓の掩いとなって残っているというわけである。

死後四十九日を忌中といい、四十九日をもって忌明けとするのが普通である。もとは五十日であったのを七日目ごとに仏事がおこなわれて、こうした日取りにかわったのであろう。中陰の間にも、七日目ごとに区切りがあり、忌がしだいにうすらいで行くとも考えられている。そして忌明けの行事を二十一日目、あるいは七日目、なかには葬式当夜だけで精進を切りあげる者さえ多くなった。喪屋の生活は忘れられ、社会の急激な変化は、ながい忌みの生活を不可能にしたのである。ところで忌明けとは、忌にこもって死者とつながった食事をとっていた人々が、普通の生活にもどることである。この日に餅をつく風習もひろく行なわれているが、それは四十九日間、屋根の棟にとどまっていた死者の霊魂が、餅つきの音をきいて、遠い国へ去って行くのである、という解釈が行なわれている。この日に形見わけをする家や、位牌を寺へ持って行くところが多い。

お盆

お盆の行事は、七月一三日の夕方にはじまり、一五日または一六日までという地方が多い。しかしなかには七月朔日を釜蓋朔日または地獄の口明けなどとよび、地獄の亡者が出てくる日といっているところもある。また盆道づくりといって、墓地から家までの道路の草刈り掃除をし、土地によっては村境や山の頂きまで道の草をはらう。それが精霊の通路と考えられていたからである。とにかく盆の行事は、七月のはじめに、はじまるものと考えられていた。しかし京阪地方などでは、七月七日を盆行事のはじめのように考えているところも多い。またこの日を七日盆というところもある。盆のおわりも、二〇日とするところ、また三〇日までを盆として、灯籠をともしておくところなどもある。

お盆には、家々で盆棚をかざって精霊を迎える。仏壇をそのまま利用するのは新しいやり方で、座敷もしくは庭先などに棚を組み、そこで祭りをするのが、より古い習俗である。供物は、なすや瓜を細かくきざんで水鉢に入れ、それに洗米をまぜたものである。みそはぎを束ねたもので水をそそぎかけて、精霊をおがむのである。盆棚の一階またはそのかたわらに、あるいは別々に、無縁棚を設けて、無縁仏のために供物をするのが、一般の習俗である。新盆の家は、特別なつつしみを守るところが多く、土地によっては、新盆のときだけ盆棚をつくる。

一三日の夕方と一五日の夕方に、迎え火・送り火といって、門口や墓などで火を焚くのは、全国的な習俗である。また、村共同で、山頂で火を焚くところもある。そして、この火をまたぐと病気にならぬともいわれている。

お盆には盆踊りがひろくおこなわれている。その目的には、霊魂を慰める意味と、無縁仏や餓鬼などとよばれるものを送り出す意味が、まじっているものと考えられている。

精霊をまつるのは、お盆だけではなく、正月一六日あるいは一八日ごろに祭る習俗がある。盆をタママツリとよぶのに対して、それをミタママツリという。盆の精霊と正月のミタマとは、もともと一つのものの日本語・中国語である。先祖を祭ることが、主として仏教の役割となったために、神仏を区別する必要から、とくに正月の前半をさけて、そのあとにおこなうようになったものと考えられている。ミタママツリのことを仏《ほとけ》の正月・仏の年越し・先祖正月などともいう。

二　墓地と石塔

墓地　平安時代に、貴族はそれぞれ一門の墓地をもっていた。たとえば藤原氏の墓地は木幡山にもうけられていた。一〇一八年の記録によれば、「先祖木幡山をしめて藤原氏の墓所となす。よって一門の骨をかの山におき奉る」(『小右記』)とみえている。そしてたとえ藤原一門の者の妻となっても他姓のものは、ここに葬ることをゆるされなかった。一一一四年に亡くなった藤原師実の妻麗子は、木幡山に葬ることをゆるされず、その生家である源氏の墓所つまり、「源氏の人々の骨墓所」(『中右記』)に葬られた。鎌倉時代には、武士もそれぞれ独自の墓地をもっていた。たとえば北条氏のそれは、鎌倉の東勝寺にあった。

平安時代に、庶民は勝手に墓地をつくることをみとめられず、共同墓地に葬ることになっていた。八七一年の記録によれば、京都における庶民の墓地は、葛野《かどの》郡と紀伊郡とに、それぞれ一カ所ずつあった。「件等の河原これ百姓葬送の地、放牧のところなり」、また「その四至のほか、もし葬歛するものあれば所由をたずねて糺責せよ」(『類聚三代格』)と記されている。なお『源氏物語』には、オタギの墓地のことがみえている。ここには珍皇寺という寺があった。おそらく墓堂が建立され、のちそれが昇格して寺院となり、さらに弘法大師の開創ということになったのであろう。『山州名跡志』に、「このところは最初鳥辺《とりべ》野《の》の無常所にして、いまなお六道の名あり。六道と号するは、いわゆる地獄・餓鬼・畜生・修羅・人・天なり。このところはすなわち、もろもろの

土饅頭
一遍上人絵伝（1299絵）所収。そとば造立以前の墓。墳丘の上に松などを植えた。

亡者のために開くをもってこれを名づく。桓武天皇平安城をひらき給うとき、諸人の墓所とさだめたまえり。その掟このところにて引導諷経《いんどうふぎん》して鳥《と》辺《べ》野《の》に送りしなり。毎年秋七月九日より、一〇日にいたりてここに詣で亡魂を迎ゆるというは、この遺風なり」と記されている。

墓　堂

平安時代、墓地にはすでに二十五三昧《ざんまい》の墓堂が建立されていたようである。時代は少しくだるが、『吾妻《あずま》鏡』によれば、平泰頼はかつて尾張の国に在任したとき、源義朝の墓が、追善をするものもなく、あれはてていたのを見て、水田三〇町を寄附し、小堂を建て、六口の僧をして不断念仏を修せしめ」たというので、一一八六年源頼朝の恩賞にあずかったことが見えている。また一二二三年、石清水《いわしみず》八幡の宗清法印は、先師であ

三本そとば
餓鬼草紙（鎌倉初期）所収。平安時代から土饅頭の上に三本そとばを建てることがはじまった。墳丘が低平化しはじめた。

五輪塔
餓鬼草紙（鎌倉初期）所収。初期における五輪塔の築造状態をしめすものとして興味ふかい。

る検校勝清ら三人の墓地に墓堂を建て、「阿弥陀・観音・勢至等の像を安置し奉るべし。僧侶二口を定めおきて、恒常不断の念仏をとなえて永代無窮の善根を修せしむ」とし、そして墓堂には、「近隣在家のともがら、農夫田夫の客、男女をきらわず、老少をえらばず、称名の念仏をすすめて、極悪の衆生をわたさん」（貞応二年宗清法印立願文）と、附近の農民たちのために、その墓堂を開放して、称名念名をすすめることとしている。ともに二十五三昧系統の墓堂であろが、そうした墓堂が、浄土信仰を農村に浸透させる、一つの拠点となっていたことを思わせる。

石塔　くわしくは、石卒都婆《そとば》、石塔婆、石浮図、石浮屠《ふと》につくる。はじめ仏舎利を安置するためにつくられ、のち多く墓標の意に用いられ、墳塔、墓石、墓碑、石碑などともいう。六九一年義浄のあらわしたインド旅行記、『南海寄帰内法伝』に、「あるいはその設利羅をおさめ、亡人のために塔をつくるあり、名づけてくらという。形は小塔のごとく上に輪蓋《がい》なし」としているので、印度においてはすでに七世紀において、墓塔の制度のあったことがわかる。中国においても、仏教伝来後、墓標を建てるようになった。すでに『灌頂経』には、「もし人命終せば、おくりて山野に着し、墳塔を造立す」とみえている。

日本においては、仏教伝播とともに、しだいに石塔が造立されるようになった。古いところで

五輪塔（右）
鎌倉極楽寺にある良観房忍性（一三〇三没）の墓。基礎からの総高三五五センチ。
宝篋印塔（左）
鎌倉覚園寺墓地にある一三三二年建立された開山智海心慧国師の墓。総高三七〇・六センチ

は、『諸寺縁起集』多武峯《とうのみね》の条に、定慧（七一四寂・年七〇）が、父藤原鎌足のために石塔を建てたことを記して、「かの墓所にまいりて、遺骨を掘りとり、みずから首にかけて多武峯にのぼり、十三重塔の底に安ず」としている。また現在、大和の竜福寺境内にある層塔は

層塔（右）
鎌倉西方寺跡にある上杉憲方（一三九四没）の墓と伝えられる七重塔。総高二九二センチ
宝塔（多宝塔・左）
鎌倉木沢氏地内にある一三二七年、三三年忌に建てられた宝塔。総高一一八・三センチ。

上層が破損して、ただ三重だけが残っているが、その初層に天平勝宝三年（七五一）従二位竹野王の刻銘があることから考えて、当時層塔が建立されていたことを、知ることができる。平安時代になって、層塔はもっとも多く造立され、その後各時代を通じておこなわれた。

無縫塔（卵塔）
鎌倉建長寺境内にある開山大覚禅師蘭渓道隆一二七八没）の墓。総高一一三センチ。

層塔にもいろいろな種類があったが、最もひろくつくられたのは、多宝塔のようである。『法然上人行状画図』に、「公全律師は二尊院のうえに多宝塔を建立す。上人の御骨をおさめ奉り、不断念仏を勤修す」と記されている。多宝塔は鎌倉時代に多く造立されたようで、豊後の岩戸

板碑（宝篋印塔）
鎌倉長谷寺に保存されている一三〇八年の光明真言供養塔。総高二六六センチ。

板碑（阿弥陀名号）
鎌倉国宝館内に保存されている一三五二年の逆修塔。総高一一二センチ。

寺に一二八三年、大和来迎寺に一三一〇年、豊後照恩寺に一三一六年の刻銘のある多宝塔が現存している。

五輪塔

鎌倉時代前期からさかんにつくられたことは、『餓鬼草紙』『法然上人行状画図』『十界図』などの絵巻物によっても知ることができるし、現存の石塔にもしばしばこれを見ることができる。しかしそれが最も流行したのは、鎌倉時代後期から室町時代にかけてのことである。鎌倉極楽寺のヤグラから、一四世紀ごろのものと思われる多くの五輪塔が発見されたが、そのなかに、下に骨壺をもっているものがあり、明ら

かに五輪塔が墓標であったことを示している。また大和室生寺《むろおでら》の五輪塔の下にも、骨壺が発見されている。室町時代においては、墓標といえば、すぐ五輪塔というくらいに普及していた。ところで、五輪塔を建立するときの回向文には、「右卒都婆一基を造立し奉る。某月日某忌の辰にあたり、伏してねがわくは、三界輪廻《りんね》の愁苦を解脱《げだつ》し、とみに十地円明の本源を証し、この功勲をたのんで六道四生、おなじく種智をまどかにせんことを。某年月日孝子敬白」（諸回向清規式）とみえ、私たちの石碑造立にたいする考え方とはちがい、追善の意味がきわめて濃かったことが注目される。

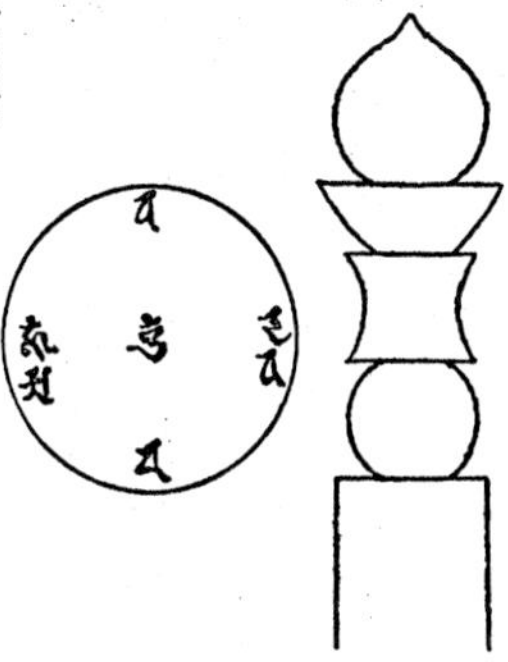

板そとば
諸回向清規式（一四九四年編）所収。板そとばの上部、地水火風空の五輪を現わしたものである。

宝篋印塔

宝篋印陀羅尼《ほうきょういんだらに》をおさめた宝篋印塔も、鎌倉時代からすでに墓標として用いられていた。もっとも古い紀年銘をもつものとして知られている、高野山の奥の院地域から発見された、一二八七年在銘の宝篋印塔は、その基壇の四面に、「大師御入定奥院の土中に埋め、高野山八葉峯上に安置す。南保又二郎入道遺骨なり。弘安十年六月二十二日卒」と記されており、遺骨を塔身におさめたものである。また鎌倉覚園寺心慧の塔には「正慶元年（一三三二）」の銘があり、その塔身の上部にある二個の穴の一つには、分骨と思われる少量の骨がおさめられ、他の一つには笹塔婆をおさめてあったという。江戸時代になると支配層の人々の墓標としてひろく用いられた。

卵塔

禅宗の渡来とともに、卵塔が造立された。現存するものでは、鎌倉光明寺の記主良忠禅師の塔、豊後泉福寺の無著妙融禅師の塔などが有名である。のち僧侶の石塔として、ひろく各宗のあいだに行なわれることになった。

江戸時代には、大名は多く五輪塔、僧侶は卵塔、庶民は方形無蓋の石塔を用いている。一六四九年幕府は高野山にたいして、国持大名でも、同山における石塔場は、二間四方にかぎるべしと令し、一八三一年には、百姓町人の墓碑の高さを、台石とも四尺（約一・二メートル）をこえてはならぬと命じている。

三 十仏事の型

中陰

仏事のうち、中陰のそれは仏教本来のもの、百カ日・一周忌・三年忌は中国において、その他は日本においてつけ加えられたものである。そこで、まず仏教本来のものである中陰と、その中でもっとも重視された四十九日の仏事について記してみる。

中陰は中有《う》ともいい、前世に死亡したのち、まだ次生をうけない間をいう。極善と極悪のものには中有はないが、中善・中悪の人間は、死後ただちに次生のところが決まらず、生縁の熟するのを待たねばならぬ。中有にまようというのはこのことを指すのである。その期間は、短い者は七日、長いものでも七七日までに決まるものとされている。中陰の期間において、七日ごとに仏事をおこない、亡者に回向《えこう》するのは、その冥福をすすめて、善処に生まれることができるようにするためである。『貞丈雑記』には、「中陰というは、人死して七七、四十九日の間をいう。中有ともいう。四十九日の間は、死したる人、極楽へも行かず、地獄へも行かずして、迷いありくによりて、法事をして、極楽へ赴くようにすることとなりとぞ。これは出家がたの説なり」と、江戸時代の僧侶の解釈を紹介している。

日本においては、七三五年の詔に「親王薨ぜば、七日ごとに供斎し、僧一百人をもって限りとし、七七斎しおわらば、これをとどめよ。爾今以後例としてこれを行なえ」(『続日本紀』)とし、七五六年聖武天皇崩御のとき、七七斎会を修したことが見えている。その後十王思想の普及ととももに、しだいに一般化したもののようで、一三世紀の中頃にできた『源平盛衰記』には、「そもそも人の死する跡には、あさましき賤男賤女までも、ほどほどにしたがい、香花《こうげ》灯明をそなえ、例時懺《せん》法《ぼう》をおこないて、亡魂の菩提《ぼだい》を弔うは、尋常のことぞかし」とみえている。なお中陰のあいだ、葬家に僧侶がこもって、仏事を修するということがおこなわれていた。『今昔《こんじゃく》物語』に、越中の国府につとめていた書生の妻が死んだときのことを記して、「夫ならびに子供、泣き悲しんで没後を弔う。葬家に僧ども数多こもりて、七七日のあいだ、思いのごとく仏事を修す。しかるに七七日終りてのち、わが母いかなるところに生をかえたりとも、相見ばやなどいいあえるほどに」とみえている。

後世にいたって、中陰の期日内は位牌を安置し、仏壇をかざって香華《こうげ》供物《くもつ》をそなえ、七日ごとには必ず読経して、冥福を祈るようになった。一五世紀、臨済宗における正式の中陰勤行《ごんぎょう》の一例を示せば、つぎの通りであった。

中陰勤行の品目

五更　坐禅、八句陀羅尼《だらに》
早晨　普門品《ふもんぼん》、大悲神呪、消災神呪
献粥　首楞厳《しゅりょうごん》神呪、あるいは大悲神呪
半斎　白傘蓋神呪
日午　大乗妙典
放参　大悲神呪、消災神呪
宿忌　楞厳呪
初更　八句陀羅尼、坐禅（諸回向《えこう》清規《しんぎ》式）

当時読経のほかに、坐禅が中陰勤行の一部に加えられている点は、興味ふかい。

四十九日　四十九日のことを七七日・尽七日・満中陰ともいう。満中陰とは、中陰の満つる最後の日の意である。『瑜伽師地論』には、「この中有《う》は、もしいまだ生縁をえざれば、きわめて七日住す。生縁をうることあるも即ち決定せず、もしきわめて七日にして未だ生縁をえざれば、死してまた生じて、きわめて七日住す。かくの如く展転して未だ生縁をえずして、乃至七七日住す。これより以後は、決して生縁を得」としている。この教説によって、昔から新死の亡霊にたいして、七日ごとに追善の供養を行ない、ことに七七、四十九日には盛大な仏事を行なうことになっている。日本においても、一〇世紀ごろからとくに、四十九日の仏事が盛大におこなわれたことは『本朝文粋《もんずい》』その他によって立証できる。

中世以後、四十九日の追善は、亡者の身に打たれた四九本の釘を抜くものと信ぜられた。『無縁慈悲集』に、「四十九釘の大事、閻魔王の勘文に曰く。四十九日の釘を打つこと、眼に二つ、耳に二つ、舌に六つ、胸に十八、腹に六つ、足に十五、あわせて四十九なり。釘の長さ各一尺なり。善根をなすとき、経師を請じ奉りしとき、足の十五の釘をぬくなり。仏をつくり、経を写すとき、腹の六つの釘をぬき、仏経開眼《かいげん》のとき、胸の十八の釘をぬき、仏経回向のとき、耳の二釘をぬき、諷誦願文のとき、舌の六つの釘をぬき、仏経を見るとき、眼の二つの釘をぬく、これを四十九日と名づく」とみえている。また、『地蔵十王経選注』に、「ある人、蘇生して告げて曰く。一尺六寸の餅、四十九枚を、冥衆らに奉献すれば、釘は餅にあたって苦なし。餅の厚さをいわば、一尺六寸の餅三十七、三尺六寸の餅十二、合わせて四十九なり」としている。この説にもとづいて、四十九日に四十九の餅をつくることが、広く行なわれたのである。

十仏事　中国において、百カ日・一周忌・三年忌がつけ加えられて、仏事の回数は一〇回となった。中国でそれらの仏事が、さかんに流行したことについて、司馬温公《しばおんこう》（一〇一八〜八六）は、「世俗浮屠《ふと》を信ず。初死七日をもって、必ず七七日・百カ日・小祥・大祥にいたるまで、必ず道場の功徳をつくる。すなわち罪を滅して天に生ず。しからざればすなわち地獄に入る」としている。日本における百カ日法要の初見は、六八七年に行なわれた天武天皇のそれで、『日本書紀』に、「無遮の大会を五寺、大官・飛鳥《あすか》・川原・小墾田《おはりだ》豊浦・坂田に設く」とみえており、一周忌は、七五七年の聖武天皇のそれが初見で、『続日本紀』に、「僧千五百余人を東大寺に請じて、斎を設く」と記されている。そのご平安時代までは、七七日・百カ日・一周忌という型の仏事がおこなわれていた。『栄華物語』には、九九二年に修せられた円融天皇の一周忌のことを「御はて」と記し、『枕草子』には「御はての事」としている。つまりそのころまで、追善は、一周忌で打ち切りになっていたことがわかる。九一四年三善清行《きよつら》は、仏事とくに貴族のそれの実態を、「しかるに比年諸喪家、その七七日講莚、周関《しゆうき》法会に、きそいて家産を傾け、さかんに斎供を設く。一机の饌は、うずたかきこと方丈に過ぐ。一僧の儲け、費え千金をかさぬ。あるいは他家に乞貸し、あるいは居宅を斥売して、孝子ついに逃債の逋人となり、幼孤自ら流冗の餓殍となる」、「この修斎の家、さらに弔客の饗を設け、献酬交錯して、あたかもさかもりのごとし。はじめは匍匐の悲しみあるも、にわかに酣酔の興となる」と記している。

三年忌の仏事がおこなわれたのは、鎌倉時代に入ってからのようで、一一八六年平重衡《しげひら》の三年忌が初見である。そのとき、重衡に愛された千手・伊王の二女性が、出家している。『源平盛衰記』によれば、「暇をたまわり、様をかえて、菩提を助け奉らんと申しけれども、そのゆるしなければ、尼にはならざりけれども、戒をたもち、念仏をとなえて、つねに弔い奉りけり、中将第三年の御忌にあたりけるには、しいて暇を申しつつ、千手二十三・伊王二十二、緑の髪をおとし、墨の衣に裁ちかえて、一所に庵室をむすび、九品《くぼん》に往生を祈りけり」とみえている。

地蔵十王経

中国において十仏事が成立する過程に、偽経『十王経』が、また日本において十仏事が普及する過程に、偽経『地蔵十王経』が、それぞれ創作された。ところで『十王経』は、九三六年ごろ、中国語に翻訳された『地蔵本願経』の、系譜を引くものであるが、『地蔵本願経』は、くわしくは『地蔵菩薩本願経』といい、すべて一三品《ぼん》からなっている。その第七、利益存亡品によれば、地蔵菩薩が仏にたいして、閻《えん》浮提《ぶだい》の衆生は多罪であるから、臨終には福を設けて前路に資し、死後七七日のうち衆善をつくって、永く悪趣をはなれさせるべきであることをのべている。そしてさらに大辯長者のために、死後の追福は、七分のうち亡者はその一部を得、あとの六分の功徳は、生者みずからが利すること、要するに中陰仏事のこと・追善功徳のことを説いている。なおこの経については、中国で偽作されたとみる向きもある。

『十王経』は、くわしくは、『閻羅王授記四衆逆修生七往生浄土経』、また『預修十王生七経』ともいい、唐の蔵川の述とされている。蔵川の事蹟は詳らかでないが、『地蔵本願経』が翻訳ないしは偽作された、一〇世紀ごろの人であろう。『十王経』は、閻羅王の受記成仏および、十王七斎預修の功徳を説いたものである。釈尊が、涅槃に入ろうとするとき、閻羅太子に成仏の記をさずけ、つぎにこの経の受持および預修十王七斎の功徳を説き、また、秦広王ないし五道転輪王などの十王が、死者生前の功罪をしらべる有様をのべている。同経によると、死者が冥途《めいど》におもむくとき、初七日に秦広王、二七日に初江王、三七日に宋帝王、四七日に五官王、五七日に閻羅王、六七日に変成王、七七日に大山王のところを、それぞれ過ぎて、百カ日には平等王のところを、一周年には都市王のところを、三年目には五道転輪王のところをすぎて、その裁断をうくるとしている。このような十王の信仰は、一〇世紀ごろから流布したもののようである。

一二六九年、宋の志磐があらわした『仏祖統記』の十王供の条に、「世に伝う、唐道明和上は神、地府にあそびて、十王が亡人を分治するを見、よって名を世間に伝う。人ついに多くこの供を設く。十王の名字は蔵典伝記の考うべきもの六あり。閻羅・五官の二名は、三長斎にひく提謂経にみゆ。平等は華厳感応伝に、郭神亮を使者となし、追うて平等王のところにいたる、よって若人欲了知の四句の偈を誦して放たれ、回ることをえたりと。泰山は訳経図紀に、沙門法炬、金貢泰山贖罪経を訳すと。孝経援神契に、泰山天帝孫主は、人魂を召すと。初江は夷堅志に、池州の郭生、夢に冥府に入る。王は坐に揖していっていわく、われこれ西門の王郎なり、冥司、わが忠孝正直にして物を害せざることを録し、初江王となることを得しむるもの一紀なりと。秦広は夷堅志に、南剣の陳生すでに死す、その弟の女、二鬼にみちびかれて宮殿にいたる、曰く秦広王なり、王は女にいっていわく、伯の苦をすくわんと欲せば、八師経を転ずべしと、女さむ。家人は経を来得し、僧を請じて誦すること千遍なり、兄、夢に弟にきたり謝していわく、すでに天に生ずることをえたりと」としている。つまり唐の道明和上が、インド・中国の古典にでてくる、来世関係の一〇人の王を動員して、『十王経』を創作したことを、明らかにしている。

『地蔵十王経』は、くわしくは『地蔵菩薩発心因縁《ほっしんいん》《えん》十王経』という。これも成都府蔵川述となっているが、鎌倉時代のはじめの偽作とされているものである。冥途における、十王ならびに地蔵菩薩の、発心の因縁を説いたものである。『十王経』とちがうところは、閻魔王国のもとに、地蔵菩薩の発心の因縁、およびその本願をとき、閻魔王の本地は、すなわち地蔵菩薩であることを述べていることである。十仏事の流行とともに、『地蔵十王経』は、さかんにもてはやされたもののごとく、したがってこの経を引用し、あるいは祖述するものが少なくない。たとえば空海の作と伝える『弘法大師逆修日記』、法然の作と伝える『金剛宝戒釈義章』、良忠（一一九九～一二八七）の『往生要集記』、日蓮の作と伝える『十王讃嘆鈔』、存覚の『浄土見聞集』（一三五六年著）、『下学集』（一四四四年著）、隆堯の『十王讃歎修善鈔』などがそうである。

閻魔大王

十王信仰は中国で成立したが、その中核となったのは、インド伝来の閻魔《えんま》王である。閻魔は、夜摩、閻羅王、閻王、焰魔天、死王などという。その起源は古く、ヴェーダ時代にはその住所を天上界であるとし、これを楽土と考えたが、のち下界にうつって、もっぱら死者の生前における行為を記録することによって、その賞罰をつかさどる神となった。のちのインド教的神話においても、もっぱら死者の霊魂に、苦悩を与える神として取扱われている。仏教に流れこんだそれは、それらの思想をうけついだもののようで、一方においては夜魔天として、六欲天中の第三位にこれを配し、他方においては閻魔王として、死後の世界の支配者、人間の行為の審判官としている。

　中国において、閻魔王の思想は、道教の迷信と混淆して、特異の発達をとげ、五官王・八王・十王などの説を生んだ。日本におこなわれている閻魔信仰は、中国のそれを継承したもので、とくに『十王経』によるところが多く、その形像もすべて中国式である。

十王信仰

十王信仰は、日本においては、一五世紀のころから、仏教諸宗が農村に浸透する過程に、各宗の伝道者たちによって大々的に宣伝され、農民の心理に深く食いこんだもので

初江王像
鎌倉円応寺所蔵。十王信仰の流行とともに十王像・十王図の制作されたものが多いが円応寺のは優秀とくに初江王は出色である。

ある。『十王讃嘆鈔』に、「それ十王ということは、本地はこれ久成の如来、深位の薩埵《さった》にてありといえども、流転生死の凡夫を悲しんで、しばらく柔和忍辱《にんにく》の形をかくし、かりに極悪忿怒《ふんぬ》のすがたをあらわして、衆生の冥土におもむくとき、中有冥闇の道に座して、初七日より、百カ日、一周忌おわり、第三年にいたるまで、しだいにこれをうけ取りて、その罪業の軽重を勘がえて、未来の生処をさだめたもう。これを十王と名づけ奉る」としている。つまり、死後における私達の幸、不幸は、極善・極悪のものをのぞいて、他はすべて、十王の裁断いかんにかかることになる。そしてその判定の資料は、主として死後において遺族が修する追善である。そのため人々は、追善に狂奔せざるをえなかった。むろん、そのことが勧善懲悪という方法で、社会道徳の確立に、大きな役割を果したことは、みとめるにやぶさかではないが、庶民を恐怖のどん底にたたきこむものであった一面も、見落してはならぬと思う。とにかく一五世紀ごろから、十王堂・閻魔《えんま》堂・地蔵堂などが、各地に建立された。現在においても、正月一六日と七月一六日の両日を、閻魔の祭日と称して、寺院においては閻魔王を開帳し、また地獄変相、十王図などをかかげ、地獄の釜びらき、亡者《もうじゃ》の骨休み日などと称して、休養する習慣ののこっている所がすくなくない。

　日本における十王信仰の内容を、中世前期に偽作されたと思われる『地蔵十王経』と、中世後期に偽作されたと考えられる伝日蓮作の『十王讃嘆鈔』を中心に、詳細に紹介してみる。

①、初七日。秦広王（本地不動明王）の審判をうける。王は官司獄録を駆使して、罪人を呵責する冥官《みょうかん》である。『地蔵十王経』に、「そのとき秦広王は、亡人に告げていわく。あわれなるかな苦なるかな、弔苦の頌にいわく、汝去りて死山をすぎ、ようやく閻魔王に近づく。山路に衣食なく、飢寒の苦なんぞ忍びんと。そのとき天尊、この偈をときてのたまわく、一七の亡人、中陰の身、駈けてまさに墜堕せんとす。数塵のごとし。しばらく初王にむかってひとしく検点せらる。由来いまだ奈河津をわたらず、亡人を召して門関に坐せしめ、死天の山門に鬼神をあつむ。殺生の類まず推問し、鉄杖もて体を打ち、通し申しがたし」とみえている。この王の審判で、行く先の決まらないものは、三途《さんず》の河をわたって、二七日の王のところに送られる。

②、二七日。ここで初江王（本地釈迦如来）の審判をうける。この王は初江のあたりに官庁を建てて、亡人が河をわたるのを監視する冥官である。『地蔵十王経』に「第二初江王宮葬頭河《そうずか》のほとり、初江のあたりにおいて、官庁相連承するところに前の大河をわたる。これすなわち葬頭なり。亡人を渡すを見るを、奈河津と名づく。渡るところに三あり。一は山水の瀬、二は江深淵、三は橋ある渡しなり。官の前に大樹あり、衣《え》領樹と名づく。影に二鬼住す、一を奪衣婆《だつえば》と名づけ、二を懸《けん》衣翁《えおう》と名づく。婆鬼は盗業をいましめて両手のゆびを折り、翁鬼は無義をにくみて頭足を一所にせばむ。ついで初開の男その女人を負い、牛頭《ごず》鉄棒にて二人の肩を挟み、疾瀬を追いわたし、ことごとく樹下にあつまる。婆鬼は衣を脱し、翁鬼は枝にかけ、罪の低昂をあらわし、後王の庁にあたう」と。ここで、遺族の修する追善が問題となる。追善がなければ、初江王は「汝が子ども不孝の者なり。いまは力およばずとて、地獄におとさ

る。また追善をなし、逆謗救助の妙法をとなえかくれば、成仏するなり。しかれば大王も歓喜したまい、罪人もよろこぶこと限りなし。あるいはまた、さしたるとぶらいもなく、あとにて罪業をもなさず、断罪さだまらざるときは、つぎの王へ送らるるなり」（十王讃嘆鈔）と。業関をへて、三七日の王のところに送られる。

③、三七日。宋帝王（本地文殊《もんじゅ》菩薩）の審判をうける。この王は、亡人の邪淫の罪を懲治する冥官である。『地蔵十王経』に、「第三宋帝王宮、二江岸上の官庁のまえにおいて、悪猫群集し、大蛇ならびにいできたりて、ときに亡人の乳房を割破し、身体を繫縛す。ときに閻魔卒あり、亡人を呵していわく、われらは慈なくしてせまるにあらず、なんじ邪淫の業はこの苦もなお軽し」。とここでも、たのみの綱は追善である。「孝子善根をなせば、亡者《もうじゃ》罪人なれども地獄をまぬがるるなり。されば大王も追善を随喜したまいて、なんじには似ざる子供とて、褒美讃歎したまうなり。あるいはまた、断罪決定せざれば、つぎの王に送らるるなり」（十王讃嘆鈔）と。業江をへて四七日の王のところに送られる。

④、四七日。五官王（本地普賢《ふげん》菩薩）の審判をうける。この王は亡人の妄語の罪を懲治する冥官である。『地蔵十王経』に、「第四五官王宮。三江のあいだにおいて官庁を建立す。大殿の左右におのおの一舎あり。左は秤量舎、右は勘録舎なり。左に高台あり、台のうえに秤量幢あり、業匠構巧して、七つの秤量をかく。身口七罪の軽重を、紀せんがためなり。意業の所作は秤量にかからず。つぎに鏡台にいたりて、まさに鏡影をみるべし。この秤量において点目に三つの別あり。一つには、斤目は断じて重罪となす。重の中に軽をひらく、二八獄の罪たり。二には、両目は断じて中罪となす、餓鬼の罪たり。三には、分目は断じて下罪となす、畜生の罪たり。不妄語《もうご》戒を破るをさき

とし、余の造悪を後とす。秤の前にいたるとき、秤の錘おのずから動き、自然に低昂す。亡人に課していわく、汝がつくるところの罪は、秤目定んで重しと。亡人、欺き咳していわく、われいまだ秤を昂げざるに、闇に何をかなす。われあえてこれを信ぜずと。そのとき訪羅、罪人をとりて秤盤のうえにおくに、秤目故のごとし。亡人口をとじ、造悪おもてを変ず。訪羅これを下して勧録舎につたえ、赤紫の冥官をして点秤を書せしめ、光禄司侯の印を録帳におし、つぶさに憲章にのせて、閻魔宮に奏す」と。懲治のあと宋帝王は、「汝よくきけ、娑婆にある妻子、ねんごろにとぶらうならば、先々の王のまえにて、善処の生に転ぜらるべきに、汝死してのちは、わが身のさわぐり、世をすごすべきたしなみばかりにて、汝がことをばうち忘れて、とぶらうこともなし。これにより、ここまで迷いきたる。仏、説きおきたもう、妻子は後世のうらみなりとは、この謂なり。いまこの苦にかわれりやいなや。しかるに、恨むべきわが身をば恨まずして、冥官を恨むること、愚痴の至極なり。さりながら、いささか仏法の結縁あればこそ、地獄にもおちず、ここまでは来たるらめ。この罪人つぎの王へわたせ」（十王讃嘆鈔）と、五七日の王のところに送りこまれる。

⑤、五七日。閻魔《えんま》王（本地地蔵菩薩）の審判をうける。ここには、亡人の善業、悪業をそのまま写しだす、浄頗梨《じょうはり》の鏡というテレビが備えつけてあり、また亡人の善業、悪業をこまかに記録した倶生神《ぐしょうじん》の鉄札が、準備されている。そして娑婆における遺族の追善は、つぎつぎに報告される仕組みになっている。「所詮亡者の浮沈は、追善の有無によるなり。これらの理を想いて自身も信心をもよおし、六親をも回向あるべし。なかにも閻魔大王の御前にして、大苦をうくるゆえ、三十五日の追善肝腎なり。このみぎりに善根《ぜんこん》をなせば、ことごとく鏡面にうつるとき、大王をはじめとして、

もろもろの冥官らも、随喜したもうなり。また罪人もとぶらいをうけて、よろこぶこと限りなし。かくのごとく作善《さ》の多少、功徳《くどく》の浅深を分別し、あるいは成仏《じょうぶつ》、あるいは人間、あるいは天上におくり、あるいはまた次の王へ、つかわさるるなり」（十王讃嘆鈔）というのである。

⑥、六七日。変成王（本地弥勒《みろく》菩薩）の審判をうける。『地蔵十王経』に、「第六変成王庁。まえの二王の秤鏡、二つながら現ずるにより、もし罪あらば悪をせまり、もし福あらば善をすすむ」と。ここにおいても、最後の決め手となるのは、追善《ついぜん》である。「ただ口を閉じ、身をせばめて恐れおるところに、孝子の善根たちまち現わるれば、大王これを御覧じて、この罪人には娑婆《しゃば》に追善あるぞや、早々ゆるすべしと、獄卒どもに下知したまえば、すなわち縛縄をといて、生処を善処に定めらる。ときにとりてのよろこび、例えんかたなし。あまりの嬉しさに、これを子供に知らせばやと、また涙をぞうかべける。あるいはその子、悪事をなすときは、その親いよいよ苦を増して、それを地獄へつかわさる。ゆえに、よくよく亡者をとぶろうべきことなり」（十王讃嘆鈔）とみえている。

⑦、七七日。泰山王（本地薬師如来）の審判をうける。この王は、罪人の生処を定める冥官である。『地蔵十王経』に、「第七泰山王庁。前三王の処断勘決、両舌の罪により、善因悪縁、生縁をもとむ」と。また『十王讃嘆鈔』に、「この王の御前において、一切の罪人、生処を定めらる。この故に、泰山王の御前に六の鳥居あり。すなわち、地獄・餓鬼・畜生・修羅・人間・天上の六道におもむく門なり。この王、くわしく罪人の生処を定めたまえば、もろもろの罪人ら、面々の生処におもむくなり。この鳥居を出ずれば、地獄に入るべきはすなわち地獄におち、餓鬼は餓鬼の城にいたる。余の道もまたかくのごとし。断罪の庭、一切の罪人の浮かぶ境なり。もし、あとの追善ねんご

ろなれば、悪所の果転じて善処に生をうく。この故に、四十九日のとぶらい、ねんごろに営むべし」とみえている。ここでもなお生処の定まらないものは、百カ日の王のところに送られる。

⑧、百カ日。平等王（本地観世音菩薩）。『地蔵十王経』に、「第八平等王。うちに慈悲をふくみ、外に怒相を現ず。かつは施してこれを教化し、かつは貪りてこれを刑罰す。そのとき、天尊この偈を説きていわく。亡人百日にしてさらに悽惶あり。身枷械《かかい》にあいて鞭傷せらる。男女努力して功徳をつくらば、この妙善より天堂を見ん」と。ここにおいても、追善は万能である。「いま頼む方とては、娑婆の追善ばかりなり。あい構えて、あい構えて追善をいとなみ、亡者の重苦をたすくべし。およそ一樹のかげに宿り、一河の流れをくむことだにも、他生の縁とこそいいぬるに、ましていわんや、親となり子となるおや」「かかる厚恩をこうむれば、身のいたずらに月日をおくりいて、三途《さんず》の重苦に沈みたる親の菩提《ぼだい》をとむらわざらんは、あさましきことなり。いかでか諸天、にくみ給わざらんや。そのうえ多くは、子を思うゆえに、地獄の重苦をうくることあり。かまえて、弔いても弔うべきは、二親の後生菩提なり」（十王讃嘆鈔）。この王の前で、生処が定まらなければ、つぎの一周忌の王のところに送られる。

⑨、一周忌。都市王（本地阿閦《あしゆく》如来あるいは勢至《せいし》菩薩）の審判をうける。都市王は、亡人に、『法華経』および阿弥陀仏造立の功徳を説く冥官である。『地蔵十王経』に、「第九都市王庁。亡人を哀しみていう、諸経のなかにおいて、法華経をつくらば、竜女海をいでて無垢《く》に成道す。諸仏のなかにおいて、阿弥陀仏を造らば、光明あまねく照らして、熱寒の苦をのぞく。縁人の男女、亡人を救わんと欲して、今日追善し、八斎戒をうくれば、福力殊勝なり。男女いかることなければ、よく亡苦を救わん」と。ここまで亡人がたどりつき

得たのは、ひとえに、娑婆《しゃば》において追善をおこなったためである。『十王讃嘆鈔』に、都市王のことばとして、「先先の王のところよりも、地獄におとさるべけれども、娑婆の追善あるによって、ここまで来たるなり。汝は、わが身を思わぬ不当の者なれども、妻子は孝養の善人なり」と。この一周忌の営みの功徳によって、三年忌の王のところに送られる。

⑩、三年忌。五道転輪王（本地阿弥陀《あみだ》如来）。この王は二官衆獄司をしたがえて、亡人の煩悩を懲治する冥官である。『地蔵十王経』に、「五道転輪王庁。そのとき天尊この偈《げ》を説いていわく、のちに三たび歷るところはこれ関津、好悪ただただの因。不善はなお憂う千日のうち、胎生産死夭《よう》亡の身と、邪見放逸の過、愚痴・無智の罪は、なお車輪のめぐるがごとく、つねに三途の獄にありと。『十王讃嘆鈔』に、「娑婆の追善もあらば、善処につかわすべし。もしまた弔うこともなければ、今よりつかわすべき方もなきあいだ、地獄へつかわすべし。ふびんなれども、自業自得のことわりなれば、力およばず」さらに、「かくのごとき重苦をうけんこと、ただ汝が心一つよりおこれり。頼まんとても頼みすくなきは、妻子の善根なり。そのうえ没後の追善は、七分が一こそ受くれ、たとい待ちえたりとも、浮かぶほどはとぶらわじ。存命のなかに悔いずして、いまに至りて後悔すとも、何の及ぶところかあらんとて、すなわち地獄へつかわさる。もしまた追善をなし、菩提《ぼだい》をよくよく祈れば、成仏《じょうぶつ》せしめ、または人天などにつかわさる」と結んでいる。なお、伝日蓮作の『回向功徳鈔《えこうくどくしょう》』には、「わが父母のものをゆずられながら、死人なれば何ごとのあるべきと思いて、後生《しょう》を弔らわざれば、悪霊となりて、子々孫孫にたたりをなす」とも見えている。

地蔵盆　地蔵《じぞう》祭りともいい、その先行型は地蔵講である。『今昔物語』に、「今は昔、京に祇陀林寺《ぎだりんじ》という寺あり。その寺に仁康という僧住いけり。（中略）そのごに仁康道心を発して、たちまちに大仏師康成が家にゆきて、相語らいて、不日に地蔵の半金色の像つくりて、開眼《げん》供養しつ。そのご地蔵講をはじめおこなう。道俗男女首をひくうして、掌を合せてきたり臨んで、結縁す。しかる間、その寺のうち、ならびに仁康が房《ぼう》のうちには更に疫癘の難なし。またこの夢の告げあることをききて、仁康が得意とある者ども、および横川の人びと、この講を結べる輩、みなあえてこの難なし。これ希有のことなりといいて、その地蔵講いよいよ繁昌なり」とみえているが、この事件は一〇二三年ごろのことである。また『濫觴抄』に、「六波羅蜜寺地蔵会、仁安二年丁亥（一一六七）十月九日、はじめてこれをおこなう」と。さらに『宝物集』に、「二条の堤に、色紙すきありける。そのあたりの町のもの、冷泉《れいぜい》河原の衆、寺の地蔵講をむすび、とり行ないけるに、紙すきは、さして志もなかりけれども、慰さみがてら、物などをも得て、食わんと思いて講衆に入りぬ。一年二・三度ずつこの講をつとむ」としている。これらの記事によって、一一世紀ごろから、京都祇陀林寺、六波羅蜜寺その他において、地蔵講がおこなわれていたことを、知ることができる。

その講式として、源信作と伝える『地蔵講式』、また覚鑁《かくばん》のもの、および貞慶《じょうけい》のあらわした講式がある。中世においては、地蔵の縁日は二四日とされ、そのため地蔵講は毎月二四日におこなわれたようである。中世以来、仏事の流行とともに、七月二四日をとくに地蔵盆ととなえて、その行事が盛大におこなわれるようになった。たとえば『難波鑑』には、大坂の地蔵盆を、「今日は地蔵の御縁日にて、町々の辻にわらべども、供物・灯明をかかげてまつるなり」とし、『羇《き》旅漫録』には、京都のそれについて、「七月二十二日より二十四日にいたり、京の町々地蔵祭りあり。一町一組、家主・年寄の家に幕をはり、地蔵菩薩を安置し、家のまえには手すりをつけ、仏像のまえに通夜《つや》して、酒もりあそべり。年中町内のいい合わせも、この日にするという。伏見あたり、大坂にいたりて、またこれに同じ」としている。

地獄宣伝

庶民のあいだに追善の風俗をつくりあげるためには、地獄と極楽、とくに地獄の恐るべきことを、具体的な方法によって宣伝することが、必要であった。そのために選ばれた方法の一つが、亡者《もうじゃ》が地獄において苦しむさまをえがいた、地獄絵の制作である。地獄絵のことを、地獄変相・地獄変、絵巻物になったものを、地獄双紙ともいう。地獄絵は、中国において、すでに八世紀のころ制作されている。日本においては、一〇世紀の末ごろから描かれはじめたようで、清少納言《せいしょうなごん》の『枕草子』に、「御仏名《ぶつみょう》のあした、地獄絵の御屛風をとりわたして、宮に御らんぜさせたもう」とみえ、また『栄華物語』に、十二月の十九日になりぬれば、御仏名とて、地獄絵の御屛風など」とみえているように、懺悔滅罪のためにおこなった仏名会《え》のときに、地獄絵の屛風を立てていたのである。そのころ、巨勢《こせ》弘高・源信などの描いた地獄絵、ないし地獄をえがいたものがいまも残っている。中世に入って、地獄絵のほかに、十王思想とむすびついた十王図という、新しい地獄絵があらわれた。さらに、葬式仏事が庶民のあいだに浸透した室町時代後期には、紀伊の熊野からでた勧進比丘尼が、地獄の絵巻物をたずさえて、その苦悩の姿を説ききかせ、地獄の恐るべきことを宣伝して歩いたのである。江戸時代に、各宗派の寺院において、地獄の絵図が、年中行事的に掲出されていたことは、改めて申しのべるまでもない。

四　十三仏事の型

十三仏事　七七日はインド起源、三年忌までは中国起源である。仏事の回数でいえば、インドは七仏事、中国は十仏事ということになる。中国化した仏事を受けいれた日本においては、一二世紀ごろまでは、中国型の十仏事であった。それが一二世紀から一四世紀ごろまでのあいだに、七年忌・十三年忌・三十三年忌をくわえて十三仏事、さらに一六世紀には、一七年忌・二十五年忌をくわえて十五仏事ということばもみえはじめる。しかし十五仏事は一般化していないので、ここでは十三仏事を中心に、記述をすすめることにする。

十三仏事が一般化すると、それを仏教的に正当化するために、『十三仏抄』が一五世紀ごろ偽作された。これは『地蔵十王経』に加工したものであるので、十仏事の部分ははぶいて、七年忌・十三年忌・三十三年忌の三仏事にかんする部分の紹介にとどめる。

七年忌の本尊阿閦《あしゅく》仏は、よく遍照《へんじょう》の光明をはなって、群萠を安穏ならしめるという。初七日から三年までのあいだは、諸仏の垂迹《すいじゃく》である十大冥王が、忿怒の姿をもって、亡霊が在生の日につくった罪をこらすために、応現したが、七年忌になると、ただちに仏身を現じて、教化引導するというのである。

十三年忌の本尊金剛界大日如来は、鑁《ばん》字自性の智体より三十七尊塵数の諸仏を出生し、虚空《こくう》に徧満して衆生《しゅじょう》を利益《りやく》するという。大日は仏果円満の最頂であるので、幽霊は作善《さぜん》の功をつんで最上の仏果を成《じょう》ずべきであるから本尊とする、というのである。

三十三年忌の本尊虚空《こくう》蔵《ぞう》菩薩は、諸法を含蔵して一心におさめ、心王のほかに別法なく、善悪迷悟生仏、取なく捨なく、無分別の法界一如を自証とする菩薩である。亡者はこの菩薩の引導《いんどう》によって、その内証を自得し、一心本有の覚蔵、心王大如来蔵の極理を究竟《くぎょう》することができる。すなわち弔儀ここに周備しおわって、法身本有に帰するので、この本尊を供養して冥福を祈る、としている。

十三仏曼荼羅
東京大倉集古館所蔵。十三仏事の流行とともに、十三仏曼荼羅がおびただしく制作された。中央が大日、右下が不動、左下が観音。

十三仏事の普及とともに、一五世紀ごろから十三仏信仰がたかまって、十三仏曼荼羅《まんだら》、十三部経、十三卒塔婆《そとば》、十三仏塚、十三仏堂などが流行した。

七年忌について周鱗（景徐）は、『翰林胡蘆《ころ》集』におさめた一五〇二年の散説に、「教家のものいわく、初七日より第三年にいたるまで、諸仏垂迹して、十大明王忿怒《ふんぬ》の身を現じ、もって亡霊三業《ごう》造悪の過罪をこらす。七年遠忌《おんき》の辰にいたりて、すなわちかの幽霊余業すでにつき、冥王ら忿怒呵《か》責《しゃく》の形相《ぎょうそう》もまた、したがって滅す。まことに仏身微妙の相好をもって教化引導す」と。一六世紀ともなれば、十三仏抄の理論で、一応押しきることができた。しかし十三仏抄ができる以前には、その説明に窮したらしい。たとえば、十三年忌について師錬（虎関）は、『元亨釈書』（一三二二年著）に、「けだし国の俗、亡者十三回の年にあい、追善をいとなむは、十二支おわりて、はじめて先支をむかえ追慕を寓するなり」と。十二支を引き合いにだしているが、儒教的にはそれでいいとしても、仏教的意味づけとしては充分ではない。三十三年忌について、光厳院はその日記元弘二年（一三三二年）五月三日の条に、「三十三年仏事、近来世俗多くもってこれを修す。いまだ旧例をかんがえず、後嵯峨院以後代々すべてこのことなし。よって不審の間、由緒ならびに先例を忠性、憲守らに相たずぬ」と。つまり、そのころ三十三年忌仏事が流行しはじめたこと、しかしその由緒が明らかでないので、僧侶たちに質問したとしている。そして、「忠性申す、分明ならず。ただしもしくは観音利益《りやく》の儀によるか」と、観音の三十三身にちなむとする説。つぎに、「憲守申す。不分明といえども、釈尊三十三歳のとき、忉利天《とうりてん》にのぼり、摩耶夫人のために説法し、その三十三天をへたり、これらの由緒か」と。釈尊が三十三歳のとき、三十三天をへて忉利《とうり》天にのぼり、摩耶夫人のために説法した故事によるとする説。さらに、「今日開題のころ、説法にいわく。人間三十三年、冥道の千日に相当する旨、くわしくこれを算勘す。もっともその興あり」と。人間の三三年は、冥土《めいど》の千日に相当するという説をあげている。むろん、三説ともこじつけにすぎぬ。つまり信者の宗教心理をたくみに利用して、寺院がわが、追善の回数をふやしたまでのことである。ところで、追善の回数をふやすことは、寺檀関係の緊密化をかんがえ、また追善料を主要財源とする寺院にとっては、いわばながいあいだの念願だったのである。

中世においては、よし先規つまびらかならずでも、本説分明ならずでも、習俗となっていれば、無批判にこれを受けいれたけれども、儒学の教養を通じて、仏教にたいしていちじるしく批判的になった近世においては、一応説明をもとめた。かといって、年忌を仏説だとすることは不可能であり、非仏説として廃止すれば寺院経済の破綻をきたす、この矛盾のなかに立って、仏教学者は苦慮した。そしてこの難問が解決される日がきた。それは潮音（一六二八〜九五）が、その典拠を『先代旧事《くじ》本紀大成経《たいせいきょう》』のなかに、発見したというのである。

かくて、仏教界多年の懸案は解決されたかにみえた。よし仏説のなかに見いだしえずとも、和国の教主聖徳太子の著書のなかにみゆることは、庶民にとっては仏説に準ずる権威をもっている。しかし久しからずして、『大成経』は潮音《ちょうおん》の手になる偽経であることが暴露されたが、にもかかわらず、その後仏教学者で追善を説くものは、まず本書を引用して、その立場を有利にすることにつとめている。いっぽう儒者は、こうした仏教家の態度を責めて、「この大成経は、美濃国黒滝の潮音といえる僧の偽作せるものにして、近世はじまれることどもを、いにしえよりありしように記せり。のち、いよいよ偽書にさだまり、公より御とどめありて、印板を焼かしめられたりける。疑うべくもあらぬ偽書をもて、碩学のきこえある法師どもの、まことしげに引証して、世人をあざむくわざの、いとにくさよかし」（『遠忌考』）と非難している。

祥月と月忌

祥月《しょうつき》と月忌《がっき》が庶民のあいだに一般化したのも、一五世紀以後のことであろう。祥月は忌日ともいう。故人の死亡した命日、すなわち正忌日の意である。なぜ祥月というかについて、『真俗仏事編』に、「問う、毎年の忌日を祥月というはいかん。答えていわく、礼記《らいき》によるに、親亡じて十三月の祭を小祥という（一周忌なり）。二十五月の祭を大祥という（三年忌なり）。すでに一周年、三年の月忌を祥というによりて、これより以後毎年の忌日もこれにならいて祥月と称す。これわが国俗のいいならわしなり。祥とはサイワイと訓ず。凶服を去りて吉服にしたがう義なり。一説に正月と書けり。この意は忌日は毎月あれども、いまは正当月という義なり」と。中国において一周忌を小祥忌、三年忌を大祥忌と称するので、転じて日本において、そのごの命日を祥月とよぶようになった、としている。祥月命日の仏事は、すでに一一世紀、京都の貴族のあいだでは一般化していた。そのことは『栄華物語』の、「いずれの人も、あるは先祖のたてたまえる堂にてこそ忌日もし、説経・説法をもし給うめれ」の記事によって立証できる。

祥月は年一回であるのにたいして、月忌は月一回である。月忌とは、月々の忌日の意で、すでに一〇世紀には行なわれている。『枕草子』に、九九五年四月一〇日に死亡した藤原道隆の月忌のことを「故殿のおんために月ごとの十日、御経仏供養せさせ給いしを」としている。これが一般化したのは、一五世紀以降とみていい。一七世紀におけるその流行を、林鵞峯《がほう》(一六一八〜八〇)は、いま末俗、毎月の忌日、素食伝習して廃せず、これ人心遺哀のしからしむるところ」(鵞峯文集)と記録している。月忌に檀家におもむいて読経する僧を、俗に月忌坊主・御斎《おとき》坊主・逮夜《たいや》僧などという。

血盆経

十三仏事・祥月・月忌と、追善仏事を仲介とする寺院と檀家《だんか》の関係が緊密となったことは、理解できたと思う。伝道者の努力は精力的である。ここで視点をかえて、男性にくらべて宗教的といわれる女性にたいして、いかに働きかけたか。また幼児の死亡にたいする、限りない愛惜を、宗教伝道にいかに利用したかをしらべてみる。まず女性にたいする働きかけについて、その適例は『血盆経《けつぼんきょう》』である。

禅宗寺院において、道元の出家仏教的女人成仏《にょにんじょうぶつ》論によっては、かならずしも庶民女性をとらえることに成功してはいない。したがって室町後期においては、女性は罪悪深重であることを、ことさら強調するという方法をとっている。その場合の道具だては、すでにできていた。男性中心の修道から割りだされた五障、家父長制の理念からつくりだされた三従など、それと地獄とを結びつけて、女性を不安と恐怖のなかに叩きこむ。そしてそこから脱出できる道をただ一つだけ準備しておく、かくて女性を自宗に一網打尽に改宗させようというわけである。宗教史をひもとけば、こうした方法が、手をかえ品をかえて、おこなわれていることに気づくのである。ところでこの時代に創作されたものに、血盆地獄・血盆経がある。

『血盆経』は一三九七年四月、下総国相馬郡発戸村法性寺の住持が、手賀沼で感得したと称する陀《だ》羅《ら》尼《に》で、梵字で六三字からなっている。これは女性が血盆地獄の苦しみから脱することのできる、唯一の呪文として宣伝された。ところで血盆地獄というのは、「およそ一たび女人に生をうけたるもの、たとい天子・将軍・大名・高家の娘たりとも、過去の悪業《ごう》の因縁《いんねん》によりて、女人とうまれたれば、後生菩提《ごしょうぼだい》の心はうすく、嫉妬邪淫の念はふかし。その罪業がむすんで経水となりて、月々に流れあふれて、地神は申すにおよばず、あらゆる神々をけがすゆえ、死んでのちは、是非この地獄におちて、無量無辺の苦しみをうけねばなりませぬ。その苦しみというは、夜ひる六たびずつ罪人を引きつらね、これまで娑婆《しゃば》にて漏らしたる、その不浄の悪血を呑ましめんと、さもおそろしい鬼どもが、鉄の棒をふりあげて打ちたたき、また血の池へ追いこむ。さてその苦しさ、叫ばんとすれども、声はたたず、ことさらその血の池には、鉄のくちばし、鉄の爪ある、種々の虫どもが、数かぎりもなくいて、身の皮をくいやぶり、肉をくらい、血をすい、あるいは髄をかみ、骨をかみくだき、腸をさく。このときの苦しみ、なかなか申すもおろかなり」(戒会落草談)とされている。ところでこの『血盆経』は、室町時代には施餓鬼《せがき》その他の仏事にもちいられ、他宗たとえば天台宗などにも影響した。『長弁私案抄』に、一四二九年、三十三年忌に血盆経を書写したことが、また『親長卿記』に、一四九一年亡母の三十三年忌に、血盆経七巻を自分で書写したことがみえている。江戸時代には、授戒会《え》のとき、血盆経のお守《まもり》がさずけられ、現在もそのお守はおこなわれている。信仰ふかい女性に働きかけて、かの女らを宗団に結びつけようとする、努力のあらわれである。しかしこれが、禅宗の精神と矛盾するものであることは、あらためて『礼拝得髄《らいはいとくずい》』にみゆる道元の女性観を、引きあいにだすまでもあるまい。

賽の河原和讃

中世後期、仏教は幼児の死につよい関心をもちはじめた。ところで、すくなくとも中世のはじめまでは、貴族はむろんのこと、天皇家においてすら、七歳以下で死亡したものの葬式・中陰仏事はおこなわれていない。鳥羽《とば》院のとき、四歳で亡くなった通仁親王の遺骸を、袋におさめて東山堂に安置したが、その葬式・中陰仏事はおこなわれていない。また白河院のとき、七歳で亡くなった東宮実仁親王の場合は、東宮のゆえをもって特別の取りあつかいをうけ、中陰仏事がおこなわれた、という具合である。神祇伯白川仲資は、その日記である『仲資王記』建永二年（一二〇七）七月二八日の条に、その娘を亡くしたことを記し、ついで、「二十九日癸卯、裏書にいわく、暁天大谷堂に渡したてまつりおわんぬ。小人おんこと、普通の例に似ざるかのよし、法印行舜《ぎょうしゅん》はからるるなり。しかるあいだ××息小僧三人、北首御前に祗候、かの御菩提をとぶらいたてまつるべきなり。七歳以前葬礼仏事なきのゆえなり。普通の例、袋におさめて山野にすておわんぬ、このことは悲歎のあまり、東山堂に安置したてまつりおわんぬ」と。各方面の知人から、七歳までに死亡した場合は、葬式も仏事もおこなうべきでないこと、遺骸は袋にいれて山野にすてるのが通例であることをさとされて、悲歎の涙にくれたことを記し、八月四日の条には、「明日初七日なり。もとより思惟のうえ、御仏事いよいよあるべからざるかのよし、下知しおわんぬ。密々に念仏すること何ごとかあらんや。例時の懺法《せんぽう》はしかるべからざるか。ただし始めらるるののち、とどむべきかの由また申しがたきか云々。もとより籠り僧の儀なし。予の愚息三人祗候《しこう》せしむ。そのうち阿闍梨《あじゃり》二人は、日ごろ御看病、三人小僧参加、沙汰したてまつるばかりなり』と。密密の念仏なにごとかあらんや、と世間の非難に目をつぶり、家族のもの、出入りの阿闍梨たちだけで、うちわの仏事をおこなったと記している。それが一四〇〇年代になると、禅僧の語録に、童子下火《あか》の法語が、そして清規《しんぎ》に童子・童女の位牌のことがみえはじめる。

そうした気運において、賽《さい》の河原和讃《わさん》もつくられた。賽の河原は、幼児が死んでからおもむくところと信ぜられた冥途《めいど》の名前である。この和讃は「地蔵和讃」にもとづいて、さらに詳述したものといわれている。その全文は、「帰命頂礼《きみょうちょうらい》世のなかの、さだめがたきは無常なり。親にさきだつありさまに、諸事のあわれをとどめたり。一つや二つや三つや四つ、十より内のをさな子が、母の乳房をはなれては、賽の河原にあつまりて、昼の三時のあいだには、大石はこびて塚につく。夜の三時のあいだには、小石をひろいて塔につむ。一重つんでは父のため、二重つんでは母のため、三重つんでは西を向き、しきみほどなる手をあわせ、郷里兄弟わがためと。あらいたわしやおさなごは、泣く泣く石をはこぶなり。手足は石にすれただれ、指よりいずる血のしずく、身うちをあけに染めなして、父上こいし母恋しと。ただ父母のことばかり。いうてはそのままうち伏して、さもくるしげになげくなり。あら恐ろしや獄卒が、鏡照日のまなこにて、幼きものをにらみつけ、汝らみながつむ塔は、ゆがみがちにて見ぐるしし、かくては功徳になりがたし。とくとくこれを積みなおし、成仏ねがえと叱りつつ、鉄のしもとを振りあげて、塔をのこらず打ち散らす。あらいたわしや稚な児は、またうち伏して泣きさけび、呵責にひまぞなかりける。罪はわれ人あるなれど、ことに子供のつみとがは、母の胎内十月のうち、苦痛さまざまうまれいで、三年五とせ七とせを、わずか一朝さきだちて、父母になげきをかくること、第一おもき罪ぞかし。母の乳房にとりつきて、乳のいでざるそのときは、せはりて胸をうちたたく。母はこれをも忍べども、などてむくいのなかるべき。胸をたたくその音は、奈落のそこになりひびき、修羅のつづみときこゆなり。父の涙は火の雨と、なりてその身にふりかかり、母の涙は氷となりて、その身をとずる歎きこそ、子ゆえの闇の呵責なれ。かかる罪科あるゆえに、さいの河原にまよいきて、ながき苦患をうくるとよ。河原のうちにながれあり、娑婆にてなげく父母の、一念とどきてかげうつれば、なうなつかしの父母や、飢えを救いてたびたまえと、乳房しとうてはいよれば、影はたちまち消えうせて、水はほのおともえあがり、その身をこがしてたおれつつ、たえ入ることは数しれず」である。

賽の河原のことは、経典のなかに典拠はなく、中世のころ生まれた民間信仰である。『法華経方便品《ほん》』に、童子がたわむれに沙《すな》をあつめて仏塔をつくっても、みなすでに仏道を成ずとすること、それに『地蔵菩薩《ぼさつ》本願経』に、地獄菩薩がつねに六道衆生の能化《のうげ》であり、かつ地蔵の本生が父母孝順にありとすること、などを組みあわせて、その構想が形成されたと考えられている。

その名称については、諸説がある。①、人界と冥界の境界線をつかさどる、道祖神からきているとし、ところは箱根山中とする説。『東遊行嚢抄』に、「道祖河原《さいのかわら》。湖辺に石像の地蔵菩薩数十体、ならびに石塔おおくあり。右のみちの畔に、道心者の庵五宇あり。常念仏を修するという。この石像のあたりに、小石を塔のごとくかさねて数多あり」といい、また『東海道名所記』に、「そのつぎに、さいのかわらあり。右の方にて往来の輩、石をつみ、念仏申してとおるなり。左の方に弥《み》陀《だ》・地蔵の像あり、不断念仏のところなり」とみえている。現に箱根には道祖神があって、賽の河原と称するところがあり、石仏・石塔が多くのこっている。賽の河原信仰がうまれてから、それになぞらえて霊場化されたものであろう。②、サイという地名からきたとし、『類聚三代格』八七一年の、太政官符にみえる庶民葬送地、佐比の里に由来するとする説。佐比の里は、平安京佐比大路の末、桂川と鴨川の合流するところである。死骸を河原に埋葬し、石を積んで塔婆になぞらえたところから、きたのであろうという。

禅宗の庶民化

追善仏事の回数がふやされた。女性と幼児のためには、『血盆経』と『賽河原和讃』が準備されたが、それらは畢竟、弥縫《びほう》策にすぎない。というのは、各宗においては、その宗祖の手によって教説がきまっている。そしてそれは、天台宗・真言宗においては九世紀、浄土宗・真宗・臨済宗・曹洞宗・日蓮宗においては十三世紀のことである。八世紀においては勿論のこと、十三世紀においても、寺院経済において、葬祭とくに庶民葬祭の比重は、それほど高くなかった。宗祖の葬祭観は、そうした現実のうえに組み立てられている。十五世紀以後においては、寺院経営は葬祭とくに、庶民葬祭をぬきにしては考えられない。したがって宗祖の葬祭観は修正されねばならぬ、しかも宗教にとって宗祖のことばは絶対である。とすれば現実に即応する教説をつくり、それを宗祖の著述・口伝とすることによって、新しい情勢に対処する以外に名案はない。たとえば日蓮に仮託された『十王讃嘆抄』、道元に仮託された切紙《きりかみ》など、このたぐいの偽書・

偽口伝《くでん》は、枚挙にいとまない。

葬祭が、禅宗寺院の宗教活動の中心となり、そしてそれを媒介とする寺檀関係が、主財源ということになると、僧侶たちは葬祭の執行に真剣にならざるを得なかった。他宗のそれより優位を保つためには、他宗の葬祭の方法を模倣することが必要であり、更にあたらしい方法を考案せねばならなかった。そのことを、この時代に流行した切紙・血脈について考えてみる。

切紙というのは、室町時代に仏教・神道・歌道その他において、口伝があやまり伝えられるのを防ぐため、それを紙切れに書いて、伝授したものである。なお口伝について、一言つけ加えておくならば、それは密教が好んでもちいた方法で、自分たちに都合のよい教説を創作し、それを宗祖その他先哲に仮托することによって、権威づけようとする方法である。面山（瑞方）の記すところによると、一七四五年には約四〇〇種の切紙が、曹洞宗寺院に流布して、嗣法のとき伝授されていたという。さらにおどろいたことには、同じ年の夏、かれは永平寺承陽庵《じょうよう》において、一四〇通余を見たと記している。それらの切紙をみた面山の結論は、「余かつて、古来の切紙を点検するもの、ほとんど四百首。一としてとり用ゆべきものはなし。このゆえに放擲《ほうてき》して門徒にあたえず」（洞上室内訓訣）というのであった。

葬式に関する切紙として、入棺切紙・入棺大事切紙・下炬参切紙・挙龕切紙・知識葬儀切紙・女子別腹亡者《もうじゃ》切紙・女子懐胎亡者切紙・野辺帰切紙また仏事に関するものとして、位牌大事切紙・鎮墓焼大事切紙・鎮墓切紙・墓移切紙・亡者霊供切紙・十三仏血脈《けちみゃく》切紙・施餓鬼《せがき》法切紙などがある。たとえば鎮墓焼切紙には、「鎮墓焼大事、桑の木か、あるいは桃の木を、高さ二尺ばかりに、四面の塔婆をけずり、塔の四面の題に䳼《たん》の字をかき、あたらしき器物に新水をたくわえ、墨をすりて、みそはぎの根を、その新水にてよくあらい、それを筆となし、鴠《たん》の字のしたに施鬼の文一遍書写して、この塔婆を所焼墓の中央にうちこみ、そのうえに坐具をのべて、しばらく無心の定に入る。つぎに施餓鬼《せがき》を誦す。これすなわち如薪尽火滅の法なり。このとき観相当人の力にあるものなり」と、書かれている。桑・桃・鴠《たん》・萩などの組みあわせは、それが陰陽道《おんようどう》系のものであることを思わせる。

また寺院・授戒会《え》において、結縁のしるしとして信者に血脈《けちみゃく》をさずけた。血脈は戒脈ともいい、相承を記したものである。包紙の表紙には血脈または戒脈としるし、これに三宝印または種子《しゅじ》印がおしてある。これを受けたものは、生前大切に護持し、死亡のとき棺のなかに納めるが、それが一般化したのは、室町後期である。一五六四年の『耶蘇会士日本通信』には、「坊主の説教をなすものは、講壇において書き付けを与え、悪鬼の妨害をうけず天国に安着せしめ、またすでにかれらの手中にあるものは、解放して天国にいたらしむ。天国はかれらの国語にては極楽と称す。すなわち快楽の場所という意なり。この書き付けにたいしても、金銭をおさめ、キリシタンとなるときは、この利益および諸人の尊敬と信用をうしなう」とし。そして、それが寺院で販売されたことを記している。また一五六五年の条に、「人の死するとき、かの地にいたりて報をうけんため、御血脈と称する書きつけを交付す」と、それが免罪符として用いられたとしている。

浄土諸宗の庶民化

はじめから葬祭仏教に比重をかけた浄土諸宗も、十五世紀以降、そのおかれている社会的現実に即応するため、思いきった修正が必要であった。

源信・法然・親鸞《しんらん》の推移は、また臨終重視から平生中心への移行の過程で、そのことは葬祭観にも強くあらわれている。浄土宗においては、念仏をもって万善諸行にまさるとし、もっぱら念仏追善の法を修すべしとする。法然の『遺誡文』には、予がために追福を修すとも、また一所に聚居して諍論をいたし、忿怒《ふんぬ》をおこすことなかれ。かつ図仏・写経・檀施などの善を修することなかれ。ただ一向に念仏の行を修すべし。平生のとき、自行化他、すでに念仏の一行なり。没後なんぞ自余の修善をまじえんや」と誡示している。また、真宗においては、他力往生を遂ぐるうえは、自力所修の追善を要せずとして、亡後の修善を、ただ報謝と考えている。『歎異抄《たんに》』に、「親鸞は父母の孝養のためとて、念仏一返にても申したること、いまださぶらわず。そのゆえは、一切の有情はみなもて世々生々の父母兄弟なり。いずれも〳〵この順次生に仏になりて、たすけさぶろうべきなり。わがちからにてはげむ善にてもさぶらわばこそ、念仏を廻向して父母をもたすけさぶらわめ」と。ともに、葬祭に全生活をかける一五世紀以後の理念たり得ない。すでに存覚は一三五六年、『浄土見聞集』をあらわして、冥府十王のおそるべきことを述べ、その巻末に、「浅智愚闇のともがらを誘引せんがためとて、願主の所望によりて、私の見聞をしるしわたすなり」とし、信仰の純一をほこる真宗においてさえ、当時すでに十王信仰を受容することなくしては、その庶民伝道が不可能であったことを示している。さらに蓮如《れんにょ》にいたっては、一四七〇年越前国（福井県）吉崎において、十王信仰を全面的に肯定し、追善の功徳《くどく》を強調する『御文』を書いている。その要旨は、まず十三仏事について、「中有《う》というは十王の裁断なり。およそ人の死せる宿には、閻王も使いをつかわして、娑婆《しゃば》にいかなる追善をか修すると検知し、亡者も肝をくだきて、遺跡にいかなる善根《ぜんごん》をいとなむと、これを傒望す。もしこれを修せざれば、これを悲しみて、憂えをそえ、歎きをますなり。あとにとどまる人、いかでか仏事を修せざらんや。

されば志の厚薄により、修善《しゅぜん》の浅深にこたえて、十王のうち一王・二王の裁断にあうて、出離するものもあるべし。ないし一周忌第三年の断罪をこうぶりて、得脱する人もあるべきなり。第三年また十王にあいぬるのちも、あるいは十三年、あるいは三十三年なんどまでも、その追善をいたすことは、聖教のなかにあきらかなる説なしといえども、わが朝の風俗として、人これを修しきたれる。せめてもその恩を報じ、いくたびもその生処をとぶらわんがためなり」と。つぎに、祥月《しょうつき》・月忌《がっき》について、「なかんづく死亡の日にとりて、一年に一度の正忌を忌月という。一月に一度の忌辰をば月忌という。月忌なおもて等閑あるべからず、いわんや忌月をや。されば、年を経というとも、かの忌月をむかえては、世間の万事をさしおきて、必ず菩提《ぼだい》をかざるべきものなり」としている。そのあと、他力往生の真宗において、なぜ自力の追善を修するかについて、「念仏の行者は信心をうるとき、四流を超断し、穢身《えしん》をすつるとき、まさしく法性《ほっしょう》の常楽を証すれば、十王のまえにいたるべきにあらず。地獄におつる人、浄土に往生する人、中有《う》のくらいをえざれば、かたのごとく往生のためには、あながち善根を修せずというとも、不足あるべからずといえども、自身の行《ぎょう》業《ごう》のうえに他力の功用をくわえば、極楽に生ずる人もなおその位もすすみ、いよいよ衆生化度《しゅじょうけど》のちかいも自在ならんこと、うたがいなし」と、苦しい解答をだしている。私たちがいま追跡すべきことは、その論理的な矛盾ではなく、葬祭によってのみ、とらえることのできる庶民の宗教心理と、そうした心理にたいする蓮如の大胆な対応であろう。真宗はこうした対応によってはじめて、庶民のなかに浸透することができたのである。

日蓮宗の庶民化　室町時代後期の日蓮宗の生態を示すものに、『扶急言風集』がある。制作年代がはっきりしないが、一五五八

第3表　日蓮宗の追善・逆修一覧『扶急言風集』一九五八年前後

項目	追善	逆修
造塔	石塔	塔婆
造像	普賢像・文殊像	
書写	法華経首題	法華経首題・十三部経
頓写	法華経首題	法華経首題
漸写	法華経首題	
読誦	神力品・寿量品・自我偈	法華経千部・法華経
題目	題目一万返	題目五百万返
講説		法華経千部
法談	両三日法談・一座法談・毎日一座法談	毎月一座法談
その他	供仏施僧	経単衣書写・曼荼羅伝受

年のものをふくむ三巻の『諷誦文集』で、その仏事関係を整理したのが、第（3）表である。

まず追善をみてみよう。①、石塔の建立。②、写経の風はのこっているが、首題の五字である妙法蓮華経とだけの頓写・漸写中心になっている。③、読経が重視されてはいるが、神力品・寿量品など、『法華経』の一部に限定される場合が多くなっている。④、題目。⑤、とくに法談という項目があるのは、いかにも折伏即伝道と考えている日蓮宗らしい。一日法談・両三日法談・毎月一座法談など、ぴちぴちと動いている日蓮宗の姿を思わせる。ところで、写経といっても妙法蓮華経と書くだけで、趣向のかわった題目と考えればいい。とすれば、読経・念仏（題目）という、室町時代仏教一般の、庶民的葬祭儀礼の例外ではない。

逆修については、十三仏信仰にもとづいて、十三部経の書写がおこなわれている。つまり他宗において十三仏事の型がきまり、それにともなって、十三部経・十三仏塚・十三塔婆・十三仏堂など、一連の逆修仏事が流行する過程において、日蓮宗もそれを摂取したのである。②十三仏信仰だけではない、十王信仰の影響も濃い。たとえば経単衣について、「伝えきく、綾羅錦繍《りょうらきんしゅう》のしとねは、有為の身をかくし、寒熱をふせぎ、蚊蚖を廃す。信楽《しんぎょう》慚愧の衣は法身のはだえをかざり、垢穢をのぞき、罪累をほろぼす。有為の凡膚、無為の聖衣をつく、さだめて三途《さんず》おそれなく、八難はばかりなからん」「閻羅《えんら》の獄卒の晴庭において、如来の衣におおわる。ゆえに経に、釈迦牟尼仏手ずからその頭をなずと説き、また釈迦牟尼仏の衣のおおうところとなると宣ぶ」と。③曼荼羅伝受は、他宗の授戒・血脈《けちみゃく》をまねたものであるが、「曼荼羅は生死をやぶるの軍幢なり。本化《ほんけ》門流の系図なり。奪衣婆《だつえば》首をかたむけ、懸衣翁《けんえおう》礼をなす。加うるに、受持の行者は死出三途《さんず》の苦道において、世尊手ずから頭をなでらる」という。ともに十王信仰にむすびつけられている。

なお一般的な点についていえば、日蓮宗においても、信仰集団というかたちを重視していることで、逆修講・一結の衆などの語がみえている。

天台宗の庶民化

十三世紀にその教説を形成した諸宗においてさえ、一五世紀以降、郷村の庶民の宗教としてうまれかわるためには、上に述べたような大胆な修正が必要であった。とすれば、九世紀にうまれた天台宗・真言宗、とくに庶民との宗教的接触面のすくない天台宗の、更生のむずかしさは想像できる。事実それら寺院の大半は切りかえができず、いつしか姿を消してしまっている。

室町時代、地方に活躍した天台宗の葬祭資料に、『長弁私案抄』と『常用集』がある。『長弁私案抄』は、主として一三八三年から一四三四年にいたるあいだの、武蔵中心の諷誦文約五〇編を、

第4表　天台宗の追善・逆修一覧　『長弁私案抄』・『常用集』　一四〜一六世紀

項目	私案抄追善	私案抄逆修	常用集追善・逆修
造塔	卒塔婆・引接柱・浄戒柱	卒塔婆・十三本都婆・延命柱	千部経供養塔婆
頓写	法華経	法華経・十三部経	
漸写	法華経・阿弥陀経・血盆経・尊勝陀羅尼	法華経	
読誦			法華経・観音経六百巻
修法	二十五三昧法・光明真言法	光明真言法	三密瑜伽秘法
念仏	称名念仏数千返		称名念仏百万返
講説	開題演説	開題演説	理趣経・法華経
その他	種々の善根	種々の善根	

『常用集』は、一五八九年のものを含む約八〇編の、常陸《ひたち》・下総《しもふさ》・上総《かずさ》方面の諷誦文を、それぞれ集めている。したがって、前者によって一四〇〇年前後の郷村における葬祭の、後者によって一五〇〇年代後半におけるその断面を、知ることができる。その仏事関係を整理したのが第（4）表である。

一四〇〇年代の仏事は、①、卒都婆《そとば》の建立、②、法華経の写経（頓写・漸写）、③、修法としては二十五三昧経法・光明真言法、④、称名念仏が中心で、それに種々の作善《さぜん》が加味されていた。それが一五〇〇年代後半のものになると、①、写経・善根がまったく無視され、読経が中心にのしあがっている、②、真言宗から、理趣経その他をとりいれ、密教色を濃厚にしている、③、おどろくべきことは、禅宗の下火《あか》・掩土《えんど》の法語をまねて、火葬・土葬・水葬などの引導法語をつくりあげていること、④、十王信仰も、ぬかりなく取りいれている。つまり天台宗は、その独自の葬法をすてて、浄土宗・真言宗・禅宗の葬祭儀礼のなかで、社会的に好評なものを採りいれて、あたらしい、ただし個性のない、万人向きの葬祭法をつくりあげた。しかしこうした工作によって、典型的な古代宗教天台宗が、しかしそのほんの一部が、しかも細々ながらとはいえ、郷村の片すみに、農民の宗教として生き残ることができたのである。

関東東部の農村においても、念仏信仰はあげ潮で、信仰集団化していた。「当村里の衆民、年月をへ、日時をつんで、手にかかえて鉦をならし、唱名称心、念仏をとなう。集所礼拝ひとえに他力をたのみ、往生の益をあおぐ、まさにいま法界《ほっかい》塔婆をたて、摩尼供養を設く」と。そしてかれらは厳冬のころ、隣里近村の巷《ちまた》にたたずんで、寒念仏を修するという熱心さであった。「玄冬索雪の境にいり、凛苦はなはだしといえども、大小二寒にいたりては、ことさらに堪えがたきか。しかるにかの節にむかい、夜をつくして隣里近村のちまたにたたずみ、余念をなげうって、一心に弥陀の尊号をとなえ、あるいは法界に回向《えこう》し、あるいは己身のために発願す。それ寒風身をきるがごとく、堅氷刃をふむに似たり。しかりといえども紅蓮花・大紅蓮《ぐれん》の呵責《かしゃく》を思うに、併せて屑にあらず」と。こうした気運をもりあげて、一結二〇余輩・一結一〇余輩という、部落単位の信仰集団の育成に努力している。しかもかれらを天台宗につなぎとめるために、「それ弥陀如来は六八の願海をたれ、往生の一位をしめす。観音大士は九品《くほん》の正路をひらき、極重の悪人をたっとぶ」と、弥陀と観音の二本立ての努力を怠ってはいない。くどくなるが、かかる生態において天台宗は更生し、みずからを近世の仏教のなかに組み入れることに、かろうじて成功したのである。

追善の流行とともに、供養塔が建てられた。それは如法経塔・板そとば・板碑などである。

如法経塔

無上菩提・往生極楽をもとめて、のちにはもっぱら追善のため、如法経を書写してこれを経筒におさめ、地中に埋めおき、そのうえに石塔をたてたのが、如法経塔である。まず如法経のことから説明してみよう。如法経とは、如法に経典を書写する意味であるが、主として『法華経』、または『法華三部経』などが書写供養された。日本においては八三三年、叡山において円仁《えんにん》がこの法をはじめて行なっている。書写の経典は、法華経一部八巻を主とするが、ときには法華経の開経である『無量義経』、結経である『普賢観経』を加えて三部一〇巻とし、あるいは、これに『阿弥陀経』・『般若心経』を加えて五部一二巻とし、またときには、『弥勒《みろく》下生経』・『上生経』・『成仏《じょうぶつ》経』を加えて、計八部一五巻を書写することもあった。一〇〇七年、藤原道長が書写供養したものは、八部一五巻であって、かれの願文には、「法華経はこれ釈迦の恩に報じたてまつり、弥勒に値遇し、蔵《ざ》王《おう》に親近せんがため、弟子の無上菩提のために、先年書きたてまつる。阿弥陀経はこのたび書きたてまつる。これ臨終のとき、身心散乱せず、弥陀尊を念じて、極楽世界に往生せんがためなり。弥勒経は、またこのたび書きたてまつる。これ九十億劫の生死《しょうじ》の罪をのぞきて、無生忍を証し、慈尊の出世にあわんがためなり」とみえている。諸経を書写供養した趣旨を知ることができる。また法然は、浄土の三部経である『大無量寿経』・『観無量寿経』・『阿弥陀経』の、如法経書写法則を定めている。

つぎに如法経をおさめる経筒であるが、現存の遺品のうちもっとも古いのは、尾張瑞泉寺で発掘された八五七年在銘の経筒である。その銘文は、「大檀越入道藤原氏・源入道源氏・僧幸秀・僧兼秀・勧進聖人住西、天安元年己丑三月二十三日」と記されている。また、もっとも有名なのは、上述の藤原道長が一〇〇七年大和金峰山《きんぷざん》に埋納したものである。その後、鎌倉時代、室町時代、江戸時代にいたるまで、遺品はきわめて多い。

如法塔の建立について、『玉葉』一一八二年四月十六日の条に、「この日、如法経写功をおえ、最勝金剛院の山（故女院御墓所の近辺なり）に埋め奉れるのち、石をもって垣をきずき、そのうえに石の五輪塔を建つ。そのご御墓所において、阿弥陀経一巻を読みおわんぬ」とし、また『三長記』一二〇六年九月六日の条には、「今日、大僧正故殿の御墓所において、如法経を供養せしめたまい、すなわち御墓のかたわらに埋めたてまつらる」と記している。もって当時追善のために、如法経塔の建立が、さかんにおこなわれたさまを彷彿することができる。

如法経を埋め、そのうえに土をもりあげて塚を築き、塔をたてたのが経塚である。

板そとば　追善のため墳墓にたてる、千本そとばをいう。墳墓にそとばを建てることは、平安時代からのことで、すでに醍醐天皇（八八五〜九三〇）の陵のうえには、三本の塔婆がたてられていた。『餓鬼草紙』・『十王図』にも、墳墓のうえに数本のそとばが建てられている。『源平盛衰記』には、丹波少将成経が備前児島に、父成親の荒墓をたずねたときのことを、「釘貫しめぐらして、道すがら造られたりける卒都婆《そとば》を、墓のうえに建てたまいぬ」としている。また『平治物語』には、源頼朝が父義朝の四十九日仏事のために、板そとばを作ったことを、「去年三月に母におくれ、今年正月父討たれたまい、義平・朝長（頼朝の兄弟）にも別れたてまつる。さればこの人々の菩提をも、とぶらわんと思いて、卒都婆をなりとも作らばやと思うゆえなり。なかんづく故頭殿《こうのとの》の六七日も今日・明日なり、四十九日もちかづけば、異なる供仏施僧の儀こそかなわずとも、それをせめての志にせんとおもえば、小刀をたずぬるなり、とのたまわせければ、国弘もあわれにおぼえて、弥平兵衛にこのよしを語れば、宗清、感じたてまつりて、小さき卒都婆百本つくりてたてまつる。自らも造立書写して、ある僧にあつらえて、形のごとく供養の儀をぞとげられける」と記している。板そとばに記す陀羅尼・経典の要文は、ながい年月のあいだに、しだいに型がきまったものらしい。たとえば禅宗についていえば、一五六六年の『諸回向《えこう》清規《しんぎ》式』のそれと、現行のものでは、かなりの相違がある。

板そとばには、施餓鬼《せがき》や流れ灌頂などに用いるものがあり、幅三寸・長さ二尺ぐらいの薄板のそとばの表面に、五輪の種子《しゅじ》と、為何々菩提《ぼだい》と記すのが普通である。それは『菩提道場経』の「まさに一肘量の一千そとばをつくるべし。たとい五無間の罪をつくるも、決定して菩提を成就することを得」にもとづいている。

そとばを書いて、生活の資をえていた、いたか（板書）がある。功徳《くどく》のためと称して、板そとばに経文を書いて川に流し、または読経して金銭を請うた乞食坊主であるが、『職人画歌合』第三十六番に、「文字はよしみえも見えずも夜めぐる、いたかの経の月の空読み」、「いかにせむ五条の橋のしたむせび、はては涙の流れ灌頂」と。また詞書に「流れ灌頂ながさせたまえ。そとばと申すは、大日如来の三摩耶形」とみえている。

板碑　一三世紀になって、板石そとばつまり板碑があらわれ、一六世紀ごろまで、板そとばの豪華版として、かなり流行した。むろん板そとばの全部が、板石そとばにかわったわけではない。板状の緑泥片岩を産する地域、関東・四国などにとくに多く分布している。一般的な特徴は、頂上を三角形にして、その下に二段の切りこみと額部をつくり、かなり高い身部を設けたもので、身部には梵《ぼん》字の種子《しゅじ》や、仏像を本尊としてあらわし、さらに、願文・偈文・願主名・年紀などをきざんだものが多い。死者の追善のため、または願主の逆修のために、つくられるのが普通であった。この形は、五輪卒都婆の形が、省略変形されたものと考えられている。まれには一石をもって、二基・三基を連刻した例もある。しかし一七世紀以後は、また板そとばだけとなった。

五　施餓鬼その他

逆修の流行

逆修は預修ともいう。逆も預もともに、あらかじめとよむ。生前に、あらかじめ死後の往生菩提《ぼだい》に資するため、仏事を修することをいう。逆修は、『地蔵菩薩本願経』の、「もし男子女人ありて存生に善因を修せず、おおく衆罪をつくらんに、命おわるののち、眷属小大ために福利をつくるとも、一切の聖事は七分のうちにして、しかもすなわち一をうるのみ。六分の功徳は、生者みずから利す。これをもって未来現在の善男女ら、聞健なるとき、みずから修すれば、分々すでにえん」あたりを、典拠とするものである。つまり死後の追福は、その利益すくなく、生前に修する逆修は、その七倍の効果があると考えられていた。唐末からさかんになった十王信仰においても、生前に十王のために斎供をおこなうものは、死後十王の裁断をうくるとき、その罪業を軽減されるとされていた。日本においては、どうか。『菅家文章』に、八八三年式部大輔藤原朝臣室家命婦の逆修願文が、おさめられている。三七日・四七日・五七日の逆修であるが、『金字法華経《ほけきょう》』一部、『無量義経』一巻、『普賢観経』一巻、『般若心経』一巻を書写し、あらたに多宝塔をつくってこれを納め、逆修の法会《え》をおこなっている。その文中に、「かくのごとくあらかじめ修すれば、さらにのちのたたりなし。すでにのちのたたりなければ、死をみること帰するがごとし」とみえている。それほど利益があると信じられていたので、平安時代・中世前期にも、逆修がおこなわれていた。しかしそれが一般化し、庶民化したのは、中世後期のことである。

一四五五年ごろ作られた『普済寺疏草紙』には、逆修忌日の配当がみえている。三十三年忌まで一三回の仏事を、一年間におこなう計画である。しかし、実際には必ずしもこれに拘束されてはいなかったらしい。ついで一四九四年の『諸回向《えこう》清規《しんぎ》式』には逆修忌日の次第、逆修善根諷経《ふぎん》、逆修追善諷経、逆修功徳諷経、逆修半斎、比丘逆修、尊宿逆修入牌、逆修寿牌など、逆修に関する記述がはなはだ多く、語録についてみても、逆修仏事が激増している。そしてそれは、宗派、地域、階層のいかんを問わなかった。

第5表　逆修供養日『普済寺疏草紙』一四五五年頃

逆修	供養日
初七日	正月十六日
二七日	二月晦日
三七日	三月二十五日
四七日	四月十四日
五七日	五月二十四日
六七日	六月五日
七七日	七月八日
百箇日	八月十八日
一周忌	九月二十三日
三年忌	十月十五日
七年忌	十一月四日
十三年忌	十一月二十八日
三十三年忌	十二月十三日

施餓鬼会

追善仏事法としてひろくおこなわれたものに、施餓鬼《せがき》がある。施餓鬼は、障害をなす餓鬼にほどこす法会《え》の意である。密教においては、私どもが、病気をして死亡するのは、餓鬼のせいであるという。したがってこの餓鬼を救うことによって、われわれはより幸福になることができると考える。ところで施餓鬼の典拠は、『救抜焔口餓鬼陀羅尼《だらに》』で、その説話の筋は、つぎのごとくである。阿難が一時独居していたときのこと、焔口餓鬼がだしぬけに、かれのところにやってきた。「形貌醜陋にして枯痩し、口のなかに火もえ、咽は針棒のごとく、頭髪蓬乱し、爪牙長利」という物すごい形相《ぎょうそう》であった。そして阿難に、「なんじは三日後に死亡して、餓鬼道に生ずべし」と宣告した。びっくりした阿難は、いかにすればその災厄をまぬがれるかをたずねた。焔口餓鬼の答えは、「なんじ明日、もしよく百千那由他恒河沙数の餓鬼、ならびに百千の婆羅門《ばらもん》仙などに布施《ふせ》し、摩伽陀国所用の斛をもって、おのおの一斛の飲食《おんじき》をほどこし、およびわがために三宝に供養せば、なんじは寿をますことを得。われをして餓鬼の苦をはなれしめて、天上に生ずることをえん」というのであった。その報告をうけた釈尊は、『加持飲食陀羅尼』の功徳をといたという。中国に施餓鬼経典が紹介されたのは唐代で、施餓鬼法は、宋・元・明あたりに流行したらしい。施餓鬼会の本尊は普通五如来である。真言宗において、恵果《けいか》あるいは空海の記録とされている『秘蔵記』には、この五如来をもって、宝生、阿閦《しゅく》などの五仏に配し、かつその列位の次第を説いて、「施餓鬼の義、宝勝如来（南方宝生仏）、妙色《しき》身如来（東方阿閦仏）、甘露王如来（西方無量寿仏）、広博身如来（中央毘盧遮那《びるしゃな》仏）、離怖畏如来（北方釈迦牟尼仏）なり。それ東西南北とつらねずして、南東西中北とつらぬるゆえんは、それ餓鬼は慳貪の報によりて醜陋のかたちを受け、飢餓の苦にくるしむ。宝勝如来は平等性智の用にして、福徳の身なり。まず布施をもって慳貪を退除するがゆえに、宝勝如来をもって第一におく。妙色《しき》身如来は、四智のなかにもっとも理にちかし。大円鏡智の用にして万徳円満し、妙色具足するなり。すでに慳貪を退除すれば、殊勝の妙果をうくべし、このゆえに妙色身如来をもって第二におく。甘露王如来は妙観察智の用にして、説法の身なり。甘露はこれ妙法なるがゆえに、すでに妙果をうけて法器とするに堪えたり。すなわち法をさずくべし。このゆえに、甘露王如来をもって第三におく。広博身如来は法界智の用にして、周遍法《ほっ》界《かい》の身なり。すでに妙法を聴受すれば、その咽喉

施餓鬼（Ⅰ）
餓鬼草紙（鎌倉初期）所収。目連尊者が神通力をもって冥界をみたら，生母が餓鬼道におちていた。

をして開寛し身体広大ならしむべし。このゆえに、広博身如来をもって第四におく。離怖畏如来は成所作智の用にして、変化《へんげ》身なり。六道四生界をへて、一切衆生《しゅじょう》のために、もろもろの事業をなして怖畏なからしむるなり。すでに広博の身をえば、その身心をして安楽にして怖畏なからしむべし。このゆえに離怖畏如来をもって第五におく」としている。なお甘露王如来は西方無量寿仏で弥陀である。

施餓鬼（Ⅱ）
餓鬼草紙（鎌倉初期）所収。施餓鬼会の施食によって，冥界の衆生が法味に飽満することを示したもの。

日本では、平安時代、天台宗・真言宗の僧侶によって紹介された『覚禅抄』・『行林』などには、かなりくわしい修法《しゅほう》の解説が示されている。当時は、貴族のためのものだったので、それを修するには莫大な経費を要した。それが一般化したのは中世後期、とくに禅宗においてであった。ところで、禅宗の文献にくわしい記述がみえるのは、『瑩山《けいざん》清規』所収一三二四年の、施餓鬼榜《ぼう》がはじめである。中国の禅宗における、たとえば明本（中峰）の『開甘露門』などの影響をうけたのであろう。

室町時代になると、施餓鬼は追善の方法として流行した。そのため、たとえば『諸回向清規式』には、施餓鬼・水陸会・盂蘭《うら》盆《ぼん》結縁《けちえん》施食・盂蘭盆亡者追善施食・施食・時正施食などに、多くのスペースをさいている。またそれがひろく普及していたことは、施食略回向・施食略通回向・施食或式などによって知ることができる。施餓鬼のとき、施餓鬼棚の壇上に安置する位牌を、三界万霊牌といい、それには、「三界万霊・六親眷属《けんぞく》」といったものが多い。その回向文も、「護法列位諸天仙衆、地界水界大小の明霊、総じては大日本国一切の明霊、一切権現、三界万霊、十方至聖に祝献す。ここにたのむ、善利普用回厳せんことを。つぎにこいねがわくは、尽祠堂内各霊位、同じく法味をうけ、もって仏祖の化《け》門をまもり、おのおの威光をまして、国家の災障を除かんことを。もっぱら祈る。各人多生の父母、歴劫怨親一切の幽霊・河沙の餓鬼、ことごとく迷衢《めいく》をいでて、同じく覚路《かくろ》にのぼらんことを」（『諸回向清規式』）とみえ、幽霊・餓鬼の冥福を祈るという、きれいごとで終っている。ただ一四五五年ごろにできた『普済寺疏草紙』にみゆる三界万霊牌は、第六表のごとくである。

第6表　施餓鬼位牌
『普済寺疏草紙』
1455 年頃

冥府地獄幽霊等衆
当寺行力亡没幽霊
本寺僧衆多生父母逝霊
十方檀那前亡後化霊儀
当所前後戦陣傷亡無主孤魂
河沙餓鬼幽魂鬼神
傍生品類一切霊鬼

死霊その他精霊のたたりを怖れる、自然信仰的心理の卒直な表現がみられる。冥福を祈ることは、要するに中間目標にすぎなかったわけで

ある。この時代には、武将は戦争がおわるごとに大施餓鬼を催して、敵の戦死者の霊をまつっているが、これも慈悲心の発露とするのは皮相的な見かたで、亡魂のたたりを封ずる呪術としての面を、重視すべきである。

施餓鬼会《え》は現在、真宗をのぞく各宗派でおこなわれている。また水死などの場合、水辺あるいは河中においておこなうのを、河施餓鬼《かわせがき》という。

冥道供　追善仏事は、中国においてその内容をゆたかにしているので、中国臭がつよい。施餓鬼にもそうした傾向があるが、典型的なのは冥道供《みょうどうぐ》である。冥道供とは、冥道を供養する法会の意。天曹地府の諸官衆をまねいて、除病延寿・攘災招福・押除怨魂のために修するものである。まず中央および四隅に、それぞれ壇を設け、中央の壇上には、仏部・蓮華部・金剛部の諸尊、東方の壇上には、迦毘羅神位・金剛善神位・梵王位・日月星宿位・婆羅門仙位・天曹府君衆・天曹百司諸官衆・天曹百司諸吏衆、南方の壇上には、地主明王衆・山川嶽浜衆・城隍社廟衆・曠野大力衆・地主先亡衆・施主寃家債主衆・憔面大士衆・無量恒沙餓鬼衆、西方の壇上には、地府大将軍衆・地府百司諸吏衆・地府百司諸官衆・地府太司命君衆・地府五道将君衆・地府太山府君衆・地府平等大王衆・地府神君衆・護世四王衆・帝釈《たいしゃく》衆・炎魔王位・地神八部衆、北方の壇上には、一切亡僧位・聖僧位・一切諸仏位・一切菩薩位・一切亡尼位の神霊を、それぞれ檜板に書いて安置し、また中央の壇のまえに礼板、脇机などをおき、神霊には、おのおの紙銭、幣帛、五穀粥、干棗《なつめ》などを供えて供養《くよう》する。中国では、南北朝ごろからこの信仰がおこなわれ、善導（六一三〜六八一）の法事讃にも、「願わくは、天曹地府・閻羅《えんら》伺命は、罪障を滅除して、善名を注記せんことを」とみえている。日本においては一〇四四年、大原勝林院において長宴が修したのがはじめで、一〇六八年、

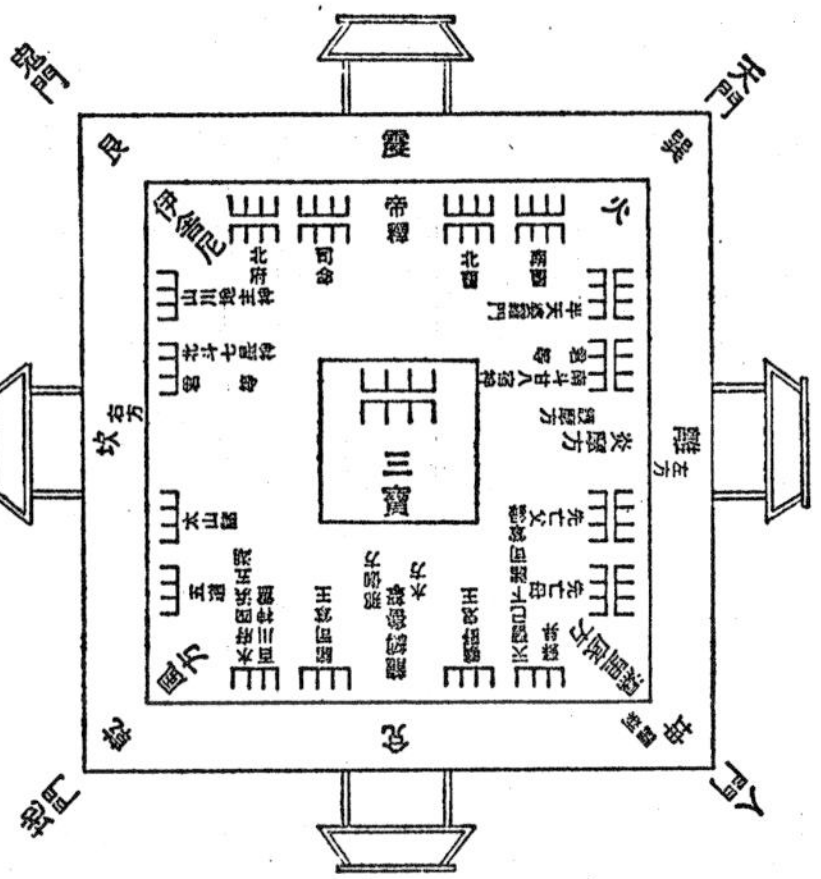

冥道供
行林所収。中国系冥道諸神を総動員して，それに仏教系冥道神を加えたもの。怨霊鬼を押除するための修法。

長宴はまた宇治平等院において、藤原頼通《よりみち》のためにこれを修した。一二〇六年忠快は、北条政子の悪夢消除・息災安穏のためにこれを修した。そのご施餓鬼会の流行とともにその姿を消している。

敵味方供養碑

施餓鬼会および冥道供の、回向《えこう》文や、願文をしらべてみて、痛感することは、精霊のたたりを怖れ、それを封ずる呪術としての心理が、つよく働いていることである。日本においては中世以後、戦争で勝利をえた武将は、戦後かならずといっていいぐらい、敵味方戦死者のための大施餓鬼会を催し、敵味方供養碑を建てている。たとえば、一四一八年、上杉憲基は、上杉禅秀の乱に死没した敵味方の一切の人畜が、浄土に往生することを祈って、藤沢遊行《ゆぎょう》寺に応永戦死供養碑をたて、また一五九九年島津義弘が、朝鮮の役において戦死した日鮮両国将士のために、高野山に石碑をたてて、その冥福を祈ったことは、その適例とされている。そしてそれは、従来仏教において、怨《おん》敵と味方を同視する怨親平等の精神の流露で、博愛精神の表現であるとされている。むろん私としても、怨親平等の精神が絶無とはいわぬ、ただいささか過大に評価されていないかと、いぶかるものである。敵の耳をそぎ、鼻をおとして、塩づけにしてもち帰り、それを一般に展観して戦功を誇る、そういう残忍性をもつ武将たちの手によって、それがおこなわれているからである。それでは何のために、かれらは施餓鬼会をおこない、供養碑をたてたのであろうか。結論からさきにいえば、むろん例外はあるが一般的には、敵の死霊のたたりを怖れたからである。つぎに、いくつかの実例によって、そのことを説明してみる。

足利尊氏・直義《ただよし》の兄弟は、かつてかれらが敵視した後醍醐天皇の冥福を祈るため、一三四〇年に天竜寺の建立をはじめ、六年目にその功をおえている。このことは美談とされ、天真の流露として、尊氏の評価をたかめている。しかし『太平記』によれば、「近年天下のさまを見候に、人力をもっていかでか天災をのぞくべく候。なにさまこれは、吉野の先帝崩御のとき、さまざまの悪相を現じござ候けると。その神霊おん憤りふかくして、国土にわざわいを下し、禍をなされ候とぞんじ候」という夢窓国師の進言にもとづいて、神霊のたたりを封ずるために、建立したものにほかならぬ。

足利義満は、一三九一年山名氏清を討って、これを滅ぼした。それを明徳の乱という。このとき山名軍の死者八七九人、幕府軍の死者一六〇人におよんだ。そこで九二年、義満は『法華経』七部を写し、五山の僧一千人を請じて、大施餓鬼会《せがきえ》をおこない、氏清ならびに戦死者の亡霊の冥福をいのった。そしてその経を納めるために、経王堂(成就寺ともいう)を建立し、堂の東北隅に氏清の首を葬った。これを見聞するもの、涙をながしてよろこんだと記録されている。ただしこれも、『明徳記』によれば、「内野・大宮の戦場には、夜々に修羅闘諍の声きこえて、ときどき合戦死亡の苦をいだく音のみ、人の夢にも幻にも見聞けるあいだ、敵味方の戦死も、なお怨害をふくみ」とみえており、たたりを封ずるための施餓鬼会・経王堂建立であったことは、あきらかである。

徳川家康の五代まえの松平親忠は、三河国岡崎の一帯を根拠とする大名であった。一四六七年信濃から攻め入った大名を、井田野にむかえ討ち、全滅的な打撃をあたえた。戦後、親忠は敵の死骸をあつめ、塚を築いて葬った、それを千人塚という。一四七五年親忠は、敵味方供養のため、勢誉をまねいて弥陀三尊をまつり、七日七夜のあいだ別時念仏を修し、一寺をはじめ、大樹寺と名づけた。ところでその楽屋うらを『大樹寺日記』には、「そのご九年をすぎ、文明七乙未年、伊田野にて討ち死にの霊魂ども、ときをあぐ。往来の貴賤恐懼して、往還をとどむ。聖霊昼夜の苦患を責めらるるゆえか、疫霊となり、近所近辺大疫病」と記されている。つまり疫病の流行を、庶民が敵の死霊のたたりと迷信し、その迷信に対応するために、松平氏が大樹寺を建立したのが真相であるという。

徳川家康は一五七五年五月、織田信長の援助をうけて、多年の仇敵である武田勝頼と、三河長篠にたたかって大勝し、勝頼にたいして致命的な打撃をあたえた。そのごかれは、戦死者の死骸をあつめて葬ったが、味方の塚が小さいので小塚、敵方のを大塚・信玄塚といった。そして七月二十一日、大恩寺の演誉をたのんで法会《え》をいとなんだ。この法会にも、内輪ばなしがある。『長篠軍記』に、「信玄塚より蜂おおくいで、人馬をさし、そのあたり通路なりがたし。これにより、尾三遠の諸宗きたりて、法事あり」と。農民たちが、信玄塚の蜂になやまされ、甲斐の武田勢の死霊のなせるわざであるとして動揺したので、それをしずめるために、法会をおこなったのである。

一六三七年十月、島原半島および天草の農民が一揆をおこしたが、翌年二月幕府軍の猛攻にあって、一揆のよっていた原城は陥落した。農民の焼死したもの、虐殺されたものは、二万人に達したという。乱後、天草の代官となった鈴木重成は、民心の安定のために、多くの禅宗寺院を建立している。またかれは、東向寺の中華珪文をともなって、富岡と原城趾をたずねて法要をおこない、それぞれ首塚の碑をたてた。ところで、原城址の『首塚碑銘』によれば、「その亡魂、あるいは虫豸《ち》と化し、あるいは妖怪と変じ、五穀につき、草木により、枝葉凋落す。民屋に入りておこりをなし、男女の数霊をなやます」とみえている。つまり乱後における天変地異や、凶作・疫病などを、亡霊のたたりとして、農民がさわいだところに、いろいろの追善がおこなわれる動機があったのである。

　以上五つの実例についてみた。そしてそれらに共通することは、不遇な死にかたをしたものは、必ずたたるという信仰が、庶民のあいだにあり、それが動機となって、敵のための大施餓鬼がおこなわれ、供養塔がたてられたことである。こうした庶民の信仰、それにたいする領主の対応を利用して、怨親平等の精神に一歩でも近づかせえたかどうか、そこに仏教にたいする評価の問題があるのである。

流《なが》れ灌頂《かんじょう》　流水灌頂ともいう。それは灌頂幡を河や海に流すところからきている。主としては産婦が死亡した場合に修する追善の仏事で、施餓鬼の一種である。一六八九年著、『寂照堂谷響集』の流水灌頂の条に、「これ経軌の説にあらず、また三国相承の儀にもあらず。しかるにこれ本邦の古徳、経軌のむねを按じて、しかも施設するところなり。灌頂と号するは、旛《ばん》を灌頂と名づく。およそこの法の儀則は、率堵婆《そとば》（光明真言および諸陀羅尼《だらに》を書し、あるいは弥陀の名号《みょうごう》を書す。おのおの相伝の決あり）を建て、流水のうえにおいて、旛（真言および名号を書するはまえのごとし）を造りて、これをかく。水この旛にふれて、流れて滄海にいたれば、海水とともにつきず。水中の群品は、永劫にこの福に沐す。ひとり鱗介羽毛の類のみにあらず。また下流を絶してこれを飲み、これに浴するの輩も、一つとして灌頂の功徳《くどく》をこうむらざるはなし」としている。日本でつくられたものであること、灌頂幡をつくって水に流し、もって魚類などを救済する意にもとづくことがわかる。真言宗・禅宗・浄土宗などでおこなっているが、その方法は、新義真言宗の場合は、つぎのごとくであった。正式には、水辺に塔婆七基をたて、これに幢幡七流をつけて、理趣法または地蔵法を修する。略式には、布を四角にきって、四方にひもをつけ、その中央に阿字をかき、四隅に、迷故三界城、悟故十方空、本来無東西、何処有南北の文字を、それぞれ一句ずつしるし、これを四本の棒で張り、さらに通行人にその布のうえに水をそそいでもらうため柄杓をそえ、『理趣経』などを誦して、加持灌頂するのが普通である。俗には、赤い布を張って、色がさめなければ仏は浮かばれないとか、中ほどに書いた字が消えるまでは成仏しないとか、穴があけばよいとかいわれている。流れ灌頂を修すれば、死者が冥《めい》途《ど》で火の山を越えるとき、熱くないともいわれている。

　また地蔵流しというのがある。六地蔵の尊号を記した塔婆、あるいは紙ぎれに形像をおして、読経開眼《げん》し、それを水中に流すのである。

盂蘭盆会　梵語《ぼんご》ではウランバナ、中国語では倒《とう》懸《けん》（はなはだしい苦しみの意）と訳している。『玄応音義』に、「西国の法を按ずるに、衆像自恣の日にいたり、さかんに供具を設けて仏僧に奉施し、もって先亡倒懸の苦をすくう。かの外書に、先亡罪あり、家また嗣をたち、人の神をまつり、救いを請うことなければ、すなわち鬼処において倒懸の苦しみをうくというをもって、仏は俗に順じて、また祭儀をもうけ、すなわち三宝の田中において、ふかく功徳をおこさしむ」、とみえている。インドにおいては古くから、継嗣がなくて死んだものは、悪処におちるとする信仰があった。そこでバラモンは、修行をおえると家にかえり、結婚して子供をうみ、もって先祖の霊を祀った。しかし仏教においては、出家すると家族生活をしないので、その親は餓鬼のなかに生まれて、ひどい苦しみをうくると考えられた。そこで自恣の日、つまり夏安居《げあんご》のおわった七月十五日に、法会《え》をおこなって、両親その他の先亡倒懸の苦しみを救うことになったのである。

こうした事実を説話化したのが、『盂蘭盆経《うらぼん》』である、(この経は中国でつくられた偽経だろうとされている)。それによれば、釈尊の高弟目連が、はじめて六通をえて父母を済度し、その養育の恩を報じようと、道眼をもって世間を観視したところ、その母が餓鬼道におちて飲食することができず、骨と皮ばかりにやせ衰えていた。このさまにおどろき悲しんだ目連は、救おうとするが、世界をことにするので手がとどかぬ。そこでことの次第を釈尊に報告して、その指示を仰いだ。釈尊のことばは、「七月十五日、僧自恣《じし》のとき、まさに七世の父母、および現在父母の、厄難中のもののために、飯食・百味・五菓・汲灌・盆器・香油・挺燭・床敷 臥具をそなえ、世の甘美をつくして、もって盆中につけ、十方の大徳・衆僧を供養すべし」というのであった。目連は教にしたがったので、その母は餓鬼の苦をのがれることができた。そこで釈尊は、ふたたび目連に、「比丘・比丘尼・国王・太子・大臣・宰相・三公・百官・万民・庶人にして、もし慈孝をおこなうものは、みな、まさにまず所生現在の父母、過去七世の父母のために、七月十五日仏歓喜の日、僧自恣の日において、百味の飲食をもって、盂蘭盆中におき、十方自恣の僧にほどこすべし。よくかくの如くならば、現在の父母をして、寿命百年無病ならしめ、ないし七世の父母をして、餓鬼のくるしみをはなれて、人天のなかに生ぜしむるを得」と教えたというのである。

中国においては、五三八年梁の武帝が、同泰寺において、はじめて盂蘭盆会を催したと伝えられている。七世紀には、かなりひろく普及していたようである。日本においては、六〇六年（推古一四）、「この年よりはじめて、寺ごとに四月八日、七月十五日に、設斎せしむ」（日本書紀）というのが初見である。仏事の民俗のところで述べたように、祖霊まつりの習俗とむすびつくことによって、生活化している。

彼岸会　単に彼岸《ひがん》ともいう。彼岸は梵語パラミタの訳。正しくは、彼岸にいたるの意で、生死輪廻《しょうじりんね》の此《し》岸をはなれ、涅槃《ねはん》常楽の彼岸にいたるの義である。春分・秋分を中心に、前後七日間におこなうが、春分・秋分は時正ともいい、昼と夜とが平分で、太陽は正東からでて、正西に入る。また気候は温暖で、かつ農繁期でもないので、日本においては古来、仏会をおこなうのに絶好の時期とされている。インド・中国においては、彼岸会の習俗はない。中国から帰化した大休正念《しょうねん》（一二一五〜八九）は、「日本国風俗、春二月・秋八月彼岸修崇の辰あり」（『大休禅師語録』）としている。

現在のかたちの彼岸会《ひがんえ》は、日本製であるが、その思想的系譜は、『観無量寿経』の日想観に、もとづいたものであろう。善導の『観経定善義』に、日想観を釈して、「衆生《しゅじょう》をして、境をしりて、心を住せしめんと欲し、方を指すことあることあり。冬夏の両時をとらず、ただ春秋の二際のみをとる。その日正東より出で、直に西に没すればなり。弥陀の仏国は、日の没するところにあたり、直に西に十万億刹を超過す」としている。また、弥陀の浄土を観ずるのを彼岸会と名づけたのは、『観経散善義』の、二河白道の譬喩《ひゆ》に、「東岸というは、すなわちこの娑婆《しゃば》の火宅にたとうるなり。西岸というは、すなわち極楽の宝国にたとゆるなり」とするのにもとづき、西岸はすなわち彼岸であるから、これを波羅蜜多《はらみった》の義によせて、名づけたものであろう。一四七三年に蓮如《れんにょ》は、越前吉崎において一字を建立し、彼岸会《ひがんえ》を執行したが、そのときの御文に、「そもそもこの吉崎の一字にして、彼岸会と申すことは、春秋の両時において、天正・時正と申して、昼夜の長短なくして、暑からず、さむからず、その日いでて正東にして、直に西に没し、人民の往還たやすく、仏法の修行のよき節なるによりて、そのかみ仏在世より、末代のいまにいたりて、これをおこなうなり。この時は人の心ゆたかなるによりて、信行《ぎょう》増上しやすし。されば冬は秋のあまり、夏は春のすえなれば、夏冬は艱苦にして、信心修行もおろそかになりやすきに、この両時のはじめこそ信行相続して、未安心の人は、宿善の花もひらけ、信心開発の人は、仏果円満のさとりをもうるにより、すべて仏法信仰の人は、参詣の足手をはこび、法会に出座するものなり。しかれば、彼岸会といえることは、七日のうち中日は、日輪西方にかたぶき、かの浄土の東門に入りたもう。このゆえに、無為涅槃《ねはん》の極楽《ごくらく》を、彼岸とはいえり。いま娑婆《しゃば》を此《し》岸といいて」としている。また一五〇〇年前後の偽作である伝阿部晴明作の、『ほき内伝』には、「二月・八月中、前三日目これを註すべし、もしそのうち没日あらば、すなわち四日目を註すべし。それ彼岸一七日のあいだ、なにの因縁をもってか、衆人みな善根をいだくや。答う、それ弥陀《みだ》と薬師は因円果満の教主なり。まず薬師は、東方因曼荼羅、弥陀は、西方果曼荼羅なり。胎金両部、日月両輪にして、事理の本尊たり。ゆえに曰く、いくばくの累徳をもって、東方より西方を望むといえども、さらに上品《ぼん》上生《しょう》、紫磨黄金の蓮台にいたりて邂逅す。しかるに二月・八月は、昼夜の尅分正貞にして、あえてちがうを得ず。ゆえにいま述ぶるところの一七日間は、日はるかに薬師の眉間《みけん》、白毫《びゃくごう》の瑠璃殿上をはなれて、西方弥陀の、上品上生の八葉蓮台にかたむくの日なり。衆生《しゅじょう》もっぱら顚行すべきものなり」という。春分・秋分の前後七日間は、昼夜平分で、日は正しく、東方薬師の眉間の白毫をはなれて、西方弥陀の八葉の蓮台にかたむくというのである。

また二季の彼岸会は、『大方便仏報恩経』の「もし女人ありて、安穏吉祥の果報をもとめんと欲せば、つねにまさに二月八日・八月八日において、浄潔の衣を着し、至心に八戒斎法を受持し、昼夜六時に大精進《しょうじん》をたつべし」といい、また『提謂経』や『浄土三昧経』などに、立春、春分、立夏、夏至、立秋、秋分、立冬、冬至の八王日を、天地諸神の交代する日であるから、それらの日に持斎すれば、おのずから増寿益算を得るというのに、もとづくとする説がある。中世以来、一部のあいだに、この説によって、『彼岸功徳成就経』、『速出生死到彼岸経』、『彼岸斎法成道《じょう》経』、『竜樹菩薩造天正験記』、『同検鏡』などの諸書を、偽作している。そのなかに、二月・八月の七ヵ日のあいだ、摩《ま》醯《き》首羅天尊をはじめ、八神ならびに大梵天王、大歳神などが、夜摩・兜《と》卒《そつ》二天の中間にある樹の下にあつまって、一切有《う》情の善悪を校量するとして、さかんに彼岸作善《さぜん》の法を鼓吹した。これらの偽経は、伝日蓮の『彼岸抄』をはじめとして、覚如の『改耶鈔』・存覚の『彼岸記』・『見聞随身鈔』などにも、さかんに援引された。中世において、追善仏事の流行とともに、彼岸会を追善仏事として年中行事化し、経説化する努力が、すすめられていたさまを彷彿させる。

彼岸会の初見は、八〇六年、「崇道天皇（早良親王）のおんために、諸国国分寺の僧をして、春秋二仲月別七日、金剛般若経をよましむ」（日本後紀）である。現在、諸寺院においては、春分・秋分を中日として、その前後七日、または五日・

三日をかぎって、永代経《えいたいきょう》または施餓鬼会《せがきえ》を催すのが普通である。

彼岸《ひがん》といえば、永代経は付きものである。永代経とは、永代に読経する意で、死亡者のために、毎年春秋二季の彼岸などに読経するのをいう。特定の一霊のために、その命日などに読経するのを、特別永代経という。永代経という方法は日本産で、おそらく近世に入ってはじめられたものであろう。一七七四年著の『考信録』に、「今時、永代経と称して、檀越《だんのつ》より若干の銭財をだすをば、僧侶これを常住におさめて、忌日ごとに読経《どきょう》すること、差し降り種々なれども大途はおなじ。これ諸宗一統のこととみゆ。案ずるに、永代といえば、その際限あるべからず、大院・名刹はしばらく論ぜず、小寺・草庵のるいは、変革時なし。永代の法もとより必すべからず。わずかに五十年・百年をふれば、その式廃退するもの、触目みなこれなり。施主の素志いずくんかあるや。些少の施財を利して、永代のことを保任すること、軽卒のいたりというべし。今家にはいにしえこのことなかりしにや。旧記に永代経の名を検せず。祠堂経と称するを、正というべきか」としている。永代経の懇志は、寺院としては重要な財源であり、また檀家《だんか》としては、わずかの納金で、その家の盛衰にかかわらず、毎年すくなくとも二回以上は、先祖の供養をしてもらえるというので、現在においてもさかんにおこなわれている。

第四部　葬式仏教の課題

現在の寺院分布の大筋は、一四六七年から一六六五年にいたる約二〇〇年のあいだに、できあがっている。その間、各宗の伝道者たちは、血まなこになって農村に足がかりをもとめた。神社・辻堂・墓堂・持仏堂などの、既存の宗教施設、また宮座・堂座などの信仰宗団を利用して、郷村の秩序のなかに食いこんだ。その場合、忘れてならないことは、①庶民との接触面が、葬祭を主とするものであったこと。②葬祭宗教としてすぐれている浄土・禅の諸宗が伸びていること。③他宗も葬祭仏教化することによって、辛うじて郷村の宗教化しえたこと。④葬祭を中軸に、寺檀の関係が強化され、寺院経済が安定したこと。などである。

こうした新しい事態を、正しく評価した江戸幕府は、檀家制度としてこれを法制化し、封建支配のために利用することを考えた。そのことは一見、仏教にとって有利な取りひきと判断された。しかし二足のわらじははけぬものである。その眼が権力者にそそがれたとき、その足は大地をはなれていた。そのため、①仏教圏外において、庶民の宗教が伸びはじめた。②反封建的革新勢力は、反仏教的理念を創造した。③明治維新を契機として、教派神道・国家神道は、わが世の春をむかえた。かくて、かつての仏教の持ち分から、国家仏教的部面の大部分と、現世利益宗教面の大半が剝奪された。④ただし葬祭と仏教のむすびつきは堅く、この面だけは、神道の猛攻撃にもかかわらず、ほとんど痛手をうけていない。維新以後の仏教の活きる路は、葬祭一本しか残されていない。そして現在当面している課題は、古代的・封建的な、呪術的・祖先崇拝的葬祭を精算して、近代的な、弔慰的・追悼的な葬祭儀礼を創造することである。

仏教者は、この現実に眼をつぶって、いたずらに幻想の世界を彷徨している。仏教界の混迷は、ここに原因すると思うが、どうか。請う、脚下を照顧せられよ。

一　郷村の仏教

郷村の成立　葬式、仏事の普及版が一応完成したところで、一四六七年いわゆる応仁の大乱という、画期的大事件を迎えた。各宗派は、この乱を契機として、ものすごい勢いで地方農村に食いこんでいった。そこで、まず応仁の乱後急速に伸びた新しい村、つまり郷村制について。つぎに各宗においては、どんな人たちが、何を足がかりに、いかなる方法によって、新しい村に進出したかを考えてみる。

まず郷村制とはどんなものか。それは、近世の村落制度である。郷《ごう》というのは、もともと律令制《りつりょう》による地方行政区画において、国・郡の下におかれたもので、のちの村にあたる。律令制がくずれてからも、郷の呼称は習慣的に用いられていた。応仁の乱によって、庄園・名田《みょうでん》はくずれて、庄園領主の力が失なわれ、そのあとに戦国大名の権力がしだいに確立していった。そして村落共同体の変化と、支配層の交代と関連して、しばらくのあいだ不安定な時代を現出した。その間に、くずれゆく名主・庄官の支配をぬけだして、庄園・名田から独立した農民が、新しく共同体を結成する動きがみえはじめ、なかには社会的動乱にそなえて、自衛的に自治の組織を作るものさえでた。その適例としては、近江《おうみ》の惣などがある。同時に、名主・庄官の地位は弱まり、それらをあつめて従属させた大名権力がうまれた。それは名田・庄園を無視した領域支配権であるので、かつての名主・庄官の一部は、土地をはなれて大名の周辺にあつまり、一部は農民化した。こうして大名は、中世的権力とその基盤を否定して領国を支配し、名田・庄園の解体によってあらわれた農民と土地を、直接支配するにいたった。惣もその機構に吸収された。天正から慶長にかけて、郷村の制度はしだいに整備され、寛文期にその形態を確立した。

近世封建制は、寛文期にいたって確立するといわれているが、その郷村制的側面についてみても、それに関する法令が定着するのは、この時期である。とくに宗教に限定すれば、一六六五年、寺院の新建は厳重に禁止され、翌年、水戸・会津・岡山の諸藩においては、寺院・僧侶の整理がおこなわれている。ところで、庄園村落が崩壊したあと、郷村制が確立するまでの過程、くわしくいえば一四六七年から一六六五年にいたる、約二〇〇年のあいだに、後述するように、郷村における寺院の配置は、一応の完了をみたのである。

宮座と堂講

諸宗寺院は郷村のなかに、しっかりと根をおろすことに成功した。その理由としては、①庄園の崩壊にともなう、古代権力による宗教統制の挫折。②在地領主の支配と、農業生産力の発展。③複合家族制から、単婚家族制への移行。④一五世紀までに各宗派は、その庶民伝道の布石を、ひとまず終っていたこと。などをあげることができる。

郷村伝道の足がかりとなったのは、仏堂と神社である。まず仏堂について考えてみる。創建当時のパトロンについていえば、①古代において、郡司その他郡家関係者、富者らによって建立されたもの、②古代から中世にかけて、庄園関係者によって建立されたもの、③在地武士によって建立されたもの、④農民によって建立されたもの、というう四つのケースが考えられる。しかし一五世紀に、それらの仏堂を主として維持・管理したのは、在地武士と農民上層であった。ところで、仏堂は、弥陀堂、地蔵堂、閻魔堂、十王堂、観音堂、薬師堂、不動堂、毘沙門堂など、かなりバラエテイに富んでいた。

つぎに神社について考えてみる。神社は、そのながい歴史の過程において、産土神《うぶすな》、氏神、鎮守神という、三つの類型を生みだしていた。いま問題にしている一五世紀を基準にすれば、それら三つのなかで、鎮守神が優位にたっていた。それは庄園領主が、庄園の宗教的防衛のために勧請したものであること、したがって特別のとりあつかいをうけたこと、に起因する。そして本地垂迹説の影響をつよくうけて、産土神・氏神にくらべて、宗教的には、はるかに仏教化、つまり進化したものになっていた。

神社には宮座《みやざ》があった。宮座というのは特殊な祭祀組織で、村民が平等な権利と義務をもって祭りに参与するのではなく、村民の一部が、いわば特権的に、神事にあずかる仕組みである。それは主として、一五世紀以降、郷村制が成立する過程に組織されており、宮仲間《みやなかま》、宮講、頭仲間ともいう。はじめは、村の特権階級の人々によって組織された株座であったが、村が発展するにつれて、そうした限られた範囲の人たちだけで、神事を独占することが困難となったところでは、全村民に解放するようになり、一七世紀ごろには株座がくずれて、村座になっているところもすくなくない。株座のなかに、名主株という名前の残っているところがあるが、それはその成立の当初において、宮座が名主層によって特権的に構成されたことを示すものである。とにかく一五世紀においては、村内で政治的・経済的に優位にあるものたちで構成されていたと考えていい。宮座は、座衆、座人とよばれる者から構成され、しかもほとんどが男子の戸主に限られていたが、なかには主婦ばかりの座、たとえば、かかざ、というようなもののできているところもあった。一体に座は年齢階級的で、その中心となるのは年寄《としより》層で、それをおとな・宮年寄・宮衆・上官などともいう。年寄にたいして若衆・若者・若連中という層がある。また別の観点からすれば、宮座は神主と頭屋、つまり神事に関して、祭祀面をつかさどるものと、施設面をつかさどるものとからなっている。祭祀は、今日では普通の神主の職務となっているが、宮座においては、村民がこれに当るという古い祭祀型態を残しているものが少なくない。おそらく一四世紀ごろにおいては、かつての荘園鎮守を別にしては、郷村の神社に専門の神主をもつものはほとんどなく、村民がこれにあたるというのが、普通であったのだろう。その神主には宮座の長老があたる場合と、年々交替する場合とあるが、前者が古い型であろう。頭屋は、神事の施設にあたるのが普通で、神主的な仕事をかねているものもある。その選任の方法は、年齢順、または戸《と》まわり順、あるいはおみくじによって決めるものとか、いろいろの型がある。宮座は一年間の重要な行事をおこなうが、とくに多いのは、年頭の行事で、また籠《こも》りの行事も多い。宮座にとって直《なお》会《らい》・(神事のあとの酒宴)は重要なことで、そのときの座順は、なかなかやかましい。宮座の財政を維持するために、宮田、頭田などがあり、その年の当番である頭屋が、それを耕作するのが普通であった。

宮座は、村寄り合い的性質をもっていた。その決定は、檀那寺を一方的に決定し、それを村民に押しつける権限さえもっており、たとえば、紀伊国(和歌山県)名草郡府中村の宮座である八幡宮座講仲間《なかま》の、一七一二年の定式によれば、「何ごとも村一所に相定め、宗門寺の儀も一宗に相きめ、外村より他宗まいり候とも、改宗いたさせ、上座・平座とも、庄屋・肝煎《きもいり》よりあい、相談のうえにて、不儀・無作法者は、きっと上座・肝煎にても、座講のぞき申し候古法」と記されている。

このことから推測すれば、一五・六世紀の農村伝道においては、宮座の組織を味方につけることが、重要な条件であったことがわかる。

神社を中心とする宮座にたいして、仏堂を中心とする堂講がある。堂講は、堂座講、座講、講座ともいう。和歌山大学の安藤精一氏は、紀伊国における宮座を研究してその資料をあつめていられるが、そのうち、西国分薬師講文書・西国分持斎講文書・佐野家文書（弁天講・堂座講）・東三谷座講文書（観音堂座講）・高野口町田原区有文書（念仏講座）・菅野家文書（薬師堂講）・遍照寺文書（氏神本地堂である薬師堂の座講）の七文書は、堂講関係で、宮座文書との比率は一七対八である。堂講は、宮座のかげにかくれて、これまでほとんど研究されていないが、この紀伊国の例によってもその存在は仏教伝道史上、無視すべからざるものであることがわかる。たとえば那賀郡西国分村においては、本座名筋という本来的な宮座を三座といい、つぎに二座、一座の家筋があった。三座の家筋のものは、山王権現座と、塩かま講・薬師如来座・持斎講《じさいこう》・精進潔斎のための講の三座にでることができる。二座の家筋の者は、三座のうちで持斎講に参加できない。一座の家筋のものは薬師如来座だけに参加することを許されている。本座筋は一七六七年には、わずか四人になっていた。この場合、成立のもっとも古いのが持斎講で、もっとも新しいのが薬師如来座と考えていい。とすれば、この村においては、宮座よりさきに、仏教的な持斎講の座が生れていたと考えられる。

伊賀郡九度《くど》山《やま》村の座講は、古くは遍照寺の薬師堂の座講だけであったが、一七五六年には、座外の者たちによって、観音寺の観音講が組織されていた。当時の記録によれば、「元来村方に、古来より遍照寺と申す寺院これあり、惣体村方、無常を相願い候寺院にて、ことさら氏神別当も相兼ねまかりあり、祈滅（祈禱と葬式）とも相つとめ、相続いたし来り候。もっとも遍照寺境内に、氏神本地堂の薬師堂・大日堂これあり、すなわち座方のものども、毎歳遍照寺に相あつまり、座講経営つかまつる旧儀など御座候。そのほか氏神祭礼のみぎりも、右遍照寺へ、座方のうちにて、座年寄り六人・一老・二老ならびに庄屋・年寄り相つめ、その年の祭礼規式、相さだめ候格式など御座候」とみえている。察するに、はじめ神社の別当寺として遍照寺ができ、それが葬式寺化して、独立寺院となり、神社の別当を兼任するにいたったのであろう。さらに憶測をたくましくするならば、一五・六世紀のころ、この村にやってきた僧侶が、神社の宮座に近づいて、その神社の別当となり、別当寺が繁栄するとともに、かつての宮座を、その本地である薬師堂の座講に、発展的に解消せしめたのであろう。

宮座・堂講という、部落における村民の生活を規制する実力をもつ、宗教的組織を味方として、それを伝道の足がかりとすることは、きわめて有利であった。そして、上にのべた遍照寺の薬師講の例にみられるように、神社―宮座―別当寺―独立寺院―宮座から堂座、という過程をたどったケースは、少なくなかったのであろう。まして、もともと堂講として存在したものを、その村に進出した伝道者が、寺院化したであろう確率は、宮座の場合より、はるかに高いものであったろうことが推測される。

鎮守と仏教

要するに郷村がのびゆく過程において、専門的な神主や・住持のいない、神社・仏堂の、神事・仏事を施行するために、村の上層部を中心に宮座・堂講が組織されていた。一五世紀ごろから、農村に積極的に進出しはじめた伝道者たちは、神社・仏堂の施設を、さらには座・講の組織をそのまま利用した。ところでそれら既存の施設・組織を利用した伝道者は、一体だれか。二、三の場合を考えてみる。

すでに古代、農村に伝道したものは少なくないが、その末期から中世にかけて活躍したものに、鎮守社の社僧がある。庄園には、中心地か、または、庄内を一望のうちにおさめることのできる地点に、必ずといっていいくらい、鎮守社が勧請されていた。たとえば、興福寺および藤原氏の庄園には春日神が、八幡宮・天満宮のそれには、それぞれ八幡神・天満神が、といった具合に。いま肥後国（熊本県）玉名郡の庄園について、そのことをしらべてみる。そこには野原庄・大野庄・伊倉庄・玉名庄などがあった。まず野原庄は、ほぼ現在の荒尾郷の地域で、河川についていえば、関川・浦川・菜切川の流域である。ここは八幡宮領（宇佐弥勒寺）で、その面積は公称七〇〇町、実際は八〇〇町をこえる大庄園であった。総鎮守は、一宮である野原八幡宮で、二宮は高浜八幡宮、三宮が井手八幡宮、四宮が蔵満《くらみつ》八幡宮で、それぞれ庄園内の要所に勧請されている。大野庄は、大野別府ともいい、いまの坂下郷にあたる。主として、行末川・境川の流域である。八幡宮領（筥崎八幡宮）で、総鎮守は繁根木《はねぎ》八幡宮。

伊倉庄は、伊倉別府ともいい、ほぼいまの小田郷の地域にあたり、八幡宮領（宇佐八幡宮）で、もと郡司日置氏が開拓したものである。一〇七四年、筑前の講師永源が、日置氏についで一一〇三年、宇佐八幡の公順が永源から譲りうけて、宇佐八幡宮領となった。

まず、国司・郡司が、その特権的地位を利用して、豊饒な土地を開拓して庄園とする。豊富な財力を有する寺院・神社・貴族が、これを買収して、さらに拡充する。すくなくとも、これが庄園成立の一つの方式であった。ところで、鎮守としては南・北八幡宮がある。北八幡宮は北方村に位置し、その神宮寺が報恩寺である。もとの寺地である本堂山には、一三・一四世紀の古塔が七基現存している。南八幡宮は、宮原に所在し、北帳村に神宮寺の寺趾が残っている。

玉名庄は、また大町庄ともいい、菊池川の下流域の、もっとも豊饒な地帯で、天満宮領（太宰府）である。『天満宮託宣記』によれば、かつて道真の門生であった肥後国司右大弁惟仲朝臣の、寄進にかかるものである。梅林村津留《つる》天満宮は、もと安楽寺村にあった、天満宮の神宮寺が安楽寺であったのである。太宰府の、天満宮と安楽寺の型を、そのままここに移植したのである。

それらの鎮守社の、主なものには、神宮寺が附設されていた。しかも鎮守社や神宮寺を管理する最高の責任者、またそこに勤務するものの大部分は、僧侶であった。したがって、そこをとおして農民のあいだに流される宗教は、はじめは怖畏性のつよい神社神道一本槍であったが、時代が降るにつれて、それだけでは貢租を確保することができず、恩恵性ゆたかな仏教の比重を漸次たかめていった。かくて鎮守社の社僧によって、弥陀信仰、法華信仰、薬師信仰などが、農民のあいだにもちこまれ、それらの信仰に関係のふかい仏堂が、つぎつぎと庄園内に建立されたようである。資料は乏しいが、農村伝道において、これら社僧たちが果した役割は無視できない。この社僧の例によってもあきらかなように、すでに古代末期から仏教は、神社の組織のなかに食いこみ、それを徹底的に利用することによって、伝道をおしすすめている。かくて自然崇拝に呪縛されていた農民は、仏教にたいして、なんら抵抗を感じることなく、ごく自然にその信仰をうけいれた。

仏教の進出　古代末期に、貴族とむすびついて繁栄した山伏は、中世に入って貴族が経済力を喪失するとともに、伝道の対象を転換せねばならなかった。結論をいそげば、神道的山岳信仰の習俗をもつ地方農民を、その檀那として組織することに努力し、みごとに成果をおさめた。すなわち、いち早く農村に定住した先達《せんだつ》は、霊場をまもる御師《おし》と連携《れんけい》をとって、信者から浄財をあつめ、かつかれらをともなって霊場に参詣することによって、自分をうるおすとともに、霊場の経済をゆたかにした。熊野・吉野・羽黒・大《おお》山《やま》、英彦山《ひこさん》、その他、修験道の霊場が繁栄して、それぞれ数千の山伏を擁したのは、そのころのことである。ところが、その後、諸宗派が郷村に浸透する過程に、それら霊場にたいする信仰は、徐徐にではあるが、衰退しはじめたらしい。とにかく一五世紀ごろから、山を下りて農村に定住する山伏が激増した。かれらは、初期の農村伝道においては有利な条件をもっていた。①すでにかれらの先輩が、先達として農村伝道に従事していたし、かれら自身も、廻檀という檀那まわりの方法によって、農民の宗教的欲求を熟知していたし、また村落上層部の信頼もえていた。②修験道は、神道性のつよい宗教であるだけに、郷村の宗教構造の中核をなしている神社・神道と、妥協しやすかった。③農村に進出した山伏には、農民の信仰に根づよくむすびついていた神道系の呪術者である巫女と、結婚するというケースが多かったが、そのことは、農民との接触をより容易に、より緊密にするものであった。とにかく一五世紀から一七世紀にかけて、おびただしい数の山伏が農村に移住し、神社を拠点として、その別当寺を創建している。ところで修験道は、農民の宗教として一つの欠点をもっていた。それは、治病を中心とする宗教であって、葬祭面がよわい点である。そのため他宗派において、葬祭を中心とする寺檀の関係がつよまると、かれらの管理する別当寺の経営は困難となり、ために、真言宗、天台宗に改宗するものが、しだいに多くなった。またその一部は吉田神道に結びついて、神主に転じている。

　真言宗・天台宗も、中世になると、農村伝道に注意を向けはじめ、高野・根来《ねごろ》・醍醐などはとくに熱心であった。つまり一五世紀になって、それら寺院の庄園支配が致命的打撃をうけるにおよんで、伽藍の維持と、僧侶の生活をまもるために、農村伝道の路線をより強化して、より多額の浄財をあつめる必要にせまられていたというわけである。また僧侶の農村に定住するものも多かったが、この場合も、神社・仏堂の別当寺を出発点とするケースが多く、それは真言宗の場合、とくに顕著であった。中央寺院は、それら農村寺院を育成することよりも、末寺として浄財募集網に組織することに、熱意をもっていたようである。

禅宗の場合。当時農村において、伝道の拠点をどのようにして確保したのであろうか。『蔭涼軒《おんりようけん》日録《にちろく》』一四八八年六月四日の条に、興味ふかい記述がある。総持寺二世、峨山紹碩門下の五哲が、五門跡として、一年交代で総持寺の住持となったことを記したあと、他の二〇人の弟子たちのことにふれ、「世間を往来し、堂宮にすみて、道人と号するもの、みな、かの二十人の子孫なり」としている。二五哲の活動したのは一四世紀であるが、そのころすでに、師跡をついだもの、武士の帰依をうけたものを除いて、つまり大部分の禅僧たちが、必至に生活の場をもとめ、村落にある辻堂・鎮守を足場として、農民のあいだに、葬祭と治病を中心とする伝道を、すすめているさまを彷彿させる。ともすれば禅宗寺院は、すべて武士の建立とみられがちであるが、それがドグマにすぎぬことは、この一例でもよくわかる。早くから直接農民とむすびついたところに、禅宗の伝道が成功を収めた秘密があったのである。

さらにこのことを傍証するものに、『和庵清順禅師行状』がある。清順は生前に、その出自はむろんのこと故郷についても、誰にも語らなかったという。一五世紀のはじめ、武蔵国（埼玉県）埼玉郡皿尾村に、風来坊のごとくやってきた。そして辻堂の阿弥陀堂に寓止して、「写経課仏、あるいは禅、あるいは誦、大いに道化《どうけ》をひろめ、緇白《しはく》を誘引す。往来絡繹《らくえき》として、堂外に市をなす、ただちに仏にあうの想いをなし、道路に喧伝して成田に達す」と、その伝道ぶりはすばらしかった。かくて領主成田家時の帰依するところとなり、一四一一年竜淵寺の開山となった。むろんその宗教活動は、葬祭と治病を主とするものであった。その方法も巧妙で、「遠里近郷の人、一たび竜淵の水をなめ、その土を踏むもの、後に浄土に生ると。先を争って寺に入り、地を卜して塔を建て、父母親故の冥福をすすむ（中略）。州民指していわく、関東の高野なり」と。またたく間に、竜淵寺を関東の高野の地位におしあげている。

浄土真宗の場合はすこし違う。すでにある、神社、仏堂、または座講を利用することは、きわめて少なかったらしい。そのことを暗示するのが毛坊主である。『笈埃随筆』に、飛騨国（岐阜県）のことにふれて、「当国に毛《け》坊主とて、俗人でありながら、村に死亡のものあれば、導師となりて弔うなり。このものども、いずれの村にても、筋目ある長《おさ》百姓にして、田畑の高をもち、俗人とはいえども、出家の役をつとむる身なれば、あらかじめ学問もし、経教をもよみ、形状、物体、筆算までもそなわらざれば、人も帰伏せず、つとまりがたし。居宅の様子、門のかまえ、寺院にかわることなし。葬礼・斎非時に、麻上下《かみしも》を着して導師のつとめをなし、平僧に準じて野老頭《やろうあたま》にて、亡者《もうじゃ》を取り置きするは、片鄙《いなか》ながらいと珍らし」とみえている。毛坊主が、農村における真宗寺院の先行型態であることがうかがわれる。また『斐太《ひだ》後風土記』などに記されている村ごとの道場と、毛坊主の存在によっても、そのことは傍証できる。それによると、多くの道場は近世中期に、高山照蓮寺の末寺として、寺号がつけられたが、なお助右衛門・太郎兵衛・久助などの俗名を称し、その道場の敷地も、一反をこえるものはまれで、多くは五、六畝、なかには一畝十歩などという小規模なものもあり、農家とまったく差異はなかったようである。なおそのことは、『肥後国人畜改帳』によっても実証できる。ところで毛坊主の称は、飛驒以外に、近江・丹波・大和・安芸・紀伊・肥後などにもその実例があった。とにかく浄土真宗寺院においては、他の宗派とちがって、信者である農民が毛坊主となり、その私宅を道場とし、それが寺院化するというケースが少なくなかったらしい。

要するに仏教信仰は、さまざまのかたちで農村に浸透していた。そのなかで、荘園の鎮守神を中心に、顕密諸宗系の社僧による伝道は、これまで見落とされているが、こんご解明すべき問題であろう。とにかく一応、農村における受け入れ態勢がととのったところで、一五世紀に各宗派は、あらたに組織されつつあった宮座・堂講を足場に、神社と摩擦することなく、スムーズにその伝道をおしすすめた。真宗の伝道には、毛坊主・道場という、一風かわった方法がみられるが、しかしこの場合でも、神社と対立的ではなく、『諸神本懐集』的な妥協のうえに進出したと考えていい。

二　諸宗の伝道

浄土宗　庶民的展開を、宗派・地域の両側面から検討することにして、はじめに、宗派を中心に考えてみる。まず、庶民仏教の花形である浄土宗を、俎上にのせてみる。竹田聴州氏の調査によれば、一六九六年に存在した浄土宗寺院のうち、九二パーセントまでが応仁の乱以後、さらにいえば、主として一四六七年から一六六五年にいたる、二〇〇年間に建てられたものであり、それ以前のものは、八パーセント強にすぎないことがわかる。そこで第一の疑問は、文字どおり燎原の火のごとく、全国に伸びたと考えられる初期浄土宗の伝道が、寺院数においては、なぜそんな低水準にとどまらざるを得なかったか、である。

まず一二・一三・一四世紀と、浄土宗がのびたのは、正統派を誇称する鎮西派の独力によるものではないことを、銘記すべきである。一四一六年鎮西派の酉誉《ゆうよ》は、『浄土三国仏祖伝集』において「上人在世・滅後において、専修念仏の名をおしみ、私の流儀をたて、名利に貪着し、万民を誑惑すること、その一にあらず」としているが、そこで異端とされている一念衆・多念衆・説経衆・三《さん》昧《まい》衆・道心衆・勧進《かんじん》衆・選択《せんじゃく》衆・一向衆（真宗）・九品衆・諸行衆・他力衆・遊行《ゆぎょう》衆（時宗）、それに西山派を加えた一三集団の、苦心にまつところが多い。はじめにその中の、勧進衆について考えてみる。

当時の庄園には、二つの基本的な型があったことを考えておく必要がある。その第一は、京都・奈良、つまり貴族・寺院・神社に所属するもの、第二は、鎌倉、つまり武士に所属するものであった。そしてどちらかといえば、前者は畿内を中心として、山陰・山陽・南海・西海に、後者は関東を中心として、東海・東山・北陸・奥羽に多く分布していた。この二型の庄園は、宗教的にそれぞれ異った色彩をもっていた。もちろん第一の庄園においても、寺社領か貴族領かによって、多少のちがいはあったが、とにかく全体の宗教的色調は、顕密諸宗的であった。そこにおいては、厳重な宗教統制がおこなわれ、異端的宗教にたいしては、高い障壁が設けられていた。たとえば同じく浄土教でも、顕密諸宗の発展に奉仕する天台的浄土教には、その存在をゆるしたが、顕密諸宗を批判する立場にある浄土宗は、異端として排撃した。伝道者および信者の追放、伝道所および住宅の破壊などが、頻々としておこなわれている。しかし、一部の熱心な浄土宗伝道者は、かかる圧迫にも屈せず、執拗に伝道をつづけた。

いま法然の高弟重源《ちょうげん》(一一二一〜一二〇六)についてそれをみてみよう。ここでとくに重源をとりあげたのは、研究資料が比較的よく保存され、その足跡をたどるのに便利だからである。重源は俊乗坊といい、また南無阿弥陀仏《なむあみだぶつ》とも称した。その信者たちに、空《くう》阿弥陀仏・法阿弥陀仏などの阿弥陀仏名をつけ、またその建立した寺院には、南無阿弥陀仏寺と名づけた。かくて、信ずると否とにかかわらず、何人《なんぴと》にも念仏を唱えさせ、その因縁によって極楽に往生させようとしたほど、熱心な伝道者であった。かれがはじめた浄土宗寺院は、約三〇カ寺で、高野《こうや》新別所、東大寺浄土堂、渡部別所、播磨《はりま》別所、周防《すおう》南無阿弥陀仏、伊賀別所などがそれである。まず一一六八年、高野に進出したかれは、従来の別所にたいして新別所をひらき、寺名を専修念仏寺と名づけた。ついで一一八〇年、平氏による南都焼打事件が勃発した。南都に進出する絶好のチャンスである。重源は、大仏の夢告をうけたと称して、その再建の大業を引き受けた。そして本寺財政の確立を考え、寺領の回復と新地の寄進に努力したが、こうして得た新地六カ所の収入は、約二〇〇〇石にも達した。かくて伽藍《がらん》再建と財政確立の二大功績によって、東大寺内における重源《ちょうげん》の地位は、ゆるがぬものとなった。そこで、まず東大寺内に浄土堂を建て、ついで東大寺と密接な関係をもつ土地および庄園に、浄土堂を建立した。その場合のかれの苦心を、一一九二年創建の播磨別所について見てみよう。

重源は、荒れはてた庄内の寺院から、使用にたえる古材をあつめて仏閣一宇を建立し、数体の仏像を安置して、南無阿弥陀仏寺と名づけた。そして直ちに、浄土堂を建立し、三〇口の浄侶による不断高声念仏をはじめた。かれの希望は、浄土堂を建てることであったが、そうしたことは直ちに許されないので、迂路をとったわけである。ついで、浄土堂に庄園一カ所を寄進して、その経済を安定させ、さらに、その維持についても、こまかい心づかいをしている。そして本寺の保護をつよく要請した。

それでもなお不安を感じた重源は、浄土堂を東大寺とさらにつよく結びつけることに努力した。すなわち東大寺再建の成功は、播磨浄土堂の霊験によるものであることをほのめかし、さらに朝廷の庇護をもとめてその祈禱所とした。そして一一九七年、東南院主に寺領をゆずるときも、大部庄《おうべ》に関するその功績をならべ立て、従って大部庄の預所職には、自分の同行《ぎょう》である如阿弥陀仏・観阿弥陀仏の両人をもってした、とつけ加えている。さらに浄土堂の庄園について、その特質を説くことによって、諸役の賦課をも禁じている。

要するに、かれの目的とするところは、浄土宗寺院の建立である。しかしかれの功績はみとめつつも、旧宗教のもつ雰囲気は、かれがいきなり浄土宗寺院を建立することを許さないだろう。かくて旧寺院復興の体裁で、一寺を建てて、南無阿弥陀仏寺と名づけ、その中の一堂として浄土堂を建て、その経済的基礎を確立するために、新地を開墾して堂領とする。かくすることによって、漸次旧宗教的色彩を払いのけて、浄土宗の寺院としようとしたのである。さらに将来予想されるトラブルをさけるため、天皇の祈禱所とすることによって、その独立を権威づけ、大部庄の預所職を浄土宗僧侶とすることによって、本寺の迫害を緩和《かんわ》する方策をたてている。また東大寺の寺僧にたいして、大仏再建は浄土堂建立の功徳によるものであること、また浄土堂阿弥陀仏の霊験の、卓絶していることを力説するなど、手のこんだ配慮をおこなっている。

こうしたかれの苦心は、効を奏したであろうか。いま史実についてそのことを検討してみる。

重源の没後東大寺は、浄土寺をその末寺とし、末寺の私有地を、本寺の直接支配下においたようである。これに対して、浄土寺の寺僧は精力的な抗争をつづけて、庄園の奪還をはかったのみならず、天皇祈禱所である地位を利用し、院宣を申し受けて、その権利を主張した。いっぽう東大寺は、浄土寺庄園の没収を強行し、それを合法化するために、子細を言上して勅裁をうけ、八幡宮神人《じにん》以下、寺家公人ら多数を大部庄に派遣して、実力をもって接収しようとした。これに対して浄土寺は、住民らと結托して、一切の課税を拒否し、院宣に違背することを楯に、東大寺の使者一行を追いかえすため、かれらが滞在する大部庄政所《まんどころ》に討入り、神人以下を刃傷《にんじょう》殺害している。この場合注目すべきことは、浄土寺の僧と住民とが結托《けったく》して、東大寺に対抗していることである。このときは一応東大寺側の譲歩によって解決し、そのご浄土寺は三〇石を東大寺に納めたようである。ついで応仁の乱後の一四九八年、浄土寺は一方的にこれを一〇石にへらし、ついで貢納を中止したことによって、問題は最後的に解決した。要するに重源の伝道法つまり、旧宗教寺院と妥協して、寺院内あるいはその庄園内に、浄土宗寺院を建立するということは、最も大胆な方法である。しかし重源のように熱心で、しかも巧妙な伝道法によってさえ、中世前期には、この程度の成果しか収め得なかったのである。

やや余談になるが、『峰相記』（一三四八年著）によれば、文永（一二六四〜七五）ごろ、播磨国に浄土宗寺院が五カ寺建立されている。それは、安志田の塩野寺、浦上の福立寺、河内の伊勢寺、鵤《いかるが》の孝恩寺、飾磨《しかま》の光明寺で、すべて当国富貴の者の建立にかかり、豪壮華麗なものであったという。そしてそれらの寺においては、毎年四回、それぞれ一二日間、三部経・浄土論疏などの談義がおこなわれていた。しかし顕密諸宗からの圧迫のせいか、延慶（一三〇八〜一一）のころには、そのうちの四寺までが禅宗となり、光明寺だけが浄土宗の寺として残っていた。教信沙弥《しゃみ》以来の伝統をもつ播磨《はりま》においてさえ、正統派浄土宗の伝道は、それほどむつかしかったのである。これをもってみても、京都・奈良の勢力圏内にある地域の伝道が、いかに困難であったかを、推察することができる。

以上のような条件のもとに、浄土宗諸派の伝道者は、その教説を庶民に近づけ、かつ顕密諸宗・神道との妥協をはかって、その伝道をおしすすめた。そして一五世紀には、それをそっくり浄土宗鎮西派と真宗が、継承することになった。

時　宗　時宗の宗祖一遍は、無理のない行きかた、つまり本地垂迹《すいじゃく》説を肯定し、顕密諸宗と全面的に妥協するという方法によって、新しい伝道路線をみいだした。時宗とは、臨終の時を肝要とする宗の意である。ところでかれは、遊行《ゆぎょう》聖《ひじり》を理想とし、立教開宗の意志などもってはいな

おどり念仏
一遍上人絵伝（鎌倉中期）所収。一遍とその門下は各地を遊行して，おどり念仏の法会を修した。

かったが、かれの死後、門弟たちのあいだに、寺院を拠点として念仏をすすめる傾向が生まれた。たとえば湛阿《たんあ》は、教信沙弥《しゃみ》の遺跡である播磨の教信寺に、「自国他国の念仏者をあつめ、元亨三年にはじめて八月十五日結願にて、七日声音をたたず、数百人常行三昧に念仏す。上下群集する野口の大念仏」（『峰相記』）をはじめた。

他阿《たあ》（真教）（一二三七〜一三一九）も、一遍にならって遊行賦算《ふさん》の旅をつづけたが、それは湛阿と同じく、一遍の遊行回国とは本質的に異なるものをもっていた。一遍は熊野で神勅をうけるまえから、念仏賦算をおこなっている。念仏をしるした小紙片を、信不信をえらばず、より多くの人に手渡して、念仏をすすめた。つまり庶民に伝道することを、遊行の目的としていたのである。しかし他阿は、はじめから寺院を建立することを計算にいれていた。かれの行化は、越前・加賀・越中・越後の北陸グループと、上野・下野・武蔵・相模の関東グループと、その二つをむすぶ信濃・甲斐に限定していた。それだけに、一ヵ所の滞留期間もながくなっている。武士のなかには、時宗の道場を建立して、そこに知識の止住を要請するものが多くなった。他阿としては、年来の理想である。早速かれらの希望をいれて、弟子を各地の道場におくっている。こうして、各地に時宗の道

納骨とそとば
一遍上人絵伝（鎌倉中期）所収。遊行先において庶民のために納骨のそとばをたてその供養のためにおどり念仏を修するケースもあったらしい。

場が生まれたが、主なものとしては、若狭《わかさ》では小浜の西福寺、越前では長崎の称念寺・敦賀《つるが》の西方寺・岩本の成願寺、越後では国府の称念寺・佐橋の専称寺・柏崎の一念寺、信濃《しなの》では伴野の金台寺、甲斐《かい》では一条の一蓮寺と黒駒の称願寺、武蔵では人見の一乗寺、下総《しもふさ》では結城《ゆうき》の常光寺、常陸《ひたち》では佐竹の浄光寺、下野《しもつけ》では宇都宮の応願寺などがある。これらの時宗道場は、すべて有力な在地武士の支持によっていた。他阿の死後、その法流は、他阿がはじめた独住上人と藤沢上人の二本立ての制度を、そのごも守りつづけた。つまり遊行他阿上人は、もっぱら遊行回国をつづけ、藤沢上人が死亡すると、遊行回国のことをつぎの遊行《ゆぎよう》他阿上人にゆずって、藤沢上人となった。時宗一二派のうちで、遊行派が主導権を確立することができたのは、二本立ての体制を守りつづけたためであるという。遊行はいつしか形式化したが、それでも時宗は一四〇〇年代の前半までは繁栄した。一四一六年著作の『浄土三国仏祖伝集』において、鎮西派を別として、時宗にもっとも多くのスペースをさいているのも、そうした事実の反映であろう。応仁の乱によって、時宗の支持者であった守護大名が没落するとともに、時宗は衰亡の一路をたどった。一五一六年の『耶蘇会士日本通信』には、「時宗と称する一派は、僧院の人、男女ことごとく雑居し、少しも別なく、夜はみなともに時の祈禱を唱し、坊主は院の一部に、女の坊主は他の一部に帰る。またある祭儀をおこなうにあたり、勤行《ごんぎょう》をおわりたるのち、坊主一団となり、女の坊主又一団となりて歌い、中途にともに踊りまた歌う、これらの僧院においては、堕胎・殺人の犯罪多し」と、この宗団の道徳的頽廃を指摘していることは注目すべきであろう。

重源《ちょうげん》の伝道は多難であった。一遍とその一党、つまり時宗の伝道は、一時かなり成功したかにみえたが、これまた中途で挫折した。そして、伝道の定石をまもった弁長（聖光）（一一六二〜一二三八）とその一党だけが、着実に教線を伸ばしていった。

弁長は法然在世中に、京都を辞して九州にかえり、筑後と肥後において、在地武士とむすんで伝道をすすめた。古代権力のつよい京都とその附近をさけ、九州においても、郷里であるにもかかわらず筑前をさけている用意は、さすがである。伝道の拠点は、筑後国司草野入道要阿が開創した善導寺であった。熊本の往生院において作った末代念仏授手印をはじめ、のち鎮西派において重要な聖典とされたもので、かれが筑後・肥後において著作したものは、少なくない。

弁長の弟子良忠（然阿）（一一九九〜一二八七）は、筑後において受法ののち、郷里が山陰であるにもかかわらず、関東にとび、下総・鎌倉・武蔵に伝道した。下総における伝道拠点は、鏑木《かぶらき》光明寺、飯岡光明寺、福岡西福寺などで、それぞれ千葉一族である、鏑木・荒見・椎名の支持によった。鎌倉での拠点は悟真寺（のちの光明寺）で、北条の一族大仏朝直の協力によるものである。なお武蔵の拠点は箕田の勝願寺であった。良忠の門下から六派が分出して、北関東・奥羽・京都へとひろがった。鎌倉時代末に、京都に進出したこの派の人々は、それまで西山派の手にあった知恩院を手にいれて、これを本拠とし、浄土宗の正統として活動した。

以上、重源《ちょうげん》を中心として、一三世紀・一四世紀において、古代権力のつよく残存している地域内で、専修念仏を伝道することのむずかしさを、またつぎに、一遍を中心に、専修念仏の規制をゆるめて本地垂迹《ほんちすいじゃく》説を全面的に肯定し、顕密諸宗と妥協するという伝道も、線香花火的成果しか収めていないこと、さいごに、弁長を中心に、鎌倉前期における伝道の定石、つまり古代権力の地盤をさけ、それときびしく対立する武士とむすぶという方法によって、浄土宗の教線が着実に伸びていることを見た。

真宗

真宗は、一四六七年の応仁の乱勃発を契機に、突如その教線を拡大して、たちまち日本一の大宗門の地位にのしあがった。ここで、つぎのことが問題となる。真宗はいかにして郷村に足がかりをつくり、農民の伝道に成功したか。そのことを、宗教史的・伝道史的な面に限定して考えてみる。そのことの理解のためには、まず一四一六年鎮西派の酉誉《ゆうよ》が指摘した、異端一二派その他の果した役割を、正しくとらえることが必要である。つまりそれら先駆者たちによって、弥陀信仰の種子が、先行的にいたるところに蒔かれていた。たとえば二十五三昧講などの信仰集団のもつ無常堂（墓堂）、そして恐らくそれとも関係をもったであろう部落共有の阿弥陀堂、さらには武士・農民のもっていた持仏《じぶつ》堂など、つまり、真宗を受容する条件は熟していたのである。そこに、一四六七年からの応仁の乱によって、庄園的束縛のきずなが断ちきられ、先進地域においては、郷村の新しい自治的・惣的結合がつよまり、その線にそって真宗が進出するにおよんで、真宗王国化するところさえ出来たというわけである。

一五六一年の『耶蘇会士日本通信』には、真宗についてつぎのような報告がみえている。「この宗派は信者多く、庶民の多数はこの派に属す。つねに一人の坊主を頭にいただき、死したるもののあとをつぎ、宗派の創立者の地位に立たしむ。（中略）これにたいする崇敬ははなはだしく、かれらの罪の赦免を彼をみるのみにて多く流涕《てい》し、かれらの罪の赦免をもとむ。諸人のかれにあたゆる金銭ははなはだ多く、日本の富の大部分は、この坊主の所有なり。毎年ははなはだ多く、寺に入らんとして門に待つもものはなはだ多く、寺に入らんとして門に待つものの、その開くにおよび、競いて入らんとするが故に、つねに多数の死者をいだす。しかもこのさいに死することを幸福と考え、故意に門内にたおれ、多数の圧力によりて死せんとするものあり。夜に入りて、坊主かれらにむかいて説教をなせば、庶民おおく涙をながす。朝にいたり鐘をならして合図をなし、ここにおいて、みな堂に入る」と。本願寺法主にたいする信仰と、報恩講の雑踏ぶりを伝えている。応仁の乱からわずか一〇〇年、ときの流れに棹《さお》さした真宗は、名実ともに宗教界の王座にのしあがった。また一五六六年のものには、「日本には数おおき阿弥陀の宗派のなかに、一向宗と称するものあり。毎朝、夜半後三四時のあいだに、僧院において鐘をならし、その宗派のものはみな、厳寒・降雪・降雨にかかわらず、またはなはだ遠しといえども、ただちに起きいで、堂の門戸ひらかるるを待ちてこれに入る。しかして毎日説教あり。その宗派のものは、大多数毎日三回僧院にゆき、長時間祈禱をなす」と。庶民のなかに生きる新興宗教らしい、ぴちぴちした若さを描いている。

一向一揆《いっき》にさいして、農民たちは、どうしてあれほど勇敢であったか。その百姓一揆的性格については、こと新しく論ずる必要はあるまい。その宗教史的側面について、一五八〇年の『耶蘇会士日本通信』は、「かれは戦争に臨むにあたりて、戦争において死すべきもの一同に、十分なる免罪をあたえ、安全に天に入ることを許せり。これによりて、この盲目なる異教徒らは、死すべき機会をもとめ、かくのごとく有利なる免許の益をうけんとするもののごとく、非常なる勇気をもって戦えり」と。聖戦に殉ずることによって、極楽《ごくらく》行きが保証されたためである、としている。

臨済宗

禅宗は出家仏教である。したがって、自給自足するか、清貧の生活に徹するか、あるいは理解ある檀越《だんのつ》を得るか、そのいずれかでなければ、純粋に伝統を守りとおすことはできぬ。しかも清貧の生活に徹した栄西とその一党でさえ、天台宗・真言宗・律宗とあわせて、禅を修していた。それは、かれらの多くが天台宗・真言宗の出であることにもよるが、それ以上に、京都において生活するかぎり、そうした偽装が必要であったためである。建長寺の開山道隆、円覚寺の開山祖元にいたってはじめて、純粋の臨済禅が、日本に移植された。それは、鎌倉幕府の執権北条時頼・時宗の二人が、禅につよくあこがれていたからである。したがってその時期をすぎると、祈禱と葬祭の比重が高くなる。パトロンである中央や地方の武士たちが、坐禅だけで満足せず、坐禅・祈禱所・菩提寺という欲ばった考えをもちはじめたためであり、肝腎の禅についても、武士たちは出世間的な純禅に満足せず、世間的な儒教をそれに加味することを求めた。

こうした武士の要請を、すべて受けいれることによって、すでに鎌倉時代末、臨済宗は、武士の宗教として急速に伸びていた。『峰相記』によれば、播磨《はりま》一国（兵庫県）に、一三四三年現在、臨済宗寺院一二、庵四〇余、計五〇余できている。庵の成立年代は詳かではないが、寺院の例から推測すると、おそらく一四世紀はじめ、約四〇年のあいだに建てられたとみていい。

室町幕府の将軍足利尊氏と、その弟直義《ただよし》は、熱心な禅宗のパトロンであった。五山制度をそのまま継承し、疎石《そせき》（夢窓）のすすめによって、国ごとに安国寺と利生塔を建立し、後醍醐天皇および、元弘以来の戦没者の冥福を祈った。ついで、疎石は尊氏に請うて、後醍醐天皇の菩提を弔うため天竜寺を建て、その開山《かいさん》になっている。門下に俊才が多く輩出し、夢窓派として発展した。その門派の中心人物となった妙葩《みょうは》（春屋）は、義詮・義満《よしみつ》の信頼をえて、一三七九年僧録に任ぜられ、五山全部を統轄する最高責任者となった。かくてそれまで、禅律方頭人によって支配されていた五山は、僧録によって支配されることとなり、その附属機関として、蔭凉職《おんりょうしょく》が設けられて、僧録を補佐するに至っている。五山制度は、いくたびかの改訂をへて、一三八六年には京都五山と鎌倉五山、そして南禅寺を五山の上に置くことに最後的決定をみた。いっぽう十刹・諸山の制は、鎌倉時代末からしだいに整えられた。はじめ、京都・鎌倉を中心としたが、そのご守護大名などの推せんによって、地方禅刹のしめる比率は、しだいに高くなった。今枝愛真氏の調査によれば、室町時代末には、十刹六〇余、諸山二〇〇余、それに五山を加えて、官寺の総数約三〇〇に達したという。それらの官寺は、はじめは十方刹《じっぽうせつ》、つまり住職を人材本位に起用する寺院であったが、のちには度《つ》弟院《ちいん》、つまり弟子ゆずりの寺院となっている。そして官寺約三〇〇のうちで、聖一《しょういち》派七〇余、夢窓派をふくむ仏光派約七〇、大覚派二三、法灯派一四、以下一山派、黄竜派、大鑑派、宏智《わんじ》派がこれについでいたという。全五山派のなかに、各派のしめる勢力を想像することができる。しかしこのように、足利幕府との関係が緊密化したことは、結局その幇間《ほうかん》化を意味するものでしかなかったことは、『蔭凉軒日録』・『鹿苑《ろくおん》日録』などが如実に示してくれる。表面のはなやかさにもかかわらず、大地に根をおろすことを忘れた五山派は、妙心寺派に圧倒され、そして全臨済宗は、封建制下の宗教として、曹洞宗の足もとにもよりつけぬ宗門になりさがった。

曹洞宗

上層武士とのつながりに専念した臨済宗とは反対に、農民あるいは下層武士とむすんだのが曹洞《そうとう》宗である。ところで曹洞宗祖道《どう》元《げん》の禅は、純一無雑の出家《しゅつけ》禅であった。それがどうして農民の宗教に転化し得たのであろうか。

道元の法嗣は四人で、懐奘《えじょう》（京都の出）、僧海（未詳）・詮慧（近江）・法明（高麗国）。懐奘の法嗣は七人で、義介（越前）・義尹《いん》（京都）、寂円（宋国）・義演（越前か）・義準（越前か）、仏僧（近江）・道荐（未詳）である。懐奘の門下に越前系の多いのは注目すべきことで、そのすべては、真言宗の波着寺懐鑑《えかん》の一党である。懐鑑《えかん》は学僧で、真言・浄土をへて、禅に関心をもち、一二四二年その高弟の義介・義演・義準らとともに、当時洛南宇治の興聖寺にあった道元の門に投じた。その翌年、京都を逐われた道元は、越前にうつったが、そのことに、懐鑑は恐らく一役かったものと想像される。

道元寂後の永平寺は、懐奘（一二八〇寂）が二世、義介（一三〇九寂）が三世、義演（一三一四寂）が四世、義雲（越前宝慶寺寂円嗣、一三三三寂）が五世で、以下三七世天梁（一七一四）まで約四〇〇年のあいだ、寂円系が独占している。永平寺住持職をめぐる争いは、かなり深刻であったらしく、その中心は義介対寂円であった。義介のあと、同じく懐鑑系の義演を四世としたのは、おそらく義介の策略で、五世にひとまず義雲をたてることによって寂円系の攻撃の鋒先をそらし、六世に自分の法嗣をもちこむ計画だったのであろう。しかしその思惑が不成功におわり、かえって寂円系の猛攻撃にあって、ついに義介は永平寺をおわれた。かくて義介は、加賀大乗寺の開山となった。その後寂円派には人材がなく、一方義介の門下には、能登総持寺の開山紹瑾《じょうきん》、紹瑾の門下に素哲・智洪・紹碩《じようせき》・至簡らが輩出したので、義介派が事実上曹洞宗の主流となった。

ところで、義介とその一党の禅は、①、かれらの多くが真言宗の出であること。②、義介が招かれた加賀大乗寺は、富樫家尚が澄海阿闍梨《あじやり》のために建てた、真言宗寺院であったこと。③、能登総持寺は、紹瑾が真言宗僧定賢からゆずりうけたものであること。④、義介が、その活動する舞台としてえらんだ加賀・能登《のと》・越中は、天台宗・真言宗、とくに総持寺の立地する能登は、真言宗が深く浸透していたこと。などの諸条件によって、義介派つまり総持《そうじ》寺派は、永平寺派に比して真言宗的で、祈禱色が濃かった。そして伝統をまもる永平寺派は、気息奄々《えんえん》、真言宗にちかい総持寺派が、主流派化した。主流派は、坐禅、祈禱、葬祭という三本立ての態勢で、まず在地武士に、ついで農民のなかに、深く浸透していった。

『日本洞上聯灯録』(一七三五著)は七四三人の僧伝を、宗祖永平道元を中心に、第二世・第三世というかたちで順をおって編集している。永平下第八世が、だいたい応仁の乱前後にあたるので、それまでの進出状況をたどってみる。四世つまり鎌倉時代末までは、肥後をのぞいては、越前、加賀、能登、越中、美濃《みの》という、せまい地域に限定されていた。それが、五世つまり南北朝の争乱期になると、丹波《たんば》、陸奥《むつ》に進出している。丹波の永沢寺は、永平下五世の寂霊が一三七〇年(応安三)にはじめ、陸奥正法寺は一三四四年(康永三)の開基であるが、永平下五世の良印が一三六一年(康安一)入山している。六世にいたって四国をのぞく各ブロックに、八世にいたっては、関東・四国の若干の国をのぞいて、六十余州にその拠点を確保している。六世は応永、八世は応仁前後と考えていい。つまり曹洞宗は、一応伝道の基礎を整備したところで、戦国期をむかえたのである。

日蓮宗
　一二八二年（弘安五）日蓮は、日昭、日朗、日頂、日持、日向、日興の六老僧に、教団の維持と発展を委嘱《いしょく》した。かれの没後には、それら直弟が輪番で、身延山《みのぶさん》（山梨県）にある日蓮の墓所を守ることになっていた。しかし彼らは、鎌倉・下総・上総《かずさ》・駿河《するが》などにおける指導者でもあったので、実際問題として、土地を離れることはそれほど容易ではなかった。かくて身延山は事実上、日興一門の人によって守られていた。しかるに一二八八年、身延の地頭波木井《はきい》実長は、上総の日向《にっこう》を身延山の別当と定めたので、日興は身延を去って、富士山麓に一門家を立てた。この事件を契機として、輪番制はくずれ、教団は各地に分立するにいたった。そして日蓮宗の主地盤である関東においては、中山法華経寺《ほけきょう》（千葉県）と、池上本門寺（東京都）・鎌倉妙本寺（神奈川県）を一体とする勢力とが、対立することとなった。

　中山法華経寺とその一派の特色は、在地武士千葉一族の、完全な氏寺であったことである。千葉胤継は、出家して日常と称し、みずからその第一世となるほどの熱の入れかたであった。一三一四年（正和三）の置文によれば、千葉胤定は俗別当として、貫主とならんだ勢力をもっていたことがわかる。ついで胤定の猶子日祐が、第三世となるにおよんで、両者の関係はより緊密なものとなった。中山法華経寺がわにとっては、千葉氏の支配権力を背景として、領内を日蓮宗一色にぬりつぶすことを、また千葉氏のがわとしては、在地武士の血縁的紐帯《じゅうたい》による支配体制に、法華《ほっけ》信仰による精神的支柱をあたえることを考えていた。

　こうした日蓮宗と在地武士との、抱合関係をしめす事例はおおく、日泰（一四三二〜九八）と、上総の在地領主酒井定隆の関係もそうである。日泰は一四六九年、下総千葉郡浜野郷に、廃寺を再興して一宇をかまえ、本行寺と号した。そのころのこと、武蔵《むさし》品川の本光寺から帰国する途中、大風のため、海上を漂流した。船客たちは生きた心地もなかったが、そのとき船べりに立った日泰が、神呪の肝文をとなえ、玉女神の呪法を封じたところ、たちまち順風帰帆、危難をのがれたという。その演出が水ぎわ立っていたのであろうか、たまたま同船していた酒井定隆の信仰するところとなり、船中においてすでに、「治国握掌のとき、領内の黎民をして、ことごとく泰師の妙宗に帰依《きえ》せしめ、今日の布施《ふせ》に行参《ぎょうさん》せん」との約束をとりつけている。当時は小領主にすぎなかった酒井定隆も、八七年ごろには、上総の国の三分の二を支配するほどになり、八八年には土気城を再興して、支配の基礎をかためた。かくて、かつての約束にもとづいて、本寿寺・善生寺・本城寺など、つぎつぎに建立し、「遠近の里人、ことごとく群集して宗門をあらため、あまねく什門《じゅう》に傾けり」(『土気古城再興伝来記』)という繁昌ぶりであった。結局、領内のこらず日蓮宗に改宗させたのである。ところでその宗教面は、葬式仏事と治病《ちびょう》祈禱の二本立てであった。伝道においては、まず廃寺を再興して足がかりとする。領主をとりつけて、たくみに利用し、宗教の独占をはかる。その目的達成のためには手段をえらばず、奇蹟・利益《りやく》譚を創作し、宣伝する、という、かなりどぎつい方法をとっている。また備前《びぜん》西半国を領した松田氏の、領内日蓮宗化も注目されていい。

阿波《あわ》の三好長春も、一五七五年、国中の老若男女を、すべて日蓮宗に改宗させた。そこで他宗寺院は、「無縁の諸宗ことごとく、禅・浄土・真言宗にいたるまで旦那をうしない、粮につきて、三密瑜伽《ゆぎゃ》の道場にいるべき便りもなし、観念定坐の勤めをもわすれ、仏像に薫じたてまつる香花《こうげ》もちりはて、においも失せたり」『三好記』というさびれかたで、とくに真言宗の打撃は大きかった。そこで、真言宗がわが学匠をまねき、それに対して日蓮宗がわも堺の妙国寺・経王寺を迎えて、宗《しゅう》論《ろん》をたたかわせた。その結果、真言宗が勝ったが、なにしろ当国大名の尊信する日蓮宗のこと、なんらの処罰も受けず、かえってますます繁栄した。

武蔵《むさし》国荏原郡六郷領においても、永禄（一五五八〜七〇）ごろ、在地領主行方弾正明蓮が、「法《ほっ》華《け》宗に固執し、他宗の寺院の、おのが領地にあるかぎりは、法華の教に帰伏せしめ、そのしたがわざるものは、堂宇を廃し、僧侶を追捕」（『新編武蔵風土記《ふどき》稿』）したと伝えられている。

とにかく、日蓮宗伝道の特色は折伏《しゃくぶく》（宗論）である。永仁年間（一二九三〜九）、能登《のと》における真言宗との宗論、一三一八・九年、鎌倉における顕密諸宗との宗論、一三三八年、備中《びっちゅう》守護邸における浄土真宗との宗論、一四三五年、天台宗との宗論、一五〇一年、浄土宗との宗論、一五四三年、鎌倉における浄土宗との宗論、一五五三年、甲府においておこなわれた浄土宗との宗論、一五七五年、阿波《あわ》における真言宗との宗論、一五七九年、安土《あづち》における浄土宗との宗論、などは有名である。そして、折伏した相手を弟子として、その寺院を日蓮宗に改宗させている。

いま一つの問題は、日蓮宗においても、師跡をついだもの、あるいは武士その他檀越《だんのつ》から招かれたもの以外は、堂宮を足がかりとして、農民にたいする伝道をはじめていることである。東京近郊に例をとれば、中延村の法蓮寺は、もと八幡社の別当寺、池尻村浄光庵は、稲荷社の別当寺であった。ただし日蓮宗の別当寺が、真言宗・曹洞宗などのそれとちがう点は、その主体である堂宮までも、日蓮宗色でぬりつぶすことである。たとえば法蓮寺の場合、八幡宮の末社を、妙見《みょうけん》堂と毘沙門《びしゃもん》堂にしている。

天台宗・その他

さいごに、天台宗・真言宗・修験道について、簡単にふれておく。まず天台宗・真言宗は、いかにして、郷村の宗教として自らを再編成したか。天台宗を中心に考えてみる。これよりさき徳治（一三〇六〜八）のころ、鎌倉幕府の公文所《くもんじよ》において、各宗のことが話題にのぼったとき、「天台宗は八講請用ばかりなり。論義学匠護持のためにあらず、出離のためにあらず、総じて以て無用の宗なり（『渓嵐拾葉集』）と、評価された天台宗である。中世後期に入って、同宗寺院がその財源とした庄園は、崩壊の一路をたどり、したがって火災などを契機に、寺院の滅亡するものが相ついだ。しかし、それらの寺院で生活していた僧侶たちは、生きてゆかねばならぬ。山を下りたかれらは、必死のあがきをはじめた。すなわち堂宮を足がかりに、庶民とのつながりを強めていった。雨露をしのげるという住宅的条件を別にしても、そこは最もスムーズに村民と接触しうる場所であり、その維持費をもとのまま、村民に負担してもらえる便宜もあったであろう。また村民の側からすれば、自分たちの信仰する仏神にたいして、朝夕勤行《ごんぎよう》してもらうことは、大いに歓迎に値いすることであったろう。たとえば『新編武蔵風土記稿』について、荏原郡の別当寺をしらべてみると、一七カ寺中、天台宗が五カ寺、真言宗が七カ寺をしめている。ところで村民のもとめているのは、葬祭が主で、治病は従である。そこで治病はお手のものとしても、葬祭には格段の工夫が必要であった。つまり、弥陀《みだ》信仰を強化することが必要であった。宗門全体として考えれば、天台宗における真盛上人とその法系の動き、真言宗における覚鑁《かくばん》に仮托した『孝養集』の偽作など、この間の消息を物語るものである。

修験道《しゆげんどう》について。一五七一年の『耶蘇会士日本通信』は、山伏について、「日本には山伏と称する他の宗派あり、その数多くして悪魔につかゆ」「はじめてこの宗に入るものは、二、三千人はなはだ大いなる山にのぼり、七十日間、悔悛の苦行をなし、おわりて頭に白き護符《ごふ》をかけ、頭頂におもき帽子をいただく、これその制服なり。悔悛の時期おわるまえ悪魔は種々なるかたちにて山中にあらわる。かくのごとくして業をおえ悪魔の門弟となり」と。その数の多いこと、また大峰《おおみね》修業のことを述べ、「ここをいでて日本全国をめぐり、依頼をうけてその業をおこなう。かれらは僧院のごとき家を有し、旅行するときは、みな鐘をもち、いたるところこれを鳴らし、人をしてそのきたるを知り、その業によりこれを用いしめんとす」と。その遊歴、住坊のことにふれ、また、「かれらは頭髪をつかね、盗難または紛失の品をもとめんと欲するときは祈禱《きとう》をなし、小児をまえにおき、悪魔のこれに入りたるのち、求むるところをたずね、また人の害、または幸福をまねくため、祈禱をおこないて金を受く」と。庶民のなかでの、宗教行為をえがいている。

ただし、葬式仏事を媒介とする寺檀《じだん》関係を、確立しえない修験道《しゅげんどう》は、あたらしい郷《ごう》村の宗教としての条件を欠いでいた。したがって、天台宗、真言宗などに改宗するか、または神主となって吉田神道の支配下に入り、産土神《うぶすな》を生活の拠点とするか、あるいは低俗な迷信を宣伝し、その呪術者《じゅじゅつ》として底辺の生活に甘んじるか、三つのなかの一つをえらばねばならなかった。そうした山伏の転向も、あたらしい宗教分布のきまる、一四六七年から一六六五年にいたる、二〇〇年間を中心とするようである。

総括　以上宗派を中心として、その庶民的展開をたどってみて、つぎのことが明らかになった。①、浄土宗についてみると、近世寺院の約九二パーセントが、一四六七年から一六六五年まで、約二〇〇年間の創建である。なお他宗についても、ほぼ同じことがいえる。そのことは、地区を中心としての項に詳述する。②、一五世紀の中葉まで、顕密諸宗はその勢力圏内において、きびしい宗教統制をおこなっていた。したがって新興諸宗の伝道は、いちじるしく困難をきわめた。伝道法には三つの型があった。a、顕密諸宗の勢力圏内において純粋のものを伝道する。b、顕密諸宗の勢力圏内において伝道するが、それと全面的に妥協する。c、顕密諸宗との摩擦をさけて、武士の勢力のつよい地域において伝道する。以上三つの方法である。a型は失敗、b型は成否半ばし、c型は成功している。そしてその場合、武士との結びつきの程度によって、いろいろとニュアンスの相違がうまれた。③、郷村に進出するときの足がかりを、どこに求めたか。浄土宗・真宗の場合は、つぎのごとくであった。先駆的浄土教者によって、信仰集団共有の、墓堂、部落共有の阿弥陀堂、農民あるいは武士の持仏堂などの、設立されているところが多かった。いわば弥陀《みだ》信仰の雰囲気が充分であった。一四六七年の応仁の乱を契機として、庄園的村落構造がくずれ、そのあとに、自治的・惣的郷村制が芽ばえた。このチャンスをつかめばよかった。④、天台宗・真言宗・曹洞宗は、既設の宗教施設を利用したが、浄土諸宗の場合とちがって、どんな辻堂でもよかったし、神社でもかまわなかった。そこを根拠として、信者のもとめる宗教を、なんでも提供した。つまり宗派の独自性をすてていることが注目される。⑤、日蓮宗の伝道は、あくが強い。辻堂・神社を一旦拠点にすると、すぐ日蓮宗色にぬりつぶしている。またいわゆる折伏的伝道法がとられている。領主を折伏することによって、領内寺院を日蓮宗に改宗させ、住持を折伏《しやくぶく》して、その寺院を日蓮宗のものにしている。⑥、葬祭を媒介として寺檀関係が成立すると、郷村における修験道に属する山伏《やまぶし》の地位は、不安定となった。かくて、天台宗・真言宗の僧侶化するか、吉田神道系の神主化するか、あるいは迷信に寄生する乞食坊主化するかであった。

三　地区の点描

東　京　研究資料のそろっている地区をえらんで、立地条件、宗派のからみあいにおいて、あたらしい宗教分布の諸問題を、解明したいと思う。

私たちの身ぢかなところ、東京とその周辺を俎上にのせてみる。まず東京西部（もと武蔵《むさし》国荏原郡といわれた地区）の、寺院分布図の種々相を調べてみる。資料は一八三〇年完稿の、『新編武蔵国風土記《ふどき》稿』である。本論にはいるまえに、武蔵国の寺院分布を概観する。

笠原一男・新行紀一両氏は、『大日本寺院総覧』によって、一七〇三年現在の、寺院分布を統計化された。それによれば、真言宗が一位、わずかな差で曹洞宗が二位、ついで浄土宗、日蓮宗、臨済宗、天台宗、真宗、時《じ》宗の順となっている。真言宗、曹洞宗寺院の多いこと、真宗寺院の少ないことが印象的である。概観はこのくらいにして、さらに地域を限定して、伝道の実態を、克明に分析してみる。

荏原《えばら》郡の寺院数は二〇一、これは別当寺一七を加えた数字である。ここでは、その順位が真言宗（五八）、日蓮宗（四二）、浄土宗（二九）、曹洞宗（二四）、天台宗（一二）、臨済宗（九）、真宗（七）、時宗（四）、修験道《しゆげんどう》（三）、黄檗《おうばく》宗（二）となっており、武蔵国全体のそれとは、すこし違う。

まず天台宗から調べてみよう。①二一寺のうち創立年代は、中世後期五（貞和・文亀・大永・永禄・元亀）、近世九、未詳七となっている。古代に創建された寺院もあったが、中世に姿を消している。なるほど平安時代創建と誇称する寺院もあるが、それはたとえば碑文谷《ひもんや》村の法華寺《ほっけじ》のように、八五三年創建の天台宗寺院が、一二八三年日蓮宗に改宗、一六九八年破戒一件によって、ふたたび天台宗に転宗させられているもので、近世という立場からすれば、近世に新しく生れかわった天台宗寺院である。②中世後期の創立五寺のうち、三寺までが別当寺であることは注目に価いする。別当寺とは、堂宮つまり辻堂・神社などに寄生して成立した寺院のことである。まず荏原郡内の神社系別当寺を概観しておく。計一七寺の内訳は、真言宗七、天台宗五、曹洞宗二、日蓮宗二、修験道一である。創立についていえば、中世前期二（元弘・未詳）、中世後期五（貞和・永禄二・弘治・未詳）、近世六、未詳四で、中世とくに後期以降、諸宗派が神社に注目し、そこを拠点として農民への浸透を策していたことがわかる。神社と僧侶との結びつきは、たとえば野沢村稲荷《いなり》社の場合は「社の西に庵あり、栄沢庵という。村民地を買うていとなめるよし、これもいつのころより建ちしにや伝えず。当社を守る僧ここにおれり」というのであった。ちなみに辻堂と僧侶とのむすびつきについて、八幡塚村の地蔵堂の場合は、「村において庵室をしつらい、僧をおいてまもらしむ」と、農民の心理においては、辻堂の場合も神社のそれと同じであったことがわかる。別当寺一般についてはこの位にして、天台宗の別当寺についていえば、碑文谷八幡社の神宮寺、下目黒大鳥社の大聖院、大井鹿島社の常林寺、下大崎雉子宮の宝塔寺、白川氷川《ひかわ》社の報恩寺などがある。なお中目黒の滝泉寺は、不動堂の別当寺であるが、ここでは神社の別当寺のみについて考えた。③本尊についてみると、弥陀《みだ》一三、釈迦三、薬師二、不動一、大日《だいにち》一となっており、すでに古代的な天皇・貴族の保護した天台宗ではなく、庶民の葬祭・治《ち》病のための天台宗に変質していることがわかる。④中目黒村の大円寺、下北沢村の吉祥院は、ともにもと羽黒派修験道である。近世の天台宗寺院のなかには、中世までの修験道《しゅげんどう》の転宗したものがすくなくないことを思わせる。⑤境内堂宮の本尊を調べてみると、釈迦・大日・観音・地蔵・勢至・三仏・虚空蔵《こくうぞう》・不動・弁財天・吉祥天・大黒天・愛染明王・大行事権現《ごんげん》・早尾権現・飯縄《いずな》権現・金《こん》精《せい》明神・子安明神・八幡・稲荷・神明・水神・疱瘡神・淡島《あわしま》・秋葉・熊野など、治病神を中核に、現世利《り》益《やく》の神仏のエキスパートたちが総動員されていることがわかる。

　真言宗について。①五八カ寺のうち、中世前期四（嘉禄・正中・元弘・未詳）、中世後期九（大永・永禄二・天文二・弘治・未詳三）、近世二六、未詳一九となっている。古代に建立された真言宗寺院で、中世に改宗したものもあった。鵜の木村の光明寺は、寛喜年間（一二二九〜三二）、真言宗から浄土宗に改宗したといわれている。しかし真言宗は、さすがに攘災の秘術、中世前期のものの残存率の高いことからも、天台宗にくらべて宗教的に強靱であることがわかる。②中世後期建立の五寺のうち四寺までが、別当寺であることは、そのころこの宗派が、武士の保護にたよらず、天台宗と同じく堂宮を拠点に、庶民の支持をうけて、伝道をおしすすめていたであろうことを想像させる。③本尊は大日二四、不動一六、弥陀六、観音三、薬師二、地蔵二、太子一、未詳二である。大日が半数にみたず、しかも弥陀・観音・薬師が進出しているところに、葬祭と治病の比重がたかまってきたことを思わせる。④不動の一六も注目すべきであろう。不動は修験道の本尊である。したがってこの事実は、修験道の寺院が大量に真言宗に改宗したこと、その当然の結果として、修験道的要素が濃厚に、真言宗に浸透したであろうことを、思わせる。⑤境内堂宮の本尊は、大日・薬師・地蔵・観音・牛頭《ごず》天王・鬼子母神《きしもじん》・閻魔大王・神明・春日・八幡・熊野・白山・稲荷・淡島・御嶽・天神・石尊・秋葉など、これまた修験道系のものがすくなくない。

修験道について。わずかに三寺、うち近世一寺、未詳二寺である。中世に繁栄した修験道は、堂宮を拠点として伸びたと考えられるが、なぜこんなに少ないのか。それは一五世紀以降、仏教各宗において、葬祭を中核とする寺檀関係が成立する過程に、真言宗・天台宗に改宗し、また吉田神道の抬頭とともに、山伏が神主化したものが少なくないためである。

つぎは浄土諸宗。まず浄土宗は、①二九寺のうち、中世前期一（寛喜）、中世後期五（明徳・寛正・文明・永禄・天文）、近世二〇、未詳三である。中世前期のものは、意外にすくない。ただしその一部は、真宗や曹洞宗に改宗したらしい。東大森村の厳正寺はもと浄土宗で、一二七二年の建立、一四二一年真宗に改宗したという。また世田谷村の勝光院も、もとは浄土宗で、一五七三年曹洞宗に改宗している。②本尊は、弥陀一七、釈迦二、観音一、地蔵一、祐天一、未詳七で、小数ながら弥陀以外の本尊がまじっている。そこに、この宗派がたどった困難な伝道の歴史と、それゆえに顕密諸宗との妥協を余儀なくされた一面を、みることができる。③そのことは、境内堂宮の本尊をみればもっとはっきりする。弥陀・地蔵・観音・薬師・三仏・大威徳明王・曼陀羅《まんだら》・弁財天・妙見・稲荷・山王・八幡・宇賀神《うがじん》・秋葉・淡島・大神宮など。宗派的にいえば、密教色濃厚、宗教的にいえば、治病・招福を中心に、現世利益にその活路を求めていることがわかる。つまり、法然の専修念仏から離れることによって、庶民の宗教となろうとしている。

時《じ》宗について。①四寺のうち三寺までが中世前期（永仁二・嘉元）、一寺が中世後期（寛正）である。この宗派が伸びたのは中世前期で、後期はせいぜい応仁の乱以前であることを注目していい。品川宿の大竜寺はもと時宗、経営難のため一七〇三年黄檗宗に改宗している。つまりこの宗派が、中世前期型の殻をやぶりえなかったことを示している。②本尊はすべて弥陀《みだ》であるが、境内の堂宮は、熊野・稲荷・閻魔《えんま》大王・大黒天《だいこく》など。浄土宗ほど妥協的ではないが、さりとて真宗ほど純一でもない。

真宗について。①七寺中二寺が中世前期（永仁・文永）、一寺が中世後期（応永）、四寺が近世である。②本尊はすべて弥陀で、境内仏堂も、太子堂程度ですっきりしている。真宗は早く進出したにもかかわらず、その以後あまり伸びていない。

禅宗。まず臨済宗について。①九寺のうち中世前期一（元徳）、中世後期二（文和・永徳）、近世六である。この宗派の寺で、曹洞宗に改宗したものがある。たとえば世田谷の豪徳寺は、一五八四年曹洞宗にかわっている。②本尊は釈迦五、観音二、弥陀一、未詳一である。弥陀を本尊とするのは、一三八二年創立の大井泊船寺である。③境内堂宮は、観音・妙見《みょうけん》・弁財天・虚空蔵《こくうぞう》・稲荷・金毘羅《こんぴら》・大山権現・毘沙門《びしゃもん》などで、現世利益《りやく》的傾向が濃厚である。④この宗派は、各時代を通じて武士との結びつきがつよい。中目黒の長徳寺は都筑《つき》、北品川の東海寺は徳川、清徳寺は二階堂、白金の重秀寺は上田、今里の興禅寺は上杉、がそれぞれ檀越《だんのつ》であった。こうした武士とのつよい結びつきが、郷村の宗教として、この宗派をうきあがらせている。

曹洞宗について。①二四寺のうち、中世後期二（明応・永禄）、近世一七、未詳五である。たまたま中世後期の二寺、世田谷の常徳院と衾《ふすま》の東光寺は、ともに檀越が吉良《きら》氏である。しかしこの宗派は臨済宗とちがって、武士にも農民にも、同様に愛嬌をふりまいている。②本尊は釈迦一一、観音五、弥陀三、釈迦・弥勒・弥陀一、薬師一、虚空蔵一、不動一、未詳一で、この面からも、葬祭化していることがわかる。③境内堂宮は、薬師・弁財天・聖天《しょう》・大黒天・閻魔大王・金毘羅・秋葉・白山・稲荷・大神宮・八幡・諏訪《すわ》・神明・竜天善神・天神・東照宮など。治病・招福を中心に、現世利益の神仏が総動員されている。宗祖道元の教説とは、まるで反対である。④別当寺が二寺あることは、注目していい。馬込村神明社の別当寺泉生寺は承応ごろ、馬引沢村八幡社の別当寺宗円寺は、寛永ごろの創立である。黄檗宗の二寺は、むろん近世（元禄・未詳）である。

さいごに日蓮宗。①四二寺中、中世前期五（弘安二・正応・未詳二）、中世後期八（暦応・永徳・宝徳・長享二・大永・享禄・天文）、近世二八、未詳一である。この地区において、日蓮宗の伝道がはじまったのは早いが、それが本格化したのは、一五世紀以降である。②本尊は三宝祖師一本やり。真宗の弥陀、修験道の不動とともに、その点純粋である。③境内堂宮は、祖師・大黒天・七面明神・三十番神・鬼子母神《きしもじん》・子安明神・天神・稲荷・大神宮・淡島などである。④別当寺が二寺あり、中延村八幡社の法蓮寺、池尻稲荷社の浄光庵がそれである。ただしその場合、他宗のそれとちがって、安易な妥協をせず、日蓮宗色にぬりつぶしていることを、見落してはならぬ。

以上のことを要約してみる。①中世前期に建立された寺院はきわめて少ない。大部分の寺院は、一四六七年から一六六五年までのあいだに建立されている。②神社の別当寺の所属が、真言宗七、天台宗五、曹洞宗二、日蓮宗二、修験道一であることは、注目すべきである。天台宗・真言宗系の別当寺には、修験道から改宗したものが、すくなくない。堂宮を足がかりとして、伝道をおしすすめたそれら諸宗派の活動を、彷彿させる。③本尊について。真宗と時宗は弥陀《みだ》、日蓮宗は三宝祖師、修験道《しゅげんどう》は不動一本である。その他の宗派の本尊は多種多様で、したがって、本尊によって宗派を推定することは不可能である。④境内堂宮については、各宗派は、治病・招福の神々を思い思いに勧請《かんじょう》している。その点、すじが通っているのは、わずかに真宗だけである。とにかく各宗とも、宗祖の理想から遠くはなれ、庶民の卑近な宗教的要請に追随することによって、活路をさぐりあてている。そのことは、天台宗・臨済宗・曹洞宗などの場合、とくにいちじるしい。

足柄　つぎに舞台を関東の僻地、相模国足柄《あしがら》上郡大井庄に移してみる。資料は、一八四一年完稿の、『新編相模国風土記稿』。足柄上郡は、大井庄と川野庄の二部分に、わけることができる。酒匂川の右岸が主として大井庄で、左岸が川野庄である。

ここには平安時代に創建されたと考えられる、天台宗・真言宗の寺院四を数えることができる。その四寺は、すべて一旦衰亡していることを、注目すべきであろう。すなわち、①天台宗観音院は、源頼朝のころすでに存在していたというのであるから、平安時代の創建と考えていい。天文に衰亡、永禄に中興したが、まもなく荒廃、寛文に農民の協力によって再興している。天台宗の、近世寺院としての再生のむずかしさを思わせる。②真言宗の泉蔵院は、天暦年間の建立、応安に再興している。③同じく真言宗の保安寺は、保安年間の開創であるが、文明年間に衰亡、永正に在地武士によって復興している。④真福寺も真言宗で、康和二年の創立、至徳の再興である。つまり、古代権力と結びついていた天台宗・真言宗の寺院は、中世後期までに一旦衰亡し、そのご在地武士ないし農民との、新しい結びつきによって再出発している。要するに大井庄の場合、近世に存在した寺院の創立ないし再興は、中世以降である。

ところで農民は、仏教に対して何を求めていたか。そのことを境外仏堂について考えてみる。計七四宇のうち、地蔵堂二四、薬師堂一八、弥陀堂一四、観音堂七、不動堂四、十王堂四、その他三である。境外仏堂は、農民たちが建立し、維持するものが多く、一部その管理を、寺院にゆだねている場合もある。それだけに、農民の仏教にたいする期待が、何であったかを知る、すぐれた資料であると思う。ただ中世後期の、ととのった資料がないので、近世のそれによって推測する他ないが、極楽《ごくらく》往生、病気平癒に、比重がかかっていることは否定できない。

ここにおいても、仏教諸宗のうち、本尊にたいして純一であったのは、浄土宗・真宗・日蓮宗・修験道などである。天台宗・臨済宗・曹洞宗が、本尊として釈迦を、また真言宗が大日を守りぬいていないところに、一面それらの諸宗の不安定性をみ、一面近世仏教への脱皮の側面をとらえることができる。さいごに、城下町小田原について考えてみる。

小田原は、関東平野の西をかぎる要衝であった。鎌倉時代のはじめ、土肥実平がその本領を安堵《あんど》されて館《やかた》をかまえ、そのご一族が盤踞《ばんきょ》した。一四一六年（応永二三）、土肥氏は上杉禅秀の乱にくみして敗れ、功労のあった大森氏が入部した。一四九四年（明応三）北条早雲は、奇襲して大森氏を追い払い、そのごここを拠点として、相模《さがみ》を、ついで関東一円を、支配した。城下町としての小田原は、西の山口とならび称された。

ここには古代に創建された寺院はないが、五一寺のうち、中世前期九、中世後期二五、近世一六、未詳一と、中世前期に開基された寺院は、意外に多い。浄土諸宗のなかでは、まず時宗、ついで浄土宗の進出も早い。御家人《ごけにん》領でしかも都市、それだけに宗教について寛容であったせいであろうか。新しい寺院配置も、中世後期にその大半をおえている。

以上、大井庄、小田原宿《じゅく》の寺院について、とくに注目すべきことは、①天台宗・真言宗寺院のうち、平安時代に創建されたものは、すべて一旦廃絶していること。そしてその一部が、中世後期以降に、農民あるいは在地武士の協力をえて、郷《ごう》村制に即する寺院として再建されていること。②辻堂つまり境外仏堂は、境内仏堂とちがって、農民の意見によって建立し維持されている。それだけに農民のもとめているものが、率直に露呈されているとみていい。とすれば、農民の求めているものは、葬祭仏教と治病宗教が主、ということになる。③交通の要衝、城下町などには、各宗派がいち早く伝道すること、しかも各宗派がそろって進出していること、などであろう。

会津　舞台を東北に移してみる。まず福島県会津《あいづ》地方。史料は寛文年間（一六六一～七二）に編集され、のち増訂された、『新編会津風土記《ふどき》』である。ここは、すでに平安時代のはじめ、東日本における仏教研究の中心であったところ。たとえば叡山の最澄が、法華一乗の法を主張したとき、真向から反対して、三乗真実・一乗方《ほう》便《べん》と反駁した、恵日寺徳一のいたところである。

ところで、会津地方における寺院七五六カ寺を比率化してみると、曹洞宗三三・七パーセント、真言宗三二パーセント、浄土宗一五・七パーセント、真宗六・三パーセント、天台宗六パーセント、臨済宗三・八パーセント、日蓮宗一・二パーセント、時宗一・二パーセント。東京近郊の場合と同じく、真言宗と曹洞宗の伸びていることが目立つが、いわばそれは東日本各地にみられる現象である。ここで注目すべきは、天台宗・浄土宗などの問題であろう。

①天台宗寺院は、そのほとんどが平安時代ないしそれ以前の創建であるが、かろうじて命脈を保ったのは法用寺だけ、その他はいったん廃絶し

て、中世後期ないし近世前期に再興されている。つまり看板は、同じく天台宗であっても、中味は、平安時代のそれとは異質のものである。どの点が異質か、それを端的に物語っているのが本尊である。弥陀《みだ》七を最高として、観音二、地蔵一、不動一など。それは、葬式・仏事と病気の祈禱にあけくれる、中世後期以降の、天台宗寺院の性格をしめしている。②私どもの予想に反して、中世前期に起源をもち、そのまま近世までつづいている寺院が、絶無に近いことである。つまり宗派のいかんを問わず、近世寺院のほとんどが、中世後期以降に新生ないし再生していることは、ここにおいても例外ではない。③大沼郡高田村、時宗《じ》長光寺の条に、「文安のころ、この村の住義原左京義元というもの、当寺を建て、このころ一遍の徒長阿弥、この地にきたりしを請じて開山とし、世世家につたえるところの、安阿弥作の弥陀を安置すという」とあるのは、在地武士、弥陀を祀った持仏堂、遊行聖《ひじり》を、前提とするものであり、中世における時衆の活躍を彷彿させる。また境野村浄土宗光正寺の条に、「この地に昔三門四面の弥陀堂あり。荒廃して修理するものなかりしに、天正十三年下総国より教伝という僧きたり、村民らと力をあわせて、一宇の梵刹《ぼんさつ》を造立」したとあるのは、阿弥陀《あみだ》堂、旅僧、村民の協力という、中世末から近世はじめの、地方伝道の実態を示している。

米沢　つぎに、山形県米沢《よねざわ》地方。史料は、一七三四年の米沢藩寺院手鑑《てかがみ》である。米沢地方は、中世には長井・伊達《だて》、近世には蒲生・上杉によって、支配されていたところである。

①四二一寺中、真言宗（一四〇）と曹洞宗（一八七）の比率が、会津地方に比べてさらに高く、それぞれ三二パーセント・四五パーセント、計七七パーセントに達している。②また時宗が、四パーセントも残っていることが注目される。③真言

宗一四〇寺の本寺は、高野《こうや》山（三昧《ざんまい》院・宝性院・本中院など）、根来《ねごろ》寺（迎摂院・中性院）、久米寺、長谷寺、醍醐三宝院、智積院《ちしやくいん》、神護寺《じんごじ》などである。米沢《よねざわ》の真言宗寺院も、会津その他の事例から考えて、中世後期以降の新建ないしは再興と考えていい。荘園の全面的崩壊によって、財政の破綻に直面した畿内の名刹が、地方伝道にやっきとなっている姿を彷彿させる。これら諸寺院は、現地にそれぞれ中本寺をおいて、末寺を支配しているが、そうした方法によって、信者の浄財をあつめたのであろう。④曹洞宗一八七寺の本寺は、永平寺でも総持寺でもない。本寺は米沢にある場合が多く、東北では最上《もがみ》・仙台・会津、関東では上《こう》野《ずけ》・常陸《ひたち》・相模《さがみ》、中部では越後・佐渡・遠江《とおとうみ》で、その他丹波《たんば》などに本寺をもつものもすくなくない。思うに、それらの寺院で修行したものが、新天地をもとめて米沢地区に進出し、堂宮その他に足がかりをもとめて、自主的に伝道をすすめたのであろう。それだけに、本寺とはつながっても、直接本山とむすびついてはいない。そこに無計画な寺院配置がある一面、つよい独立性も保ちえたのであろう。

　東北地区の会津・米沢についてみると、とくに注目すべきはつぎの二点である。①東北においては、真言宗・曹洞宗の占有率がたかい。この二つの宗派が葬祭と治病の二本立であり、この地帯に、古くから根づよい地盤をもつ、巫《みこ》の呪術《じゅじゅつ》と妥協し、それを補足する関係にあったためであろう。両者の相違する一つの点は、対本山関係である。真言宗は本山に掣肘《せいちゅう》され、曹洞宗寺院はかなり強い自立性をもっていた。②浄土諸宗寺院が創立されるまえに、村には弥陀《みだ》をまつった辻堂、民家には弥陀をまつった持仏《じぶつ》堂があった。おそらく遊行聖《ひじり》がまいた種であろう。とにかく中世後期に浄土諸宗は、それらを拠点として伝道圏をひろげた。

高山

つぎは中部地方。はじめに飛驒《ひだ》の奥地大野郡の、宗教分布をみてみる。資料は一八七三年完稿の、『斐太後風土記《ひだごふどき》』。真宗の最も深く浸透している地帯である。本願寺系真宗がここに進出したのは、文明年間（一四六九〜八七）のこと、白川郷《ごう》の照蓮寺を中心としてその伝道をすすめた。はじめ土豪内島氏とするどく対立、のちそれと妥協している。一五八五年（天正一三）金森長近が、近世大名として入国するにおよんでこれと結び、一五八八年（天正一六）には照蓮寺を高山《たかやま》にうつし、国中の本願寺系を、すべてその末寺とすることに成功している。飛驒における真宗の発祥地白川郷においては、伝道の始期から四〇〇年たった一八七三年においてさえ、二〇カ寺全部が東本願寺派で、他宗寺院は一寺も存在していない。境外仏堂はわずかに二つ、弥勒《みろく》堂と太子堂だけである。真宗が進出する前には、現地の自然信仰と、外来の白山《はくさん》信仰、熊野信仰などで、宗派的にいえば、天台宗と修験道《しゅげんどう》であったと推定される。真宗がこの地帯を覆うと、それらの自然神的、荘園制的信仰は、いったん払拭されて、真宗の道場がつぎつぎに建てられた。文明から天文にいたるあいだに、三〇寺のうち一七寺の基礎ができている。ところで一六九四年（元禄七）検地の名請《なうけ》を調べてみると、百姓名のものが一一、坊主名のものが二、寺と推定されるものが七となっている。このことは、真宗寺院の成立過程、つまり道場、坊、寺という展開を物語るものとして、注目すべきであろう。

なお一八七三年現在の神社は、白山社一二、八幡社七、天照大神三、金精《こんせい》明神一、子安明神一、計二四である。きびしい宗教統制がおこなわれて、産土神《うぶすな》さえ放逐したこの地帯において、自然信仰が不死鳥のごとく生き残っていることは興味ぶかい。

同じ僻地でも、城下町高山ともなれば、さすがに違う。怒濤の時代にも、すでにその以前に進出していた真言宗《しんごん》・曹洞宗の寺院は、その存立を保持しえたし、その後においても領主権力とたくみに結びついて、その教線をのばしている。以上、大野郡の宗教調査から、つぎのような結論を導きだすことができる。①近世的視点からすれば、この地区の寺院も、中世後期から近世初期に創建され、そしてそれは他地区の場合と同じく、主として一四六七年から一六六五年までの、二〇〇年間に集中している。②白川郷《ごう》についてみれば、真宗の執拗なる伝道によって、他宗寺院はすべて払拭されている。しかし、たとえわずかながらも、境外仏堂が残っていることは、注目すべきであろう。③自然神系の神社は、仏堂にくらべてはるかに強靱である。寺院においてこそ、弥陀信仰の純一を説き、諸神本懐集的理論で押し切ることができても、そしてかなりの地区において産土《うぶすな》神社を破壊することに成功しても、それによって、自然信仰のすべてを阻止することはできなかった。いまさらに、自然信仰的基盤の根づよさにおどろく。さらにいえば、弥陀信仰そのものさえ、自然信仰的基盤のうえに、たたる自然神にたいする新しい呪術として、受容されたのではなかろうか。④真宗王国においてさえ、城下町ともなれば、信仰は自由、真言宗・律宗・浄土宗・臨済宗・曹洞宗・日蓮宗などの寺院が建ち並んでいた。それは藩主や家臣団の信仰というだけでなく、都市という社会のもつ自由な、寛容な雰囲気のせいであろう。そのことに関して私たちは、小田原、品川などについて、多くの傍証を提供することができる。

能　登　つぎは能登《のと》。資料は天保（一八三〇〜四四）のなかごろに完稿した『三州地理志稿』である。能登においては平安時代、真言宗の勢力が圧倒的であったらしい。近世において、平安時代創建と称する真言宗寺院は、天台宗の一に対して、一二の多きに達している。したがって、中世前期に新興諸宗がこの地に伝道したときも、真言宗とむすんで進出している。たとえば曹洞宗において、太祖として敬仰《けいぎよう》されている瑩山紹瑾《けいざんじようきん》は、真言宗諸嶽寺定賢の譲りをうけて、寺号を総持寺《そうじじ》とあらためている。日蓮宗の妙成寺は一二九〇年代、日蓮の高弟日像が、真言宗の満月との宗論にかち、そのため日蓮宗に改宗させられた寺である。そんな方法で改宗したもの、また廃寺となったものを計算にいれれば、平安時代における真言宗の繁昌は、私どもの想像以上であったのであろう。真言王国能登《のと》に、新興諸宗が進出するとき、真言宗にいかに対処するかが、その成否を決するかぎであった。上述のごとく日蓮宗は、宗論という方法によったもので、妙成寺のほか、妙法輪寺も同じケースによるもの、また本土寺は、宗論犠牲者の菩提《ぼだい》を弔うために、建立されたものであるという。しかしかかる方法は真言宗の側からつよい反撃をうけたらしく「当国石動《いするぎ》の上首、日像と宗義を抗論し、行者《ぎようじや》帰服して徒弟となり、すでに七尾にいたる。行者師をひいて、石動の房に帰るや、満山の衆徒きかず、罵詈刀杖におよぶ」という話が伝わっている。日蓮はこうした折伏《しやくぶく》精神によって、いちはやく能登進出に成功し、他面そうした無理が、そのごの不振を招来している。それとは正反対に、曹洞宗は真言宗と妥協し、自らを真言宗化することによって、真言宗の伝道地盤を継承し、かつ在地武士の菩提所化することによって、確実にその教線をのばしている。すなわち中世前期、日蓮宗二寺、真言宗二寺にたいして、曹洞宗は六寺という成績をおさめている。

本願寺二世如信に帰依《きえ》した、真言宗の善了が、本誓寺を真宗に改宗したのは、一二六八年のことであった。一九世紀はじめ、能登全寺院五六〇寺のうち、真宗は三五七寺で、六四パーセントに相当する。かつてはその独壇場であった真言宗が一一パーセント、中世前期このかた堅実な歩みをすすめた曹洞宗の一七パーセントと比べて、真宗の進出はものすごい。真宗は、いつ、このように躍進したのであろうか。

羽咋《はくい》郡は真宗寺院の最も多いところ、鎌倉末から室町のはじめ六〇年間に五寺、そのご六〇余年は空白で、一四五一年から一六〇〇年までの一五〇年のあいだに一一六寺、九二パーセントが建っている。毎年〇・七七寺ずつ建った計算で、天正がピークである。郷村《ごうそん》の、自治的・惣的結合の確立過程に、照応するものであろう。

要するに、能登の宗教調査からつぎのことがわかる。①中世前期までは真言宗が繁栄していた。②したがって中世に、新興諸宗がここに進出する場合、真言宗にたいする態度として三つの型が考えられる。まず潜行する方法、つぎに妥協する方法、さいごに抗争する方法であった。そして真宗は潜行し、曹洞宗は妥協し、日蓮宗は折伏《しやくぶく》と称して抗争した。かくてえた成果は、それぞれ二寺、六寺、二寺で、つまり真言宗の新版らしいポーズをとった曹洞宗の、圧倒的勝利におわった。③しかし中世後期、とくに一五〇〇年代になると、農民とつながり、農民の自治的・惣的結合とむすび、弥陀信仰一本槍ですすんだ真宗が、圧倒的に有利な態勢になった。

熊本　西日本における事例として、熊本藩と人吉藩をとりあげてみる。まず熊本藩。資料は、一七一二年の『細川宣紀手鑑《てかがみ》』と、一七二八年の『新編肥後《ひご》国誌草稿』である。

一七一二年現在、熊本藩の寺院は、九八一寺のうち、一位真宗（四五六）、二位天台宗（一一一）、三位山伏（一〇一）、四位曹洞宗（九二）、ついで浄土宗（六五）、日蓮宗（六〇）、臨済宗（五八）の順である。天台宗が二位であることは、おどろくべきことで、この地帯は平安時代において、ほとんど天台宗一色でぬりつぶされていたらしい。

中世にはいって、その一部が廃絶、一部が再興されたらしい。中世前期天台的基盤のうえに、修験道はすくすくと展開したらしい。大峰《おおみね》コースをうつした金峰山その他、豊前の英彦山《ひこさん》のお国版である彦山権現、そして地元《ぢもと》阿蘇山の山伏など。またおびただしい熊野社は、かつての繁昌ぶりをしのばせる。なお山伏一〇一とあることは、修験道の居住形態をしめすものとして興味ふかい。天台宗・修験道の線に圧倒されて、真言宗はのびていない。浄土宗では鎮西派祖弁長が、さかんに活動したところである。かれは一二二八年（安貞二）往生院において、二〇人の結衆とともに、四八日間の別時念仏を修し、『別時念仏援手印』を撰んだ。また時宗の進出もおそらく中世前期であろう。

曹洞宗の伝道も古い。永平寺三世義介の法嗣義尹《いん》は、一二六九年（文永六）如来寺を、一二七八年（弘安一）河尻《かわしり》泰明の協力を得て大慈寺を建立、その法系また在地武士とむすんで、つぎつぎと禅寺をたてた。臨済宗はすこしおくれる。一三四一年（興国二）菊池武光は、大方恢をまねいて菩提所正観寺をはじめた。

こうして、新興諸宗がいち早くこの地に進出しているのにたいして、真宗の伝道ははなはだしくおくれ、明応年中（一四九二〜一五〇〇）の西光寺《さいこうじ》が、はじめである。もともと真宗の九州伝道はおそく、豊後《ぶんご》の専想寺をひらいた浄祐が、一四八二年（文明一四）蓮如《れんにょ》の弟子となり、真宗の道場としたのが最初とされ、浄祐とその一党の手によって、九州各地に真宗のたねがまかれたという。したがって、それと一〇数年のへだたりしかない明応年間というのは、遅いとはいえない。それから一六六五年ごろまで約一七〇年のあいだに、真宗寺院の分布はその大半をおえている。一七一二年の統計に、道場（一）、通寺（一三）、掛所《かけしょ》（一五）、寺僧（三三）計六二カ所をふくんでいることは、一六六五年以後、ぞくぞくとその教線をのばしていたことを示している。（一九五八年一二月現在、天草《あまくさ》・球磨《くま》をふくめて六八三寺である）。そして寺院の出張所を意味する、通寺・掛所のほかに、寺院の形態をととのえない寺僧が、三三と記されていることも、注目されてよい。

人吉　つぎに、明治維新にいたるまで真宗を禁制していた人吉《ひとよし》藩の、宗教分布をしらべてみる。資料は、一六九九年の『球磨《くま》郡神社記』と、拙著『人吉藩の政治と生活』である。

古代においては天台宗寺院も存在したらしいが、①中世にはいって相良《さがら》長頼が、人吉荘の地頭として赴任するとともに、諸宗寺院が建立されたが、とくに真言宗を手あつく保護したので、近世においてさえ「当領真言発向」といわれるほど、真言宗にとって金城湯池であった。②真言宗中心だったので、それとむすぶ修験道に、有利であった。そのため中世において、熊野系・吉野系・霧島系・市房《いちふさ》系、そして阿蘇系の神社が、おびただしく建立された。そのことは、真言宗化した禅宗にとっても好都合であった。

一七四六年ごろの、寺院・神社、そして僧尼・山伏・社人は、真言宗三九、臨済宗二四、曹洞宗二六、黄檗宗一四、浄土宗七、修験道六〇、境外仏堂三五二、神社三〇一。出家一九一、比丘尼《びくに》九、山伏一〇七、社人二三二で、迷信的要素を多分にのこした、おくれた宗教構造である。

真言宗は、単立寺院としてだけではなく、それまで建立されていた神社の、別当寺として進出することによって、裕福な神社をその掌中におさめ、すすんではその他を持神社として、その管理権をにぎった。境外仏堂の場合も、別当寺・管理仏堂化をおしすすめている。ここでは一六九九年においてさえ、別当寺の支配するもの二〇社におよんでいた。なおそのほか、中世末まで別当寺のあった神社は、さらに一〇数社をプラスすることができる。

人吉地区の調査によって、つぎのことがわかる。①中世前期までは、真言宗の金城湯池であった。主な神社には、真言宗の別当寺があって、神社の支配権をにぎっていた。②それについでは、修験道がもっともめぐまれた条件にあった。山伏によって、熊野社・阿蘇社・霧島社が建立され、伝道の足場とされた。③浄土宗・時宗・臨済宗・曹洞宗は、相良氏の保護をうけて、ここに進出した。四つの中では、真言宗と妥協ができ、かつ葬祭中心に、庶民のなかに浸透するという方法をとった曹洞宗が、成功している。④吉田神道の展開にともない、一五六七年ごろから、神社が、真言宗・修験道のきずなを脱して独立しはじめている。⑤真宗は、一五四三年ごろ伝道したが、ただちに禁止され、明治維新まで禁令はとかれていない。

総括

以上、史料が比較的ととのっている地区をえらんで、庶民的展開のあとをたどり、その結果つぎのことがあきらかになった。①近世の寺院をしらべてみると、その大部分、おそらく九〇パーセント以上が、一四六七年から一六六五年までの創立あるいは再建であること。その場合、天台宗・真言宗寺院も例外ではない。いうまでもなく一四六七年は、室町幕府の権威が地におち、応仁の乱のはじまった年であり、一六六五年は、江戸幕府の政治体制がかたまり、寺院の新建を厳禁した年である。②自然信仰の基盤は牢固たるもので、真宗王国をほこる飛騨《ひだ》白川郷においてさえ、その信仰は払拭されていない。精霊、とくに死霊のたたりにたいする農民の恐怖感はつよく、葬祭は、主としてたたりに対する呪術として、とりおこなわれたといっても過言ではない。たたりにたいして、いかなる呪術を準備しているか、それが伝道の成否を決する主条件であった。③本尊について真宗・時宗は弥陀、日蓮宗は三宝祖師、修験道は不動で押し通している。その他の諸宗は、本尊にたいする潔癖さをうしなっていた。④境内仏堂には、治病、招福の神仏がまつられており、そこに僧侶の意図をうかがうことができる。⑤境外仏堂には、極楽往生、病気平癒のための神仏が多い。農民の宗教信仰の、卒直な表現である。⑥都市は、宗教にたいして寛容であり、したがってあらゆる宗派が、一通り顔をそろえている。農村はその逆である。⑦真言宗の伝道は、他宗のそれと違い、畿内にある本山が直接伝道を指導し、地区ごとに中本寺をおいて、末寺を統轄している。⑧吉田兼倶による唯一神道の誕生とともに、神社の管理権が寺院の手をはなれて、神主の手に移っている。要するに、かかる経緯をへて、各宗は郷村の宗教と化し、そして近世の社会機構のなかに組み入れられていった。

四　檀家制の成立

檀家制度　檀家は、檀越家の意であろう。檀越のことは、古くから文献にみえている。たとえば七五九年六月の太政官符に、「いま国土の諸寺をみるに、往々頽落すれども、かつて修治するものなし、伏して乞う、国司・檀越等に仰せて、年ごとに繕治せよ」（『類聚三代格』）といい、また七八五年五月の勅に、「出家たるの人は、もと道をおこなうこととす。いま見るに、衆僧は多く法旨にそむき、あるいは私に檀越をさだめて閭巷に出入す」（『続日本紀』）とみえている。

古代寺院の檀越は、個人の場合、氏族の場合、ともに単数である。それとは反対に、現代寺院のそれは複数である。そして後者の源流は　主としては室町時代後期、郷村が成立する過程に、そこに進出した仏教寺院において、寺院の経営費を負担するかわりに、その葬祭を依託した支持者、ということになる。このように、自然的に発生した寺院と檀家の関係を、徳川幕府がとりあげて、強行したのである。それは一体いかなる理由にもとづくものであろうか。これも、近世初頭における他の仏教諸問題と同様、切支丹《きりしたん》とむすびつく。つまり、切支丹禁制の一方法として用いられた寺請《てらうけ》制度と、関係をもつものである。

寺請制度は、一六一三年、京都の切支丹掃蕩にあたって、転宗者から、改宗の証拠として、寺院僧侶の判形《はんぎょう》をとったことに起源する。そのご次第に、単に転宗者にかぎらず、一般の人々にも適用することになり、ことに一六三七・八年の島原の乱以後強化され、幕府はまず宗門改《あらためやく》役を設け、ついで諸藩にもおくことになり、身分・職業のいかんを論ぜず、全国一斉に施行することになったのである。宗旨人別帳《しゅうしにんべつ》の制度も、同じく切支丹禁制の一方法として採用されたもので、はじめは寺請と無関係に作成されたのであるが、のちにはこれと合流し、寺院が所属檀家《だんか》を一括して請判《うけはん》をおすということになっている。つまり切支丹禁制の結果、近世の民衆は寺請手形《てがた》をとるために、檀那寺を定めておくことが必要となったのである。要するに徳川幕府は、切支丹禁制のために、檀家制度を強行することを必要としたのである。ために、いかなる寒村僻地といえども、ほとんど寺院の存在しないところは、当時人外とされた部落にも、真宗や日蓮宗の寺院が設けられた。

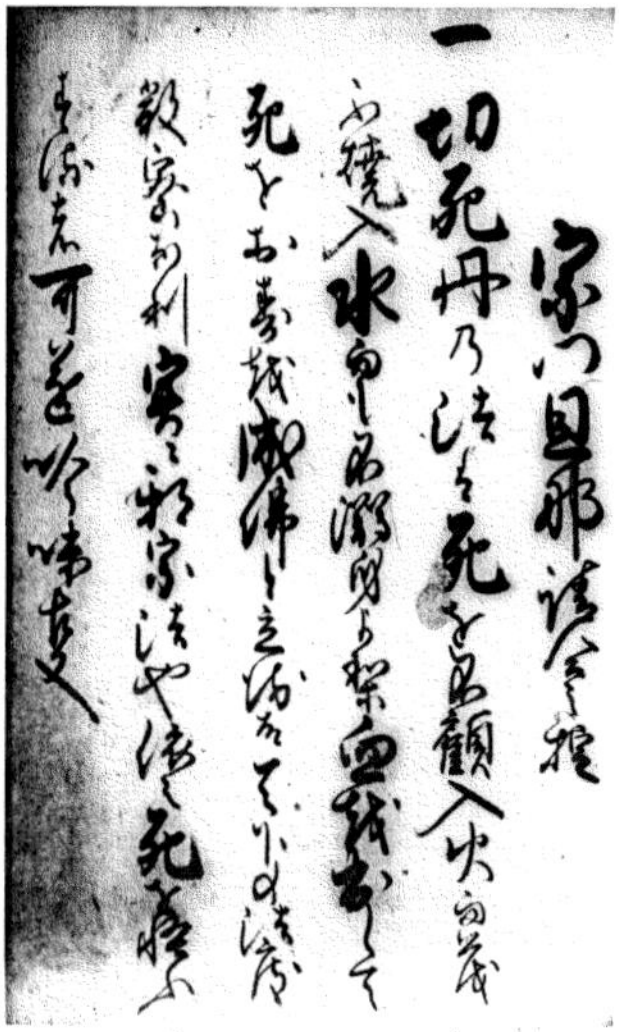

檀那請合の掟
近世寺院が切札としたものだけに巻子物・冊子物など現存するものが多い。なかにはその後の離檀禁止の法令を収録したものもある。

潮音の大成経

檀家制度の法制化には、はじめから抵抗があった。つまり思想的には、儒教および神道がわからの批判、宗教的には、儒葬・神葬の抬頭があった。寛文段階における幕藩制の確立は、そうした傾向に、油をそそぐ結果となった。こうした社会的雰囲気において、仏教がわとしては、なんらかの手を打って、それを阻止することが必要であり、いっぽう与えられた特権を利用して、寺院経営の基礎をきずきあげる努力をしなければならなかった。ところで、仏教批判の動きを阻止するための一つの手段が、

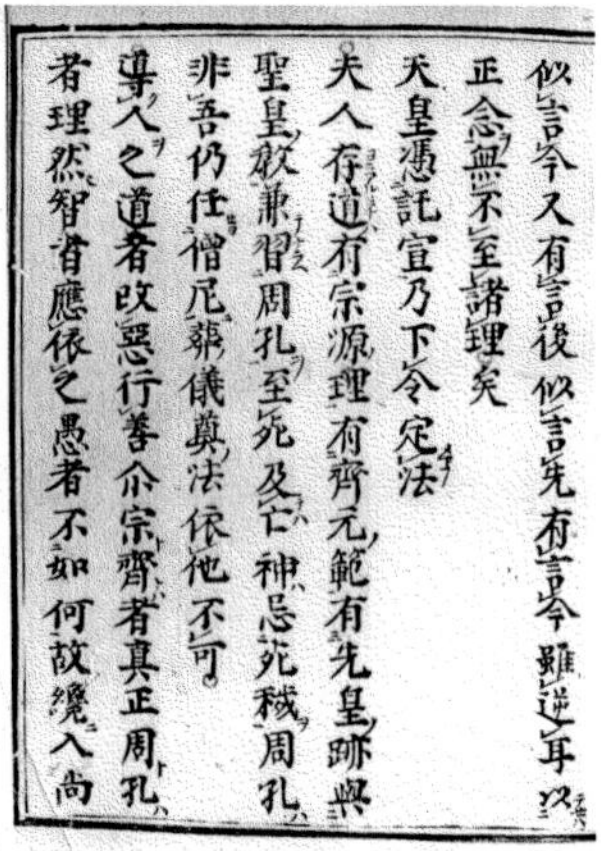
似言今又有言後 似言先有言今 雖逆耳以
正念無不至諸理矣
天皇憑託宣乃下令定法
夫人存道有宗源理有齊元範有先皇跡與
聖皇欲兼習周孔至死及亡神忌死穢周孔
非吾仍任僧尼葬儀與法依他不可
導人之道者改惡行善介宗齊者真正周孔
者理然智者應依之愚者不如何故纔入尚

大成経
巻三十四、推古天皇三十二年四月癸未の条。神託によって法を定め、葬祭は仏教僧侶の独占と定めたとしている。

潮音《ちょうおん》の『大成《たいせい》経《きょう》である。

潮音（一六二八〜九五）は、肥前国小《お》城《ぎ》郡の人、姓は楠田氏、名は道海。一六四一年医王寺瑞巌に参じ、四五年上洛して儒学を学び、五四年長崎東明寺の隠元隆琦《りゅうき》に学び、六五年木庵性瑫《しょうとう》にしたがって江戸にうつった。このころから大名その他の人々で、道を問い、戒をうくるものが多かった。ついで館林藩主徳川綱吉は、広済寺を建て、かれを招じて、開山としている。

『大成経』は、『旧事《くじ》大成経』・『先代旧事本紀』ともいい、序一巻・目次一巻・本文七二巻から成り、その前半の三八巻だけは一六七九年に刊行された。この書は、潮音と、志摩国伊雑宮《いざわのみや》の祠官永野采女《うねめ》とが共謀して聖徳太子真撰の旧事紀《くじき》であると称して、偽作したもので、いろいろ虚偽の史実にみたされている。そのため、一六八一年ついに発売禁止となり、両名とも処罰された。しかし潮音は、綱吉の生母桂昌院の信頼が厚かったので、まもなく特赦されている。その本文の目次を示せば、つぎのごとくである。神代本紀・先天本紀・陰陽本紀・黄泉本紀・神祇本紀・神事本紀・天神本紀・地祇本紀・皇孫本紀・天孫本紀・神皇本紀・天皇本紀・帝皇本紀・聖皇本紀・経教本紀・祝言本紀・天政本紀・太占本紀・暦道本紀・医綱本紀・礼綱本紀・詠歌本紀・御語本紀・軍旅本紀・未然本紀・憲法本紀・神社本紀・国造本紀。このうち憲法本紀は、聖徳太子五憲法とも称し、通蒙憲法（十七条憲法）・政家憲法・儒士憲法・神職憲法・釈氏憲法の五つからなり、神・儒・仏三教調和の精神をもってその基調としている。それは、大成経全部を通ずる精神でもある。

『帝皇本紀』についてみれば、儒仏について、それ人世にある道は、宗源《そうげん》の理あり、斉元の範あり。先皇のあと聖皇の教えとあり。かねて周孔を習え、死にいたり亡に及んでは、神は死穢を忌み、周孔はわれに非ず、よって僧尼にまかせよ。葬の儀、奠《てん》の法、他によるは可ならず」と。また神仏については、「亡親をあがむるに、神社をもってし、これを奠供するに、神祭をもってする、これ斉元の道にそむく。ゆえに霊験あらば、よろしく朝廷の儀によるべし。つねなるは、これ仏に帰し、浄土に生ずる供を修せよ。これ孝道の至実なり。今ものちも費えなきなり」と。要するに神・儒・仏の三教は、おのおのその職分をまもるべきであって、葬祭は仏教によるべし、というのである。この偽書にたいする仏教界の信頼は絶大で、葬祭その他、仏教護持に関する書物で、本書を引きあいにださないものは、ないくらいである。

檀那請合掟　檀家《だんか》制は、寺院にとってきわめて有利であった。しかしその半面、民にとっては尠なからざる迷惑であった。史実について見る。世間に徳川時代にもてはやされた『慶長一八年（一六一三）五月宗門寺檀那請合《うけあい》の掟《おきて》』というものが伝わっている。しかしこの掟は、そのなかにみゆる不受不施派《じゅせ》および悲田《ひでん》宗の禁止が、実は一六六五年および一六九一年の事件であるので、それ以後の偽作であることは明らかであるが、それにしてもこの掟は、その偽作当時における、一部僧侶の露骨な意志表示として、興味ある文献である。それによれば、「切支丹宗にもとづくものは、釈迦の法をもちいざるがゆえに、檀那寺の檀役をさまたげ、仏法の建立をきらう。よって吟味をとぐべきこと。」「頭檀那たりともその宗門の祖師忌日・仏忌・年頭・歳暮・盆・彼岸《ひがん》・先祖の命日などに、たえて参詣せずんば、判形《はんぎょう》をひき宗旨を役所へことわり、きっと吟味をとぐべき、こと。」さらにまた、「かねて仏法をすすめ、談義・講釈・説法をなして参詣いたさせ、檀那役をもって、それぞれの寺の仏事・修理・建立をつとむべし。邪宗は宗門寺のまじわり一通りにして、内心をもちいず、僧のすすめをもちいず。よって吟味をとぐべきこと。」「死後死体に剃刀をあたえ、戒名《かいみょう》をさずけ申すべきこと。宗門寺の僧、死相をみとどけ、邪宗にてこれなき段たしかに合点のうえにて、引導《いんどう》いたすべきためなり。よくよく吟味とぐべきこと。」などの条がみえる。

以上をもってしても、当時檀家制度がいかに悪用されていたかを、推察することができるのである。こうした幕府の保護を笠にきる僧侶の専恣は、庶民にたいしては、さらに露骨に、一種の脅迫とさえなってあらわれている。葬式の施物をねだり、あるいは戒名《かいみょう》に尊卑をつくり、みだりに民財をとりて、院号・居士《こじ》号などをゆるし、種々の姦猾やむことなし。」(『偶堯録』)、「祠堂金をむさぼり、あるいは布施をねだり、葬礼を延引させ、百姓・町人迷惑におよぶこと、江戸にてはあまり聞きおよばず候えども、在方にては、たびたびあることなり。」(『新政談』)、「もし坊主の存念どうり出金せずんば、死亡のとき引導いたさず、三日も五日ものばすゆえ、これを思いて、やむことなく借財して納むるなり。」(『経済問答秘録』)「いま切支丹の寺請《てらうけ》に、貧なるものは迷惑し、貧にあらねどすこし目明きたるものは、気の毒に思いおれり。そのゆえは、貧なるものは、出家に金銀をあたえざれば寺請に立たざることを迷惑し、目明きたるものは、不義不作法の出家なれども、是非なく檀那とすることを気の毒に思えり。」(『大学或問』)など、文献の徴証は、枚挙にいとまないくらいである。一部僧侶が、このように檀家制度を濫用して、民衆を誅求したために、寺院全体が民衆の反感怨嗟をかうこととなった。

檀家制の弊害

以上のように、檀家制度を通じて民衆にたいする寺院経済の圧迫は、近世末に近づくとともに、ますます加重されたが、当時すでに財政上の危機に直面していた幕府・諸藩にとっては、より重大な脅威として受けとられた。いうまでもなく、幕府・諸藩の財政的基礎は、農民の貢租のうえに立っていた。それは、いわゆる封建地代と称されるもので、その税率は形式上はとにかく、実質的には、一定の制限があったわけではなく、結局余剰のすべてを納付させるものであった。したがってかれらは、農民の全余剰を確保するために、農民の衣食住その他にたいして、厳重に、経済外的強制をおこなったのである。その場合、寺院にたいしても、決して寛容ではなかった。たとえば代官の心得書のなかに、つぎのような条々をみいだすことができる。

「村の格合より寺数おおきは富貴なり。たとえば五百石の村に、一ヵ寺ばかりをもって可なり。」「寺数は多くとも寺居のよろしきは富貴なり。ただし寺数多くとも、その居体、人数の渡世《とせい》をもって考ゆべし。」「百姓心得て、寺数をすくなくして、寺居もあしくするというとも、墓所をみてしるべし。墓所は上人・万人、真実のところなれば、手前よろしきものは、石台など念入るるものなり。」「寺社の修理あるいは諸勧進《かんじん》、または屋づくりに心づくべし。ならびに年忌・月忌のしよう、あるいは何辺の神の開帳など心づくべし。」「富貴のところに諸勧進おおく、貧なる村に夫婦のいさかい多く、四壁うすし。」（地方支配）など。ここに、幕府・諸藩が、役人を督励して、血眼になって農民の生活状態を監視していたこと、そして当時の農民が、多少の余裕でもあればすぐさま、寺社の新築・修理・寄進・勧進・葬式・法事などに、財をつくしていたこと、さらに幕府・

諸藩が、農民が直接・間接寺院へ献金するのをよろこばず、ただちに、租税を増徴していたことを、察することができる。つぎの一挿話は、そうした点についての理解を、助くるものであると思う。もともと越後《えちご》の高田領内は、浄土真宗の地盤であるが、そのため農民の寺院にたいする献金がおおく、藩の徴税に支障をきたす場合もすくなくなかった。ある年のこと藩主は、本願寺の上人が親化《しんけ》することになったのをしると、さっそく一策を案じて、あらかじめ巨額の御用金を農民に課した。したがって上人が親化しても、農民はきわめて少額の献金しかできなかった。いよいよ上人が京都に帰着したという知らせを受けると、藩主は御用金の名目で取りあげた金を、全部農民にかえしたというのである。この一挿話によっても、幕府・諸藩が、いかに寺院の経済的圧迫に脅威を感じ、これが対策に腐心したかがうかがわれる。こうした点から、幕府・諸藩の宗教政策、すなわち寺院建立の禁止・勧進等の制限・奢侈の禁止・肉《にく》食妻帯《じき》の禁止などを理解することができる。たとえば、僧侶の奢侈を禁止する現実的根拠は、「僧徒倹約なれば寺用減ずるゆえ、民の出金減じて、民の利潤となる。」(『経済問答秘録』)であり、僧侶の肉食妻帯の禁止も、「むかしの仏者は、おおくは酒肴を忌み候えば、造作《ぞうさ》はいまの半分もいらず候。」(『集義外書』)という点にあった。修道生活の堕落、および戒律生活の荒廃は、この時代の文献に多くあらわれているところであるが、それをもって、この時代における堕落が、相対的にははなはだしかったと考えるよりも、何がゆえにそのことが、とくにこの時代に問題にされねばならなかったかを考えることが、問題の正しい提出の仕方であると思う。

排仏論抬頭　日本において、排仏論が提起されたのは、近世になってからである。

なぜこの時代に、排仏論が提起されねばならなかったのだろうか。まず宗教史的には、つぎのような事情があった。江戸時代にはいって、民衆の宗教的関心は、いちじるしく現実的になってきたので、そうした気運に対応する改編が要請されたにもかかわらず、仏教の主流は、そうした気運にむしろ逆行するかのように、その教説を定型化し、たとえわずかの新説・新義も、異端として排撃する態度をとった。かくて新宗教にたいする要望は、神道学説の展開・民間宗教の氾濫という動向をたどり、仏教の宗教的地位は、中世にくらべて、相対的にもいちじるしく後退した。

　一方思想史的には、儒学の日本的展開、国学の興隆など、思想界全般の日本的な動向とともに、それらの学者によって、仏教は公式主義的に、前時代的であり非日本的であると規定された。さらに基本的には、檀家制度の強行によって、封建経済ないし封建社会にたいする寺院の圧迫が加重され、財政窮乏に苦慮していた幕藩体制は、その保持のために寺院の重圧を排除する必要にせまられていた。こうした客観的情勢において、経世済民的な、ことばをかえていえば現実主義的・日本主義的・封建領主的傾向のつよい儒者・国学者・洋学者などのおおくは、排仏的であった。そしてそれら排仏論者のうち、まず第一に排仏の理論・廃仏の方法を提案したのは儒者であった。そのなかで、一七世紀型の比較的素朴な排仏論者として熊沢蕃山を、また一八世紀型のほぼ完成した排仏論の提唱者として中井竹山を、取りあげて、その学説を紹介することにする。

　熊沢蕃山（一六一九〜九一）は、江戸時代前期における、陽明学の代表者である。彼の仏教理論にたいする批判の第一は、その出世間性にあった。ただし禅宗は、後生のすすめを強調しないので、他の仏教諸宗派にくらべて卓絶しているとして、「唐にても、はじめは仏流わかれて弘まりしかども、他は次第におとろえて、ただ禅学のみのこれり。日本ものちは、さようになりゆかなん。それ人は易簡なることによりやすし。一向宗など易簡なる立法なれば、これに帰するものおおし。浄土宗・日蓮宗ものちは一向の易簡にならいてひろくなりぬ。近年文明にしたがいて地獄・極楽などの説を信ずることうすし。これより後はいよいよさあるべし。禅宗はむつかしきことなく、易簡におしえて、しかも悟りとて、さのみ後生の地獄にかかわらず。これ文明のときにあえり。」(『集義和書』)としている。しかしそれは、本来の禅宗についていえることで、現在の禅宗は堕落しているとしている。

つぎに寺院・僧侶の問題についてみる。まず切《きり》支《し》丹《たん》弾圧のための檀《だん》家《か》制度の実施が、僧侶を堕落させた事実を、「仏法のさかんなること年々にいやまして、仏教の世をなびかしぬること千有余年なり。ことに五・六百年このかたは、仏者無道にしておごれり。近年吉《き》利《り》支《し》丹《たん》わたりしよりは、出家の心行ひたすら盗賊におなじ。おごりすでにきわまり、亡びをまつばかりなり。」(『集義外書』)としている。また寺院の浪費は莫大である、と彼はいう。「堂宇のおおきと出家のおおきとをみれば、仏法のできてより以来、いまの此方のようなるはなし。仏法をもってみれば、破滅のときいたれり。出家もすこし心あるものは、いまの僧は盗賊なりといえり。」(『大学或問』)という状態であった。ところで一般学者の懸念するところは、仏教を弾圧することによって、切支丹をどう処理するかという問題であった。それについて彼は、切支丹の防止に、寺請《てらうけ》制度はいくばくの効果もなかったことを、実例をもって示し、「いまの寺請はなんの用にもたたず、ことのほかなる国国のついえなり。」と断言している。

そして新しい防止法を提言した。それがかれの寺院整理論、「寺は里を去ること十五町なり。町はいうにおよばず、すこしの在家でも十五町をへだつる法なり。町家・在家と軒をならべたる堂寺は、仏の法にあらざれば、あき次第にたたみおいて、山寺の堂宇を修理せんにあまりあるべし。観音も清水・長谷《はせ》の霊地ばかりのこりて、他はいきおい次第にたたまるべし。薬師も因幡《いなば》薬師など名あるばかり、山寺のあき地にひかるべし。その余はおしてしるべし。」であり、またかれの度牒《どちょう》制復活論、「何の国何の郡何の村なにがしというもの出家をねがうとき、その村中・外村の親類までも寄りあい、戒定慧《かいじょうえ》の三学をかねて、出家をとぐべきものなれば、その郡の奉行に達し、御朱印たまわりて、はじめて出家す。」（『大学或問』）である。しかしかれの仏教論は、なお仏教改良論的傾向をもつもので、畢竟、「仏法をしりぞけんよりは、よくしたく候。」（『集義外書』）に帰着する。こうしたかれの議論が、岡山藩の廃仏毀釈《きしやく》の理論的基礎になったのである。

中井竹山（一七三〇〜一八〇四）。名は積善、字は子慶、竹山はその号である。懐徳堂の創立者中井甃庵《しゅうあん》の子。五井蘭洲に師事し、のち懐徳堂の教授となった。その思想的立場は朱子学であるが、批判的傾向がつよかった。したがって林家の朱子学とも、また山崎闇斎《あんさい》の一派とも妥協せず、とくに闇斎の学風にたいしては、排撃的な態度をとっていた。かれの排仏論書として注目すべきものは、一七八九年著述の『草茅危言《そうぼうきげん》』である。以下同書について、その排仏論の輪廓を記してみる。

宗教にたいして、全面的に否定的な態度をとり、ことに社会的害毒がつよいと考えられる点、寺請制にともなう僧侶の横暴、一向宗・虚無僧などの社会秩序紊乱、寺院内の淫祠邪教、などをとりあげて、仏教徹底的に排撃せざるべからず、という見解をとった。しかし庶民のあいだに深く根をおろした仏教のこと、そしてすでにある藩において、その廃絶を意図して失敗した仏教である。結局かれは、国家の実力を涵養し、有効適切な宗教政策を樹立することが肝要であるという結論に到達した。ところで、眼前の仏教にたいする、有効適切な政策はなにか。それは、寺院の整理・僧侶の整理・淫祠の淘汰であるという。

まず寺院整理のためには、①寺院を新建することは禁止されているが、再建の名目で新建される寺院が少なくない。それら寺院を破却すべきである。②徳川家に関係のない寺院、たとえば足利氏建立の寺院のごときは破却すべきである。③寺僧が罪をおかしたならば、その寺院は廃絶すべきである。④聚落内に存在する一向宗寺院は、再建の場合縮少すべきである。などの諸方法をとるべきだとした。つぎに僧侶の整理については、度牒制を実施すべきであるとした。

また宗教の全分野にわたって、淫祠を列挙しているが、いま寺院と直接関連するものをあげると、「稲荷《いなり》・不動・地蔵《じぞう》をまつり、吉凶を問い病をいのり、よって医者方向をさししめし、あるいは医薬をやめ死にいたらしめ、蛭子《えびす》・大黒をまつりて強欲《ごうよく》奸利の根拠とし、観音を産婆がわりとし、狐狸の妄誕、天狗の虚誕、いささかの辻神・辻仏に種々の霊験をみだりにいいふらし、仏神の夢想に託して妄薬粗剤うりひろめ、男女の相性・人相・剣家相を見るの類邪説横流し、愚民を眩惑《げんわく》矯誣《きょうぶ》するの術にあらざるはなし」という実状であった。そしてこうした淫祠にたいしては、「かかる怪妄世界、頑鈍風俗まことに難ずべし。あわれむべきのはなはだしきなり。請う、すみやかに淘汰をくわえ、厳禁をほどこし、将来をこらしたきものなり。」と。

為政者がこうした政策を実施する場合、くれぐれも注意すべき点がある、それは漸をもって行うことであると彼はいう。「にわかにこれを除かんとて、かりに厳刑をもってすとも、迷溺ふかき人心、かえって変故横出して、大いに平民の害をまねくべし。」と。簡にしてしかも要をつくしている点、注目すべきである。廃仏毀釈《きしゃく》の聖典とされたのも、むべなるかなである。

一七世紀の廃仏

排《はい》仏論は、幕藩体制の理論的指導者である儒者によって、展開された。したがって理論が実践にうつされて、廃仏毀釈にまで進展することは、自然の勢いである。すでに一七世紀には、革新的気運の横溢している諸藩、つまり水戸《みと》藩・岡山藩・会津《あいづ》藩においては、廃仏毀釈が断行されている。

水戸藩の廃仏毀釈は、一六六六年のこと、藩主は徳川光圀《みつくに》である。一六六五年寺社奉行《ぶぎょう》職をあらたに設置して、寺社・僧尼・巫祝の調査をおこない、この年にはいって多数の寺院を破却し、破戒の僧尼を還俗《げんぞく》させ、かつ布施《ふせ》の金額を制限した。こうして整理された寺院は、『西山遺聞』によれば、真言宗一四八六寺、浄土宗一〇七寺、真宗六八寺、天台宗二〇五寺、済家三八寺、曹洞宗一三五寺、法華宗三六寺、時宗一三寺、計二〇八八寺。その他、社人一八カ所、神主一八カ所、山伏二八〇坊、行人三〇カ所、禰宜《ねぎ》一六九カ所、市子《いちこ》六カ所となっている。布施の制限については、家格・親疎を考慮して、それぞれの金額を規定し、しかもその法令のはじめに、「人々勝手にしたがいて、なおこの積りより減少つかまつる段、心次第たるべし。惣じて施物の微少をはずるは、他聞くるしきゆえなり。功徳《くどく》は一紙半銭によらず。はたまた出家《しゅっけ》、檀那の富貴を愛し、貧賤をさくるは、貪欲無道なり。みな非仏法、僧俗ともに心得べきものなり」と。つまり、できうる限り布施を節約せよとしている。

岡山藩の廃仏毀釈も、同じ年のこと。藩主は、名君として喧伝された池田新太郎光政であった。かれは陽明《ようめい》学の信奉者で、一六五六年まで、熊沢蕃山を藩儒として重用していた。したがって一面、熊沢蕃山の排仏論の感化をうけ、また他面、水戸藩の廃仏毀釈に刺戟されて、断行したものと思われる。

八月五日、寺請《てらうけ》証文をやめて、神主に請状を書かせることにした。その要旨は、私儀代々何宗であり、何郡何村何寺の檀那であったが、このたび儒道にこころざし、神道を学び、何月何日より仏法をすてて儒道の祭祀をいたし、生所神を信じ申すゆえ、何社の禰宜の請状をさしあげ申し候。というのである。このように寺檀関係を切断して、漸次僧侶の淘汰をおこなった。つまり破戒者は追放して、その寺院を破却したのである。当時岡山領内の 寺院総数は 一〇四四カ寺、僧侶 一九五七人、寺領二〇七七石余であった。そのうち日蓮宗の不受不施《ふじゆふせ》法門であるために、寺院三一三カ寺、僧侶五八五人はすでに破却・追放されていたが、さらにこのとき、寺院二五〇カ寺、僧侶二六二人が淘汰された。したがって総計にすれば、寺院五六三カ寺、僧侶八四七人、寺領一四〇石弱が整理されたわけである。

会津藩の廃仏毀釈も、また同年のことである。藩主保科《ほしな》正之《まさゆき》は、山崎闇斎《あんさい》をまねき、また吉川惟足《よしかわこれたり》の神道説を信じ、さらに吉田神道の秘奥をきわめ、生前にその謚号をえらび、土津霊神と称していることによっても、その思想的傾向を察することができる。岡山藩よりもややおくれて、九月二一日に法令をだした。しかし準備工作は、その以前にすすめられていた。たとえば各寺院の、由来・縁起などを調査している。そしてこの日、二〇年以来の新建寺院や堂舎は破却し、従来廃寺となっている寺院の再興を禁止した。また新建寺院を、古跡であるように、いつわったものは、これを厳重に処罰し、悪行の僧侶は追放し、寺院は破却して、その跡を民家とした。しかし、水戸藩、岡山藩の処置にくらべると、きわめて穏健であった。

五　神葬祭の問題

吉田神道

神社神道は、仏教にたいして、いわば闇討《やみう》ちをかけた。つまり明治維新の変革期において、矢つぎばやに、神仏分離・廃仏毀釈《きしゃく》・神道国教を推進した。神社神道は、なぜそれほどまでに、葬祭問題に執拗であったのか。そのことの理解のためには、神社神道が、はじめて仏教の本地垂迹《ほんちすいじゃく》的拘束を離れた吉田神道にまで、さかのぼらねばならない。

吉田家はふるくから神祇官の吏僚として、代々神事を家業とし、神道を研究した家である。神道学説書としては、鎌倉中期に兼方（懐賢）の『釈日本紀』、末期に慈遍の『豊芦原《とよあしはら》神風和記』・『旧事本紀《くじほんぎ》玄義』が著名である。そのあとをうけて、神道の学説・儀礼を大成したのが、吉田兼倶《かねとも》（一四三四〜一五一一）である。かれは吉田神社の社務を相続したが、神書・国典に精通していたので、天皇・将軍らにまねかれて、その講義をしたこともある。なかなかの野心家で、吉田神道を背景に、その神道説をもって、全国の神主を支配下にいれることを、念願とした。そうしたかれの野心が露骨にでているのが、いわゆる斎場所（吉田大神宮）である。

斎場所というのは、吉田神社の末社太元宮《だいげんきゅう》とその附属建築物の総称である。太元宮を中心に、式内社三一三二座、および天神地祇八百万神《やおよろずのかみ》をまつり、また外宮宗・内宮源には、伊勢内外両宮を奉斎している。もともと吉田家の邸内にあったものを一四八四年兼倶が再興したもので、このとき将軍義政《よしまさ》の夫人日野富子から、一〇万疋の奉加《ほうが》をえて、大規模な斎場を造営したのである。兼倶が一四八九年、この斎場所《さいじょうしょ》に伊勢両宮を勧請《かんじょう》するにあたって、謀計一件が発生した。これよりさき一四七八年一二月二二日、宇治と山田の合戦に外宮の正殿が焼け、外宮の神体が紛失したという噂がたっていたので、兼倶はそのことを利用した。すなわち去る三月二五日、風雨雷鳴のとき、黒雲八流が、斎場の雨宮・八神殿・太元宮のうえに靡きくだった。その光気が二つあったので、人をつかわして調べたところ、太元宮の庭に一霊物があったので、これを抱いて太元宮に安置した。また今月四日には、天から長さ三丈ほどの円光が流れおりて、その光が太元宮の上をおおった。行ってみると、多数の神器があったので、これを太元宮に安置した。これはおそらく神代の霊物であろうから、朝廷から検使を立ててほしい、天覧にも供したい、というのであった。つまり両神宮が、伊勢から吉田の斎場にうつったことを匂わせたもので、はじめの二つの光気が内宮・外宮の神体で、あとのが神宝だというのである。このとき朝廷は、勅使を立てて検分し、密奏のことは事実に相違ないと認定した。兼倶の裏面工作が功を奏したのである。しかしそうなると、神宮はもぬけのからということになる、神宮の神主たちが承知する筈がない。かくてそのご、それが謀計であったことが明らかにされた。しかし宗教界のことは、常識では律しきれないものがある。このとき吉田神社は、ほとんど痛手をうけていない。ところで斎場は、兼倶によると、日本国中の大小神社の鎮座の太元で、ここから神体を六十余州に渡したのであるという。すなわち吉田家が、神祇管領長上として諸社を支配し、宗源宣旨を発する理由を、ここに託したものであろう。全国の神主をその支配下におくという理想は、着々と実現していった。一四九〇年、鹿苑院《ろくおんいん》主は、斎場所（吉田大神宮）について、「時人伊勢太神宮に詣ずるもの、旧時の盛を減ぜざるなり、いま神器雲に乗じて吉田にくだる。ここにこれをすてかれを取らんがためなりや」（『鹿苑日録』）としている。なお兼倶の学問的な仕事としては、『神道大意』と『唯一神道名法要集』がある。ことに『名法《みょうほう》要集』は、それまで断片的であった神道理論を、はじめて体系づけたものであるとともに、神道が日本においては儒仏二教にたいして宗主的な位置をしめ、万法の根底となるべきことを力説している。かれの説にしたがうと、吉田家所伝の唯一神道、すなわち元本宗《そう》源《げん》神道こそは、始祖天児屋根命《あまつこやねのみこと》の神宣、大織冠《だいしょくかん》藤原鎌足《かまたり》の伝承にかかる日本固有の神道であって、儒仏二教の一滴をもなめず、一元の源より流伝された根本の道である。すなわち道は日本に根ざして、中国に枝葉をのばし、天竺《てんじく》に開花結実したというのである。

　まったく大した演出である。しかしそれは畢竟、密教の神道版にすぎぬ。はやい話が、唯一神道を顕露教と隠幽教の二種にわけているが、これは密教の顕教・密教の教判にほかならぬ。ところで前者は、三部本書である『先代旧事《くじ》本紀』・『古事記』および『日本書紀』によって、天地の開《かい》闢《びゃく》、神代の元由、王臣の系譜などを究むるをいう。顕教の化儀を外清浄という、その行儀は散斎で、そのための道場を斎庭または外場という。これを礼典に祀・祭・享の三種と立て、天神に祀、地祇に祭、人鬼に享といい、それの祭文に『延喜式』の祝詞を用いる。後者は神道のもっとも神秘とする窮極の点をさし、ここに吉田神道の本領をおく。その本旨は『天元神変神妙経』・『地元神通神妙経』・『人元神力神妙経』の三部神経によって、三才の霊応・三妙の加持・三種の霊宝などのことを説く。その名法は内清浄で、その行儀は致斎、その道場を斎場または内場という。内場の行事としては、はじめに無上霊宝神道加持をおこない、つぎにその行事に、神道護摩・宗源行事・三九妙壇一八神道の三壇行事をたて、また神道灌頂・安鎮法などの諸法もおこなうが、その作法には神拝・修祓など神道の式の外印をむすび、護摩をたく。なお諸法の伝受には、初重相伝分・二重伝受分・三重面受分、四重口決《くけつ》文の四重があり、さらにそのうえに初分位影像相承・二分位光気相承・三分位向上相承・四分位底下相承の四位を立てて、おのおのその機に応じてこれを受くべきであるとした。これを要するに吉田神道は、その思想・儀式・作法など、主として密教の法によっている。

吉田神道が制作したものに、三社託宣と六種三十番神がある。まず三社託宣とは、伊勢・八幡・春日三社の託宣を記したもので、その内容は、「三社託宣、八幡大菩薩、鉄丸の食たりといえども、心けがれたる人のものを受けず。銅炎の座たりといえども、心よごれたる人のところにいたらず。天照皇太神宮、謀計は眼前の利潤たりといえども、心神明の罰にあたる。正直は一旦の依怙にあらずといえども、ついに日月のあわれみをこおむる。春日大明神、千日の注連《しめ》をなすといえども、邪見の家にいたらず。重服弥厚たりといえども、慈悲の室におもむくべし」である。伊勢貞丈は、その『三社託宣考』において、「三社託宣のこと、正史・実録にのせず。古代かつてきこえざるものなり。のちの偽作なり。その作者はつまびらかならず。おして考ゆるに、吉田家の先祖卜部《うらべ》兼倶《かねとも》が偽作ならんか。」と論じ、また『神道独語』には、「惣じて何の三神(和歌三神・軍神三神の類なり)というは、みな阿弥陀の三尊のまねをしたるなり。かの三社、天照大神・八幡大菩薩・春日大明神もまた同じ。」とし、とくに天照大神の託宣は、聖徳太子のことばを改作したものであるとして、偽作であることを痛撃している。要するにこの託宣は、もとより偽作であるが、それも足利時代の中期以降、おそらく吉田兼倶が偽作したものと思われる。

つぎに六種三十番神。三十番神とは、天台宗の如法経《にょほうきょう》（法華経）を常時守護する三〇神のこと。慈覚大師円仁《えんにん》が帰朝ののち、叡山横川《よかわ》の如法経堂をはじめたとき、日本国内の有勢有徳の神明が、三〇日のあいだ結番し、如法経書写の道場につらなって、法要を守護したのにはじまるという。また一説には、慈覚大師のときは二一神であったが、三十番神ときまったのは、一〇七三年、楞厳《りょうごん》院の長吏良正以後のことであるともいわれている。おそらく後者が事実に近いだろう。鎌倉時代に入ると、単に『法華経』だけでなく、天皇守護の任務を負わされた。いっぽう天台宗から分派し、『法華経』を根本聖典とする日蓮宗にも、三十番神が採用された。室町時代の中期、三十番神は吉田神道によって支配され、日蓮宗もその伝授を受けることになった。当世にときめく三十番神を接収することに成功した吉田家は、それにいろいろと加工して、七種三十番神をつくりあげた。第一は天地擁護三十番神で、これは東西南北に各神を立てるので実際には三二神である。いずれも星の名前をあげたもので、たとえば東方八神は、第一歳星神、これを木祖句々廼遅《くくのち》という、というように、その方位に相当する星を、日本の神に習合したものである。その第二は内侍所《ないしどころ》三十番神で、これは日本の神話にあらわれる神と、易の八卦《け》からつくった、離火神とか坤地神とか艮《こん》山神とかいうのをまじえて並べたもので、三二の卦に相当する三二神である。第三は王城守護三十番神であるが、これは中国の四神からとり、左青竜八神・前朱雀八神・左白虎八神・後玄武八神の三二神である。第四は吾国守護三十番神。これも神話にあらわれる神と、あらたに創作した神とを交互にならべているが、これは三〇神である。第五禁闕《きんけつ》守護三十番神。これは はじめの一〇日間が伊勢神宮で、一一日から石清水《いわしみず》八幡以下が毎日交替するのであるから、二一神である。第六は法華守護三十番神。これは、日吉《ひえ》七社の神々が交替することになっている。第七如法経守護三十番神。これは伊勢から気比まで三〇神である。つまり三十番神という法華経守護の神から、天地・日本・朝廷擁護の三十番神を、つぎつぎに創案している。この過程は、そのまま神道思想形成の過程でもある。つまり仏教によって育くまれた神社神道は、ここに独立し、ついで仏教を蚕食《さんしょく》することになる。換言すれば、日本仏教の現世利益《りやく》面と、さらには陰陽《おんよう》道《どう》の宗教を、巧妙に自家薬籠《やくろう》中のものとしたのが、吉田神道である。要するに斎場所《さいじょうしょ》と謀計一件によって、全国神主のボスとしての貫禄をかちとった吉田神道は、密教その他の現世利益面を、あますところなく消化することによって、庶民とくに農民の宗教心理にマッチするものを、作りあげていった。かくて一七〇〇年ごろまでに、全国の神社・神宮寺・別当寺の神主・社僧のおおくは、その支配下にはいった。神社神道は、こうした経緯をへて、近世宗教として新生したのである。

葬祭を中核に、寺檀関係をかためる郷村寺院の誕生によって、部落における神社の権威は地におちた。これに注目した吉田兼倶は、仏教・陰陽道の、現世利益面を、神道的に粉飾することによって、唯一神道をつくりあげ、全国の神社の管理権を、寺院からうばって神主のものとし、みずからそのボスの地位についたという次第である。

神主の独立

さしも繁栄をほこった真言宗・天台宗その他の、別当寺・持神社も、中世末になるとしだいにその手をはなれて、修験道の手にうつり、ついで山伏《やまぶし》が神主化するとともに吉田神道に流れていく。そうした過程を『球磨《くま》郡神社記』についてみると、神瀬岩戸権現《ごんげん》の場合、「昔日竜音寺という真言の別当あり、天文の年、住僧難ありて自殺す。これより別当寺断滅す。また修験道ありて別当たり。天正年中より社司あり」と。久米の今山権現の場合は、「当社昔年は別当あり、杉谷山了清院と号す。天正年中雷火にて焼亡し、のち退転す。そのご修験道《しゅげんどう》ありて奉仕す。社司いまにいたってすでに二世なり」とみえている。この二例によっても、神社別当寺の衰退が、一六世紀後半に促進されたことが推測できる。ところで一六世紀後半に、なぜ衰退したのか。それは、宗教思想史の面に限定すれば、吉田兼倶（一四三五〜一五一一）・兼右（一五一六〜七三）・兼見（一五三五〜一六一〇）による吉田神道の成立による。郡中の宗廟である青井阿蘇神社の神主、大神惟元が京都にのぼり、吉田家について神道の伝授を受けたのは、一五六七（永禄一〇）年のことである。ついで大神惟治が、一六六五（寛文五）年吉田家において、惟一神道の大護摩《ごま》、ならびに加持行法などの奥秘をうけて帰郷ののち、「宗源一流の法儀をもって、当社神体両部習合仏像を改替」と、仏教色排除につとめている。さらに大神惟董は『球磨郡神社記』を著し、『神社備考』、『啓蒙一覧』などの諸書によって、神社伝の全面的書きかえをおこない、かつての自然神を、人格神に昇格させている。水神が弁財天、そして大宮・王宮と推移し、ついには神武天皇とされた黒肥地《くろひじ》の王宮大明神など、その適例である。とにかく吉田神道の抬頭によって、一六・一七世紀のころ、神社を拠点とした仏教寺院の大部分が退陣を余儀なくされている。

神葬祭問題　一七世紀における排仏論は、幕藩の理論的指導者である儒者の手によって、発達をとげた。したがってそれは、封建領主の理論であるにとどまり、庶民を動員しうる程のものではなかった。したがってそれが実践にうつされた場合、一六六六年水戸藩その他の廃仏毀釈にみるように、藩の仏教弾圧という形態にとどまった。しかし儒者の仏教排撃論が、平田篤胤《あつたね》によって、国学的に、神道的に再組織されるにおよんで、新支配層のなかに浸潤するとともに、他面神主の理論的武器として、強力な全国的地盤を獲得するにいたった。ところで、なぜ神主はこの時期に、理論的武器を必要としたか。当面の問題についていえば、それは神葬祭問題の解決のためであった。

日本において葬式・仏事は、中世に仏教によって完成され、かつ庶民のあいだに浸潤した。したがって近世劈頭に、それが仏教の独占するところであったのは勿論である。江戸幕府は、こうした現実を凝視し、その宗教政策として、寺檀関係を法制化し、もって切支丹《きりしたん》を弾圧するという方策を樹立した。ところで江戸時代に、こうした寺檀制にもっとも迷惑を感じたのは、寺院から分離独立した神主であった。その理由は、神主がことごとに差別待遇されたからである。そこで神主は、寺檀関係からの解放を、当面の問題とせざるをえなかった。寺檀関係の解放は、同時に葬祭をどうするかの問題を伴なう。かくて仏葬祭に対抗するものとして、神葬祭がとりあげられた。多少わき道にそれるが、神葬祭に先行するものに儒葬祭がある。一六五一年土佐《とさ》藩の儒臣野中兼山は、その母を儒葬祭によって葬り、ついで一六五六年幕府の儒臣林春斎は、その母の喪にあい、父羅山とはかって儒葬によった。また一六九五年水戸の藩主徳川光圀《みつくに》は、儒臣朱舜水が死亡すると、儒法によって葬むり、一六九九年かれ自身も、同じく儒法によって葬られた。結論をいそげば、神葬祭は儒葬祭に刺戟されて生まれ、その儀礼はまた儒葬祭の換骨奪胎にすぎない。

神葬祭の初見は、一六八七年である。それは『鏑《かぶら》木《ぎ》家文書』にみえるもので、吉田家から、黒田肥前守京都留守《るす》居《い》にあてた答申書である。そのなかに、「社家の輩宗門改めのこと。わが国において神職たるのうえは、平生の業および葬祭以下、その身覚悟のとおり子細なく候ゆえ、諸寺の請判におよばず候。在世滅後といえども、ともに僧侶に帰依して、仏事作善など、当人の所意次第にて、禁忌の儀はござなく候。いわんやまた、眷族《けんぞく》など勿論にござ候こと。」「諸国神祇道許状をうくる社家は、切支丹《きりしたん》にあらざること明白に候ゆえ、地頭代官へこの方より証文つかわし候。これまた仏法帰依《きえ》ののち、その身所存のとうりさまたげござなく候こと。」とある。黒田家からの問い合わせ書がないので、具体的にどんな事件があったかは、わからないが、すくなくとも神祇道本所を自任する吉田家が、当時寺檀関係からの解放を意図していたことは、察するに難くない。

神葬祭実施のことがみえるのは、ずっとおくれて一七八五年である。『諸家秘聞集』にあるもので、阿部備中守《びっちゅうのかみ》から寺社奉行《ぶぎょう》に提出した伺いにたいする指令である。まずその要旨から述べてみる。ある神主が、檀那寺住持の了解をえて離檀し、京都の吉田家にたのんで、その家族ともども神祇道をもって宗門帳の手つづきをすませ、吉田家から添状をもらって、阿部備中守の役所に願いでた。ところでこんな場合、もし檀那寺がうまく納得《なっとく》すればいいが、そうでない場合には、すべて訴訟となるが、これは新規のことであり、なるべく差し押えたいと思う、しかし吉田家の沙汰があり、もし檀那寺が承認した場合には許して差支えないか、というのである。これについてみれば、吉田家は、一六八七年の答申書にみえる方針を、踏襲しているのである。これにたいして、寺社奉行のだした指令は、つぎの如くであった。吉田家から許状をうけたならば、神職の当人および嫡子は、神葬祭を執行してよろしい。ただし、その他の家族は、檀那寺の宗門をはなれることはできぬ、としている。ここに、神葬祭にたいする幕府の根本方針を、みることができる。そしてこの方針は、そのご一貫して履行された。

そのころから、神葬祭の実例の、『諸家秘聞集』『徳川禁令考』などに散見するものが、すくなくない。こうした気運に乗じて、吉田家はその出張所を江戸小石川に設けて、神祇道取締りにのりだし、一七九七年八月二五日、幕府に、「諸国の神職ども、一国一郡、あるいは神勤組合神職連印にて、家内一統神道宗門に立ちもどりたく願いいで候えば、当家にて神葬祭伝授をうけ、宗門請合《うけあい》証状、その筋へさしだし候輩は、神道宗門に仰せつけられくださるべく候。宗門改めの儀は、当家きびしく相あらため、御領は御代官、私領は領主地頭へ宗門請合証状さしむけ、きっと取締り候あいだ、願いのとうりなにとぞ御許容くだされ候わば云々。」(『笠邪離放録』)と、家内一統神葬祭をねがいでている。一八〇五年の、『神道宗門諸国類例書』によれば、当時神葬祭の実施されていた地域は、奥州会津《おおしゅうあいづ》領、加賀金沢領、越後新発田《しばた》領、信濃《しなの》松代領、甲斐都留郡、武蔵秩父、武蔵榛沢郡、武蔵多摩郡、江戸亀戸、常陸《ひたち》水戸、紀伊和歌山領、伊勢桑名、伊勢亀山、摂津西成郡、備前岡山領、但馬《たじま》村岡、美作《みまさか》勝北郡、周防《すおう》、長門《ながと》、伊予今《いま》治《はり》などであった。

神葬祭実施は、易々とおこなわれたのではなかった。檀那寺住持の許しは容易にえられず、神職が団結して運動をおこしても、なかなか成功しなかった。石見《いわみ》浜田の場合は、七年の歳月をついやして、ようやく目的を達している。それほど執拗に、寺院との抗争を運命づけられた神主の、理論的武器となったのが、排仏論とくに国学者のそれであった。したがって神主の、中央にでて神道講釈をきくものがようやく多くなり、また中央で教育された国学者が地方に出張して、神主のために講釈することも流行した。

たとえば江戸時代末期、相模《さがみ》大山の状態は、つぎのようであった。御師《おし》が百人ばかりいた。いずれも社僧にたいして不平を抱いていたが、直接にはなんらの手段もとりえず、ただひそかに京都の白川家にいって、不平を訴えていた。当時これを白川出入りといって、社僧がもっともにくんだもので、しばしばこれを制止した。それで両者のあいだには常に悶着がたえなかった。しかし御師のなかにも、時勢に目ざめ、学問に勉励するものがあって、かれらは、平田篤胤《あつたね》の学風をきいて、それに傾倒した。一八一四年、御師《おし》の守屋稲穂は平田門人となったが、そのごこの学風が大いにおこなわれることになり、御師らはきそってその門人となり、もっぱら神典を研究した。一八四九年、須藤内丸は、『阿夫利神社古伝考』一冊を撰び、平田鉄胤の序をこうて流布させた。この書は、阿夫利神社の祭神は大山積神であることを考証したもので、ことに『大山縁起』・『大山事蹟考』・『大山不動霊験記』などの説を駁撃し、良弁・憲静が、私曲幻術をもって神威を汚瀆したとして、口をきわめてこれをののしった。それは、当時の御師の意見を代表したものである。このように、儒者国学者のあいだに展開をとげた排仏論は、為政者のみならず、全国の神主たちの信奉するところとなったのである。

平田篤胤

儒者の排仏論は、仏教理論の批判から出発して、ついで社会的害毒の剔抉《てっけつ》、廃仏方法の提示という方向をたどり、しだいに廃仏即時断行すべしの気運にむかっていた。とはいえ儒者の排仏論は、あまりにも高踏的であり、封建諸侯的であった。こうした排仏論に庶民性をあたえたのが、国学者平田篤胤（一七七六～一八四三）である。それまでの国学にも、排仏論の伝統はあった。しかしそれは、あまりにも素朴であった。篤胤は儒者の排仏論を継承して、それを国学的・神道的に再組織し、一方、新時代の支配者のものとするとともに、他方、神主の理論的武器とした。

平田篤胤は復古神道の完成者で、またその伝道者でもある。したがってかれは、復古神道は、儒教・仏教・邪蘇《やそ》教など、あらゆる宗教的・道徳的世界観が追随しえない絶対真理であることを、論証し、かつそれを強調した。

かれの排仏論は、そうした立場のうえに理解される。かれの排仏論書として有名なのは、『出定笑語』と、その附録である『神敵二宗論』『悟道弁講本』・『神社考』などである。まず『出定笑語』。その要旨を序文に、「まず第一に、天竺の国の水土風俗よりいたして、その国のはじめの伝説由来、また釈迦一代のあらまし、またもろもろの仏教一部一冊として、釈迦のまことのものでなく、のこらず後人の記したるものなるたしかな論弁、さて仏法がもろこしへつたわり、それより御国へつたわったることのあらあら、また御国にあるところの諸宗のはじまり、およびその宗旨宗旨のたてかた、さて仏法の本意、また当時世にいるものの仏法の心得、などを申すのでござる」としているが、帰するところは、つぎのごとくである。仏教は、すべて人情の自然をためた教えであるので、世を毒するものであり、また仏は日本の神のように実在するものではなく、一種の寓意にすぎぬので、これを信仰して利益のあるはずがない。仏教はすべて荒唐無稽であり、このような教説が輸入されて、日本の純真な人情は破壊され、貴い神の道は破壊された、というのである。

『神敵二宗論』は、浄土真宗・日蓮宗にたいする批判書で、その要旨は、「神敵とは、あまりことごとしき名目のようで、いかがとも存ずることだが、これは神道学者のいいだしたることばで、またさして不相応と申すほどのことでもないから、まず人のわかりよきように、そのまま用いたのでござる。さて二宗論とは、一向宗と日蓮宗との論弁のことだが、この二宗ほど、わが神の道の妨害をなすものはないことゆえに、やむことをえず、弁駁いたすことでござる」によって窺うことができる。また『悟道弁講本』は、禅宗批判書である。『神社考』というのは、何何神社考という形式で、各地方の神社の由来をあきらかにし、神仏習合の弊を、実証的に暴露したものである。

しかしこれらの書物にみえる意見は、かれの独創ではなく、多くは先人の意見である。まず仏教一般の批判については、富永仲基《なかもと》の『出定後語』、服部天游の『赤裸々』によっている。また真宗については、「さて世間に、この宗、宗旨を論じたるものはかぞゆるにいとまあらざるに、厳垣氏のあらわされたる正実直言記、また釈氏根元記ともいうものに、諸宗のことを論じたるそのなかに、この宗のことを弁駁したるおもむき、大抵はよろしければ、いまここに引きだしてしめすが、その説、左のとうりでござる。」とし、日蓮宗については、「この僧のいいおけることどもを破ったる書は、禁断日蓮義、挫日蓮、続挫日蓮、破邪顕正記、四度宗論記などというものは、いずれも七八分はもっともなことでござる。」（『神敵二宗論』）としている。

ただ、それらの諸書によりながらも、それを多分に誇張的に、そして神道的に再組織している点が注目される。

廃仏毀釈

王政復古の理想とするところは、神武天皇のいにしえに復するということであった。そこで祭政一致が中心綱領となり、その必然的な帰結として、神祇官が再興された。神祇官再興の意図は、すでに一八六七年一〇月・一一月ごろの記録にみえているが、いよいよその緒についたのは、一七六八年正月一七日、七科中の一科として、神祇科が設置されたのをもって、そのはじめとする。ついで二月三日の職制改革によって、神祇事務局となり、それまで執奏その他の支配下にあった諸社の神主・禰宜《ねぎ》・祝《はふり》などは、すべてこの管轄にうつされた。

神仏分離は、神道国教的な気運のなかに理解できる。ところで神主たちは、神祇の尊厳さは、平安時代このかた仏教の本地垂迹《すいじゃく》説にわざわいされて、いちじるしく混濁している、したがってこうした混濁を除去して、神祇の真姿を顕現することが必要である、つまり、本地垂迹的諸要素をとりのぞくことが肝要である、というのである。三月一七日、神祇事務局達をもって、「今般王政復古、旧弊御一洗あらせられ候につき、諸国大小の神社において、僧形にて別当あるいは、社僧など と相となえ候輩は、復飾仰せいだされ候。」とされた。ついで二八日には、同じく神祇事務局達をもって、「中古以来、某権現、あるいは牛頭《ごず》天王のるい、そのほか仏号に相となえ候神社すくなからず候。いずれもその神社の由緒委細にかきつけ、草々申しいずべく候こと。」「仏像をもって神体といたし候神社は、以来あいあらため申すべく候こと。つけたり、本地などととなえ仏像を社前にかけ、あるいは鰐口・梵鐘・仏具などの類さしおき候分は、早々とりのぞき申すべきこと。」とされた。この二つの法令は、維新政府の仏教政策の根幹をなすもので、その法令を実施するにあたっては、説明的な、補足的な法令が、つぎつぎに発布された。

幕末にちかづくにつれて、排仏論は急展開し、ところによっては、すでに廃仏毀釈《きしやく》さえ実践されていた。ただ当時の廃仏毀釈が局部的で、かつ不徹底におわったのは、幕府が寺請《てらうけ》制の維持という政策を、放棄しえなかったからであった。やがて江戸幕府はたおれて、王政復古の時代となった。新政府は仏教国教主義を放擲《ほうてき》し、神祇中心主義を標榜して、すでに神仏分離をさえ断行しはじめていた。しかも地方政治は、まだ諸藩の手にゆだねられており、かつ諸藩の指導層には革新的な気運が横溢して、水戸学・国学の影響が圧倒的であった。廃仏毀釈の気運は、いやましに高まり、しかもそれを阻止できるなにものも存在しない。かてくわえて、政府の方針は廃仏にあるかのごとく伝えられていた。たとえば佐幕の残党は、「訛言をもって廃仏毀釈これつとむなど申しふらし、下民を煽惑動揺」（『摂信上人勤王護法録』）させていた。のみならず、「このたび王政復古、神武創業のはじめに基づかせられ、諸事御一新、祭政一致の御制度御回復あそばされ候について、まず仏法は御廃止のことに決定いたし候。それについては国中の寺はのこらずつぶれ申すべし。」（『説教随時新談』）のような流言が乱れとんでいた。こうした雰囲気のなかに、廃仏毀釈があいついでおこなわれるにいたったのである。その実例として、松本藩の場合を記してみる。

明治維新当時、松本藩の藩知事戸田光則は、朱子学を奉じ、ことに水戸学を尊崇しており、藩士のなかにも多くの国粋者がいた。こうした思想的雰囲気のなかに、松本藩の廃仏毀釈は断行された。一八六九年七月、藩主は率先して、その家に関係のある諸寺院を廃毀してその範をしめした。ここにおいて、廃仏毀釈断行にたいする藩庁の決意は強められ、本格的にその工作をおしすすめた。すなわち改典掛を設けて、藩士は、家老・用人・番頭から徒士《かち》・足軽《あしがる》にいたるまですべて、つぎに町方《まちかた》役人ものこらず、神葬祭にあらためさせた。ついで掛役人は諸村に出張して、村役人に命じて全村民をあつめ、廃仏の必要を説き、神葬祭を願い出させた。離檀させることによって、廃寺にしようというのである。ついで閏一〇月には管内寺院の住職に、その還俗《げんぞく》帰農をすすめた。その場合にも、帰農願書を提出させたが、しかし帰農者が案外すくなかったので、一八七一年三月には諸宗寺院を会所にあつめて、帰農を強要した。当時の廃仏の実況を、浄土宗総代正覚院は、三月三日増上寺に、「旧冬より市在人民一同、神葬祭おすすめにあいなり、厳重の御沙汰をこうむり、志願の有無にかかわらず、一般神葬祭出願したてまつり、御許容にあいなり候。」「しいて帰農あいねがわざる寺院は、内監察つけさせられ、旧罪をもってそのものおとがめ仰せつけられ候ように承知つかまつり候。」「道傍あるいは樹立のうちに立ておき候石像、仏像をほり候神仏混淆《こんこう》の文字これあり候分は、のこらず取すてにいたすべき旨お達しにつき、御管内多分地に掘りうめ、または道傍にひきたおし、銘々の仏壇・祖先の位牌などは焼きすて、あるいは川にあいながし候族これあり、はなはだもって遺憾のことに候。」と報告している。

このように廃仏毀釈の諸工作をすすめる一方、神葬祭の普及に努力している。もともと排仏論者、主として儒教系排仏論者が、仏葬祭を排撃して、神葬祭を採用した理由の一つには、葬祭による寺院の経済的圧迫から民衆を解放する、という目的がひそんでいた。したがって神葬祭は、自身葬祭であり、葬祭の施行に神主を必要としないものであった。しかしいつしか、司祭者として神主が登場してきた。そこで、「近来神葬祭ととなえ、神職をたのみ、はなはだめでたきことのよう心得、いかがわしき所存もこれあるよし。」(『太政類典』)といましめる必要があったのである。そして自葬神葬祭普及のために、角田忠行の『葬事略記』を一般に読ませ、さらに藩で、『哀敬儀』を刊行して、頒布している。廃仏毀釈によって、松本市内二四カ寺のうち、二一カ寺が廃寺、戸田領内浄土宗三〇カ寺のうち二七カ寺が廃寺、また曹洞宗は四一カ寺のうち二一カ寺、真言宗は一〇カ寺、日蓮宗は全部、真宗は八カ寺のうち一カ寺が、それぞれ廃寺となった。

檀家制廃止

神仏分離によって、神社における仏教的な諸要素は撤却され、社僧は復飾させられた。また寺院か、神社か、帰属のはっきりしないものは、神社とされた。それを契機として、全国各地をおそった廃仏毀釈の大暴風雨によって、数万の寺院・仏堂などが廃毀され、それにともなって多数の僧侶が、還俗・帰農させられた。こうした過程に、江戸時代から懸案とされていた寺院・僧侶の全面的な大整理は、一応成就した。そこでつぎの問題は、檀家《だんか》制度と寺院領であった。

檀家制の廃止についてみると、一八六八年閏四月、神祇事務局は、「神職のもの家内にいたるまで、神葬祭に相あらため申すべきこと。」という通達を発した。ついで一般人民にたいしても、檀那寺をはなれて神葬祭をおこなうことを、公認した。しかも神葬祭の希望者が増加して檀那寺から故障のあった場合にも、神葬祭希望者の意志を満足させるような指令を発している。一八七一年五月の戸籍法改正にともない、宗門改《あらた》め、ないしは宗門人別帳の作成が撤廃されて、檀家制度は、その法制的根拠をうしなってしまった。

葬祭を中核とする寺檀関係の成立によって、その圏外に放置された神主と山伏は、社会的にも、また経済的にも窮地においこまれた。そこで、山伏の一部は天台・真言に改宗し、他の一部はあらたに神主となった。それら新旧の神主は、ボス吉田兼倶のはじめた吉田神道の傘下にいり、宗教団体としての体裁をととのえるとともに、現世利益《りやく》の祈禱も、その形態をととのえた。かれらはしだいに仏教にたいして敵意をつよめ、まず神主のついでその家族の、さらには庶民の葬祭にまで割りこむことを考え、そのため執拗に抗争をつづけた。しかし檀家制は、徳川封建制をささえる支柱であった。神主の努力にもかかわらず、したがって神主一家の神葬祭がせいぜいであった。

明治維新において、天皇制が復活したことは、神主たちを元気づけた。神道は国教化し、神主自身は官僚化することに成功した。しかし権力とのむすびつきによって、庶民の葬祭を独占しようとする野望は、失敗におわっている。

それから約一〇〇年、葬祭宗教としての仏教の地位は、依然として牢固たるものである。

参考文献

1 論著

辻　善之助『日本仏教史』、『日本仏教史之研究』（正・続）、『日本人の博愛』

柳田国男『葬送習俗語彙』

肥後和男『宮座の研究』、『日本に於ける原始信仰の研究』

安藤精一『近世宮座の研究』

原田敏明『古代日本の信仰と社会』

堀　一郎『我が国民間信仰史の研究』、『民間信仰』

仏教史学特集「日本仏教の地域発展」（今枝愛真・中尾尭・竹田聴洲・石田善人・津本了学・誉田慶恩・笠原一男・新行紀一・北西弘・重松明久・柏原祐泉・伊藤唯真・森竜吉・薗田香融・河合正治・辻田稔次・児玉識・藤岡大拙・千葉乗隆）

圭室諦成『日本仏教史概説』、『日本仏教論』、『廃仏毀釈』、『熊本の歴史』、「葬式法要の社会史的考察」（日本宗教史研究所収）、「中世後期仏教の研究」（明治大学人文科学研究

所紀要所収)、「局地神話の研究」(駿台史学第一一号所収)

2　辞　典

『望月仏教大辞典』、『竜谷仏教大辞彙』、『神道大辞典』(平凡社)、『民俗学辞典』(民俗学研究所・東京堂)、『日本歴史大辞典』(河出書房)、その他

3　史料集

『古事類苑』、『大日本史料』、『大日本古文書』、『大日本古記録』、『大正新修大蔵経』、『大日本仏教全書』、『日本大蔵経』、その他

著者略歴
明治35年3月熊本県生れ。昭和3年東京帝国大学文学部国史学科卒業。東京帝国大学史料編纂所所員，駒沢大学，熊本女子大学教授を経て，明治大学教授。著書に道元，日本仏教論，廃仏毀釈，日本仏教史概説，西南戦争，西郷隆盛などがある。昭和41年歿。

葬式仏教©
昭和三十八年十月二十日　第一刷発行
平成　五　年十一月二十日　第十一刷
著　者／圭《たま》室《むろ》諦《たい》成《じょう》
発行者／石原明太郎
印刷所／国光印刷株式会社
三協美術印刷株式会社
発行所／有限会社大法輪閣
〒150　東京都渋谷区恵比寿一－二九－二五
振替・東京三－一九番
電話(〇三)三四四二－二八一九

《おことわり》

本書には、差別的あるいは差別的ととられかねない不当、不適切な表現が含まれていますが、当時の時代背景、および差別助長の意図で使用していない事などを考慮して、それらの削除、変更はいたしませんでした。この点をご理解いただきますよう、お願い申し上げます。〈編集部〉

葬式仏教（オンデマンド版）

Digital Publishing

2004年7月15日　発行

著　者　　圭室　諦成

発行者　　石原　大道

発行所　　有限会社 大法輪閣

〒150-0011　東京都渋谷区東2-5-36 大泉ビル

電話 03-5466-1401　FAX 03-5466-1408

振替 00130-8-19番

URL http://www.daihorin-kaku.com

印刷・製本　　株式会社 デジタルパブリッシングサービス

URL http://www.d-pub.co.jp/

AB810

ISBN4-8046-1639-X C0015　　Printed in Japan